第4章　委託後の里親支援

第5章　子どもと里親が困難を抱えるときの支援

第6章　里親の養育力・専門性の向上とトレーニング

第7章　実親の生活課題と子どもとの交流

第8章　里親養育を支える社会資源の役割

資料編

MINERVA
はじめて学ぶ
子どもの福祉

12

倉石哲也/伊藤嘉余子
［監修］

子どもを 家庭養護のための 支える 里親ソーシャルワーク

伊藤嘉余子/福田公教
［編著］

ミネルヴァ書房

監修者のことば

　本シリーズは、保育者を志す人たちが子どもの福祉を学ぶときにはじめて手に取ることを想定したテキストです。保育やその関連領域に関わる新進気鋭の研究者や実践者の参画を得て、このテキストはつくられました。

　保育をめぐる現在の情勢はまさに激動期です。2015年4月に「子ども・子育て支援新制度」がスタートし、保育所と幼稚園の両方の機能をもつ幼保連携型認定こども園が創設されました。養成校では、それに対応した保育士資格と幼稚園教諭免許の取得が必須となる「保育教諭」の養成が本格化しています。今後ますます、幼保連携が進められると、すべての保育者に子どもの福祉に関する知識が必要となるでしょう。

　また、近年では児童虐待をはじめとした、養育環境に課題を抱える子どもと保護者への対応が複雑かつ多様化しています。2018年4月に施行された「保育所保育指針」には、新たに「子育て支援」という章が設けられました。これからの保育者は、保護者の子育てを支援するために、子どもを育てる保護者や家族が直面しやすいニーズについて理解するとともに、相談援助に必要な姿勢や視点、知識やスキル等を身につけていくことがさらに求められます。

　このテキストにおいては、上記で述べたようなこれからの保育に対応するために必要な知識や制度についてやさしく、わかりやすく解説しています。また、テキストを読んだあとで、さらに学習を進めたい人のための参考図書も掲載しています。

　みなさんが卒業し、実際に保育者になってからも、迷いがあったときや学びの振り返りとして、このテキストを手元において読まれることを期待しています。

2020年11月

倉石　哲也
伊藤嘉余子

はじめに

　2017（平成29）年8月に取りまとめられた「新しい社会的養育ビジョン」では、社会的養護を必要とする子どものための代替養育については、家庭での養育を原則とし、里親委託を推進するという方向性が示されました。また、児童相談所については、里親制度に関する包括的業務（フォスタリング業務）の質を高めるための里親支援事業（現：里親養育包括支援事業）や職員研修の強化を行うとともに、フォスタリング業務を民間機関も担うことができるよう、「フォスタリング機関事業」の創設を行うこととなりました。

　こうした状況のなかで「フォスタリング業務」とは何かということについて、その内容や、実践するなかで大切にされるべき理念や価値、具体的な手続きや方法について体系化することが求められています。なぜなら、各自治体や各機関でバラバラのフォスタリング業務を展開していては、自治体間格差が大きくなるからです。どこの自治体であっても、どの機関が担う場合であっても、一定の里親支援を含むフォスタリング業務が行われるような「実践の標準化」が必要になります。

　本書は、そのためのチャレンジとして、フォスタリング業務を「里親ソーシャルワーク」としてまとめた1冊です。第1章では、里親ソーシャルワークの意義と内容、第2章では、里親の開拓・申請・認定・登録の流れについて、第3章では、子どものニーズとマッチングから委託までのプロセスについて、第4章では、委託後の里親支援について、第5章では、里親不調の予防を含む、子どもと里親が困難を抱えるときの支援について、第6章では、里親の養育力・専門性の向上とトレーニングについて、第7章では、委託児童の実親の生活課題と子どもとの交流について、第8章では、里親養育を支える社会資源の役割について、それぞれまとめています。

　本書は、フォスタリング業務を担う児童相談所等の職員や施設の里親支援専門相談員、将来フォスタリング機関への就職を考えている学生のほか、里親の皆さん、将来里親になろうと考えている人、里親制度に関心のあるあらゆる人にぜひ手にとってもらいたいと思います。本書が里親制度に関心のある人、里親の皆さん、里親家庭で暮らす子どもたちにとって役立つものとなれば幸せです。

2020年11月

編著者を代表して　伊藤嘉余子

第1章

里親ソーシャルワークの意義と内容

本章では、里親ソーシャルワークの意義と内容について学んでいきます。日本の社会的養護における里親制度の位置づけや内容を踏まえたうえで、新たに発表された「新しい社会的養育ビジョン」が目指す里親制度のあり方について理解していきましょう。

日本における里親制度の概要

このレッスンでは、日本における里親制度の概要について学びます。日本は海外と比べて里親委託率が低いなど、里親制度の遅れを指摘されることがあります。まずは日本の里親制度の概要について学び、理解を深めましょう。

1. 里親の定義と種類

1 里親の定義

　里親制度は、何らかの理由で、家庭で暮らせなくなった子ども（**要保護児童***）を短期間あるいは長期にわたって、行政に登録した「里親」の家庭で養育する制度です。

　「児童福祉法」では、里親について、以下のように規定しています。

①里親とは、養育里親及び厚生労働省令で定める人数以下の要保護児童を養育することを希望する者。

②養子縁組によって養親となることを希望する者。

③その他のこれに類する者として厚生労働省令で定める者のうち、都道府県知事が第27条第1項第3号の規定により児童を委託する者として適当と認める者。

　具体的には、親から虐待を受けたり、養育を拒否されたりした子ども、病気などの理由によって親による養育が困難または不可能な状況にある子どもを、里親家庭で一定期間養育する制度です。

　養育する期間は、数日から数週間といった短期の場合もあれば、10年以上にわたる長期の場合もあります。

　法律上「親子」になる養子縁組とは異なり、里親に委託された子どもは、実親と関わりをもち続けますし、ケースによっては実親のもとに帰る「家庭復帰」が目標として設定されることもあります。

2 里親の種類

　里親には大きく、養育里親、養子縁組を希望する里親、親族里親の3種類があります。さらに、養育里親のなかには専門里親が含まれます（図表1−1）。ここからは、それぞれの里親種別について、もう少し詳

✳ 用語解説
要保護児童
要保護児童とは「保護者のない児童又は保護者に監護させることが不適当であると認められる児童」である（「児童福祉法」第6条の3第8項）。

✦ 補足
里親種別
2008（平成20）年の「児童福祉法」改正によって、里親制度が改変された。そのときに、従来の「短期里親」が養育里親に吸収され、専門里親は養育里親のなかに含むものとして位置づけられた。

しく紹介していきましょう。

①養育里親

　保護者のいない児童、または保護者に監護させることが不適当であると認められる児童を養育する里親として、認定を受けた人のことです。登録期間は5年間で、5年ごとに更新が必要です。

　2008（平成20）年の「児童福祉法」改正によって、養育里親の研修の義務化、欠格事由や取消事由の明確化、里親手当の引き上げ、里親支援機関の創設などが行われ、養育里親に対する制度の充実が図られました。

②専門里親

　専門里親は、要保護児童のうち、児童虐待などによって、心身に重大な影響を受けた児童や障がいのある児童など、養育に特別な配慮を必要とする子どもを養育し、自立を支援する里親として認定を受けた人です。

　専門里親になるためには、3年以上の養育里親としての里子養育経験もしくは3年以上の児童福祉事業経験を経て「**専門里親研修**[*]」を受け、専門里親として登録する必要があります。また、登録後は2年ごとに更新研修を受けることが義務づけられています。

③養子縁組を前提とする里親

　従来、養育里親のなかには、実子に恵まれなかった夫婦が「子育てをしてみたい」「わが子（養子）が欲しい」という動機で里親になることを希望する人が一定数いました。2008年の「児童福祉法」改正では、こうした「養子縁組を前提とする里親」を養育里親から明確に区分しました。

⊠ 用語解説

専門里親研修

養育里親として登録し、3年以上子どもの養育を委託された経験のある里親が、専門里親として登録するために受講する研修。通信教育とスクーリング、施設実習が義務づけられている。また、専門里親として登録後も、2年ごとの更新研修を受けることになっている。

図表1-1 里親の種別

種類	養育里親		養子縁組里親	親族里親
		専門里親		
対象児童	要保護児童	次に挙げる要保護児童のうち、都道府県知事がその養育に関し特に支援が必要と認めたもの ①児童虐待等の行為により心身に有害な影響を受けた児童 ②非行等の問題を有する児童 ③身体障害、知的障害又は精神障害がある児童	要保護児童	次の要件に該当する要保護児童 ①当該親族里親に扶養義務のある児童 ②児童の両親その他当該児童を現に監護する者が死亡、行方不明、拘禁、入院等の状態となったことにより、これらの者により、養育が期待できないこと

出典：厚生労働省子ども家庭局家庭福祉課「社会的養育の推進に向けて（令和2年4月）」2020年をもとに作成

④親族里親

　親族里親は、①当該親族里親の3親等以内の親族にあたる要保護児童、②両親その他の当該児童を現に監護する者が死亡、行方不明または拘禁などの状態になり、これらの者による養育が期待できない要保護児童の2つの要件を満たした児童について、当該児童を養育する里親として認定された人のことをいいます。

　国が法律で定めている里親の種別は以上の4種類ですが、これら以外に、各自治体独自に要件を設定し、里親として募集し子どもを委託していることもあります。代表的なものとして、西日本を中心に普及している「週末里親」や「季節里親」などがあります。また、自治体によって里親の名称や呼び方もさまざまです。たとえば、季節里親は、「ふるさと里親」「ホームステイ里親」「ショート・ルフラン」「フレンドホーム」など、地域によって名称が異なります。また、養育里親についても、大阪府では、一般市民の人たちにより親しんでもらおうと「はぐくみホーム」という名称で制度を展開しています。

図表1-2　里親研修の流れ

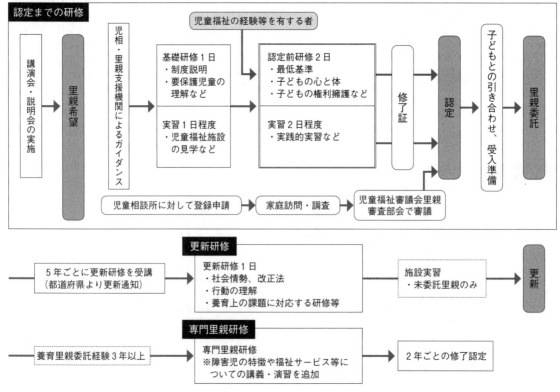

出典：厚生労働省「社会的養護の現状について（参考資料）」2016年を一部改変

3 ▶ 里親になるには

　里親になりたいと希望する人は、まず、自分が住んでいる地域を管轄する児童相談所に相談に行き、申請します。

　その後、児童相談所の里親担当ワーカーとの面接、里親としての欠格事由の有無や適性などに関する調査を受けます。また同時に、乳児院や児童養護施設での実習や座学による研修（**認定前研修**）を受けます。

　調査結果や実習評価など、里親審査に必要な情報がそろったところで、自治体に設置された社会福祉審議会里親審査部会で審査が行われます。**里親審査部会***で出た意見をもとに、都道府県知事は里親認定の可否を決定し、里親として適切であると認められると里親として児童相談所に登録されることになります。

　里親登録後、児童相談所や施設などと調整しながら、里親として子どもを迎え入れる準備を進め、里親委託となります（図表1-2）。

2.　里親による養育の現状

1 ▶ 里親養育の基準

　里親は「里親制度の運営について」のなかの「第7　里親が行う養育の最低基準」にしたがって、子どもの養育を行うこととなっています。

　こうした基準が示されている背景には、里親による養育が、里親による私的あるいは個人的なものではなく、里親の主体性や個性を発揮しながらも、児童相談所をはじめとする関係機関との連携のもとで行われるべき「社会的な養育」であることを明確にするという意図があります。

　具体的には、以下の内容が規定されています。

・委託児童に教育を受けさせる義務

・秘密保持

・自立支援計画の遵守

・都道府県知事への報告義務

・苦情への対応　　　　　　　　　など

✦ 補足

認定前研修

親族里親については、認定前研修の受講義務がない。しかし、各自治体の判断により、必要に応じて研修受講を勧めているケースが多い。

✳ 用語解説

里親審査部会

里親認定をするにあたり、児童福祉法施行令第29条に基づく意見聴取機関として、社会福祉審議会児童福祉専門分科会の下に設置されている組織。弁護士、施設関係者、学識経験者、医師などで構成されている。

2 ▶ 里親の数と委託率

　里親として登録している人の数や、実際に里親家庭に委託されている子どもについては、戦後から昭和30年代をピークに減少していました。しかし、2010（平成22）～2011（平成23）年以降、国が里親委託を積極的に推進することを目標として掲げ、「家庭的養護の推進」を今後の社会的養護の方向性や将来像として全面的に打ち出してからは、徐々に登録里親数、委託里親数、委託里親児童数ともに増加傾向にあります（図表1-3）。

　次に、里親に委託されている子どもの年齢についてみてみましょう。全体を通して、7～12歳という小学生に相当する年齢の子どもが多く委託されていますが、養子縁組里親については、0歳、1～6歳といった低年齢の子どもが多く委託されています。13歳以上の高齢児については、親族里親への委託が多くなっています（図表1-4）。

　社会的養護のもとで生活する子どもに占める里親委託率については、国はかつて「30％」を目標として掲げていました。2018（平成30）年度現在の全国里親委託率は20.5％と、目標よりも低い数値になっていますが、各自治体や児童相談所の努力もあって、里親委託率は年々増加傾向にあります（図表1-5）。

図表1-3　里親数・普通養子縁組・特別養子縁組の成立および離縁件数の推移

区分	認定及び登録里親数	児童が委託されている里親数	里親に委託されている児童数	普通養子縁組受付件数注1	特別養子縁組の成立及びその離縁に関する処分注2
昭和40年	18,230	6,090	6,909	16,157	－
45年	13,621	4,075	4,729	10,768	－
50年	10,230	3,225	3,851	6,772	－
55年	8,933	2,646	3,188	4,226	－
60年	8,659	2,627	3,322	3,244	－
平成2年	8,046	2,312	2,876	2,114	999
7年	8,059	1,940	2,377	1,603	558
12年	7,403	1,699	2,157	1,483	431
17年	7,737	2,370	3,293	1,558	382
22年	7,504	2,922	3,816	1,239	426
23年	8,726	3,292	4,295	1,134	425
24年	9,392	3,487	4,578	1,132	508
25年	9,441	3,560	4,636	1,061	596
26年	9,949	3,644	4,731	1,080	625

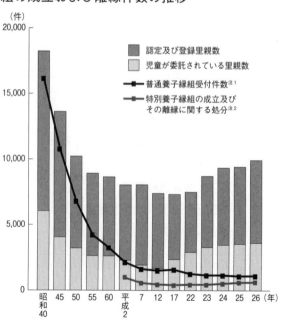

注1：家庭裁判所における未成年者の普通養子縁組受付数。
注2：受付件数。特別養子縁組とは、実親との親族関係が終了する縁組。
出典：厚生労働省「福祉行政報告例」各年版；最高裁判所事務総局「司法統計年報：家事編」各年版をもとに作成

　こうしたなか、2017（平成29）年8月に、国は「新しい社会的養育ビジョン」を発表し、学童期以降の子どもの里親委託率を50％にすることを目標に掲げました。この内容についてはレッスン2で詳しくふれたいと思います。

図表1-4 里親に委託されている児童数（平成26年度）

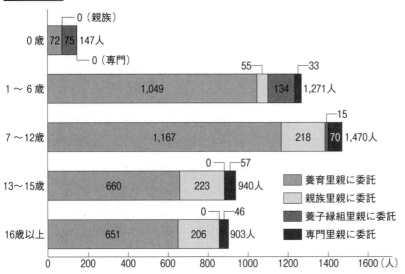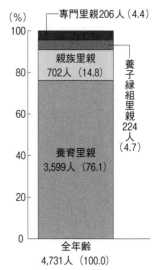

出典：厚生労働省大臣官房統計情報部「平成26年度社会福祉行政業務報告」2015年

図表1-5 児童養護施設、乳児院、里親等の割合

年度	児童養護施設		乳児院		里親等※		合計	
	入所児童数（人）	割合（%）	入所児童数（人）	割合（%）	委託児童数（人）	割合（%）	児童数（人）	割合（%）
平成20年度末	29,818	81.3	2,995	8.2	3,870	10.5	36,683	100
平成21年度末	29,548	80.8	2,968	8.1	4,055	11.1	36,571	100
平成22年度末	29,114	79.9	2,963	8.1	4,373	12.0	36,450	100
平成23年度末	28,803	78.6	2,890	7.9	4,966	13.5	36,659	100
平成24年度末	28,233	77.2	2,924	8.0	5,407	14.8	36,564	100
平成25年度末	27,465	76.2	2,948	8.2	5,629	15.6	36,042	100
平成26年度末	27,041	75.5	2,876	8.0	5,903	16.5	35,820	100
平成27年度末	26,587	74.5	2,882	8.0	6,234	17.5	35,703	100
平成28年度末	26,449	73.9	2,801	7.8	6,546	18.3	35,796	100
平成29年度末	25,282	73.9	2,706	7.8	6,858	19.7	34,846	100
平成30年度末	24,908	71.8	2,678	7.7	7,104	20.5	34,690	100

里親等委託率

※「里親等」は、平成21年度から制度化されたファミリーホーム（養育者の家庭で5～6人の児童を養育）を含む。ファミリーホームは、平成29年度末で347か所、委託児童1,434人。多くは里親、里親委託児童からの移行。
（資料）福祉行政報告例（各年度末現在）※ 平成22年度の福島県の数値のみ家庭福祉課調べ
出典：厚生労働省子ども家庭局家庭福祉課「社会的養育の推進に向けて（令和2年4月）」2020年

演　習　課　題

①あなたの住んでいる地域の里親委託率や里親制度について、自治体の
　ホームページなどで調べてみましょう。

②里親認定前研修や専門里親研修のカリキュラムの内容について調べて
　みましょう。

③あなたが住んでいる地域の「里親体験発表会」に参加したり、里親が
　書いた本や手記などを読んだりして、感想を発表してみましょう。

「新しい社会的養育ビジョン」にみる里親制度の展望

このレッスンでは、2017（平成29）年8月に発表された「新しい社会的養育ビジョン」の内容から、日本における里親制度の今後の方向性や目標などについて学びます。日本の里親制度はどのように改善されていこうとしているのでしょうか。またそれはなぜなのでしょうか。理解を深めていきましょう。

1. 「新しい社会的養育ビジョン」の概要

1 「新しい社会的養育ビジョン」の意義

2017（平成29）年の4月から施行されている改正「児童福祉法」では、日本は**「児童の権利に関する条約」（子どもの権利条約）**[*]にのっとり、子どもが権利の主体であることを踏まえたうえで、子ども家庭福祉を展開することが明記されました。

また、要養護児童への支援を展開するにあたって「家庭養育優先の理念」を規定し、実親による養育が困難である場合は、特別養子縁組によるパーマネンシー保障[*]（永続的解決）や里親による養育といった「家庭養護」を推進することを明確に示しました。さらにそれが難しい場合にも、まずはなるべく家庭的な養育形態をとっている施設への措置を検討することも明記され、これまでの施設偏重型の日本の社会的養護のあり方を見直すこと、大舎制による施設養護を家庭的で小規模なタイプの養護形態に改善していくことが方向性として示されました。

「新しい社会的養育ビジョン」は、2011（平成23）年に発表された「社会的養護の課題と将来像」を全面的に見直し、新しい社会的養育を構築するための目標や工程を示すものです。

2 「新しい社会的養育ビジョン」の骨格

「新しい社会的養育ビジョン」には、大きく以下の9つの内容が含まれています。

①市区町村の子ども家庭支援体制の構築

②児童相談所・一時保護改革

③里親への包括的支援体制（フォスタリング機関）の抜本的強

✳ 用語解説

「児童の権利に関する条約」（子どもの権利条約）

子どもの基本的人権を国際的に保障するために定められた条約である。1989年の第44回国連総会において採択され、1990年に発効。日本は1994年に批准した。18歳未満の児童（子ども）を「権利をもつ主体」と位置づけ、大人と同様に、一人の人間としての人権を認めるとともに、成長の過程で特別な保護や配慮が必要な子どもならではの権利も定めている。前文と本文54条からなり、子どもの生存、発達、保護、参加という包括的な権利を実現・確保するために必要となる具体的な事項を規定している。

パーマネンシー保障

2017年8月に発表された「新しい社会的養育ビジョン」のなかで、「実親による養育が困難であれば、特別養子縁組による永続的解決（パーマネンシー保障）」が必要だとされている。パーマネンシーとは「永続性」と訳され、社会的養護の領域では、子どもが複数の里親や施設などに委託されることなく、子どものニーズに合った一貫した養育を受けられるようにすることをいう。

　　　化と里親制度改革

④永続的解決（パーマネンシー保障）としての特別養子縁組の
　推進

⑤乳幼児の家庭養育原則の徹底と、年限を明確にした取組目標

⑥子どもニーズに応じた養育の提供と施設の抜本改革

⑦自立支援（リービングケア、アフター・ケア）

⑧担う人材の専門性の向上など

⑨都道府県計画の見直し、国による支援

　このなかから、特に里親制度と関わりの深い部分について、具体的に学んでいきましょう。

2.　「新しい社会的養育ビジョン」が示す里親制度の課題と展望

1　里親支援を担う「フォスタリング機関」と包括的支援体制の強化

　「新しい社会的養育ビジョン」では、2020年度までに、すべての都道府県に「フォスタリング機関」を設置することを目標として掲げています。

　「フォスタリング機関」とは、里親とチームとなり、里親のリクルート、研修、相談支援などを一貫して担う機関を意味します。これまでは児童相談所が中心となってこの機能を担ってきましたが、**フォスタリング機関事業**としてNPOや社会福祉法人などの民間機関に事業委託することができるようになりました。

　この新しく登場した「フォスタリング機関」という用語は、イングランドの "Independent Fostering Agency（IFA）" からヒントを得ていると考えられます。IFAは、民間機関として、日本の児童相談所にあたる行政機関との協働のもと、養育里親のリクルート、アセスメント、研修、登録などといった養育里親に関するあらゆる業務を包括的に担っています。こうした民間機関を日本でも各自治体に設置しようというのが、新たに設定した「里親支援体制の充実」のなかの目標の一つです。

2　里親ソーシャルワーカーの量的・質的確保

　まず、里親支援を担当する専任のソーシャルワーカーの配置の必要性が示されています。これは、子ども担当のソーシャルワーカー（児童福

◆補足
フォスタリング機関事業
フォスタリング機関事業を実施するために、2017（平成29）年度中に国によるプロジェクトチームが発足し、ガイドライン作成や自治体への支援を開始する計画も立てられた。
→レッスン29

祉司）とは別に、個々の里親を担当するソーシャルワーカーであるべきだとされています（里親へのスーパーバイジングソーシャルワーカー）。里親担当のソーシャルワーカーがリクルートから登録までのプロセスについても適切にサポートし、そのなかで理解した里親の強みや特徴を踏まえたマッチングや支援を行うことが重要だとされています。各自治体で、十分な人数のソーシャルワーカーを雇用できるだけの予算と、質の高い里親ソーシャルワークを実践するための人材育成や研修などが、今後の課題となります。

3　一時保護里親の創設

　乳幼児に対する家庭養護の提供の徹底や、学齢期の子どもの一時保護期間中の義務教育を受ける権利の保障等に考慮し、新たに「一時保護里親」を創設することが「新しい社会的養育ビジョン」のなかで明記されています。

　ただ、**一時保護**を担う里親には、養育里親とは異なる専門性が求められます。たとえば、一時保護中は行動観察が必要で、そのための記録をとることも求められます。一時保護中の行動観察記録が、一時保護後に子どもがどこでどのような生活をするのか（家庭に帰すのか、施設に措置するのかなど）の決定の根拠の一つとして重要な判断材料となります。

　また、一時保護中に子どもが原籍校へ通学できるようにするには、各校区に一定数の里親家庭を確保することが必要になるとともに、実親との接触時等も含めたリスク管理などについても里親自身が自覚し、里子の養育にあたることが必要になります。一時保護里親の創設にあたっては、里親の数の確保とともに、その専門性の向上に向けた取り組みが、今後の大きな課題となります。

4　里親の新たな類型創設と専門性の向上

　上記の「一時保護里親」以外にも、新たな里親類型を創設することが、「新しい社会的養育ビジョン」の目標として掲げられています。

　まず具体的には、家庭復帰の可能性があり、里親委託中も実親との交流をもつ子どもを養育する里親、**ショートステイ***のニーズのある子どもを専門に受託する里親、医療的ケアの必要な子どもや障がいなどのある子どもを受託し、里親養育に専念できる里親などがあげられています。

　また、多様な養育支援ニーズに応えることのできる里親類型を新たに創設していくなかで、「里親」の名称変更についても検討することが明記されています。これは、「里親はボランティア」というイメージを払しょくし、「職業・社会的役割としての養育」を担っていることを、広

＋補足
一時保護
一時保護所や児童養護施設等における一時保護期間中、子どもの学籍を移動していないため、通学ができない状況が続いており、子どもの教育を受ける権利が保障できていないとして、従来から「一時保護中の教育権の保障」は解決すべき課題の一つとして議論が重ねられてきた。

＊用語解説
ショートステイ事業（短期入所生活援助事業）
保護者が社会的事由により、家庭での養育が一時的に困難となった家庭の子どもが、原則7日以内を限度として施設入所利用できる制度。

く地域社会に理解してもらうことを目指しているともいえます。

　ファミリーホームについて、これまでは「施設型」と「里親型」の2種類がありましたが、これからはファミリーホームを家庭養育に限定するため、ファミリーホーム事業者に里親登録することを義務づけることになりました。

▏5▏ 里親委託中の実親との交流を想定した支援体制の整備

　社会的養護の必要な学齢期の子どもの里親委託率50％、乳幼児の里親委託率75％という目標を実現するためには、これまで、里親委託の対象としてあまり積極的に考えられてこなかったような子どもについても里親委託を検討することになるでしょう。その一つの例として、家庭復帰の見込みのある子ども、実親との交流が日常的にあることが想定される子どもがあげられます。2017（平成29）年4月から施行されている改正「児童福祉法」に盛り込まれた第48条の3では、里親も児童相談所などと連携して、里子の親子関係再構築支援を行うものと位置づけられました。

　そのため、「新しい社会的養育ビジョン」では、親子関係再構築支援に関する里親研修を充実することによって里親の専門性向上を図ることに加え、子どもと実親の面会交流の場所の設定や、面会交流を行う場所と里親家庭間の子どもの移送方法などを含めた「里子と実親の面会交流保障の構造化」が目標として盛り込まれています。

インシデント　実親との交流のある里子の養育

　養育里親の松井さんのところにやってきた2歳のサクラちゃん。その3年後の5歳になったころから、実のお母さんとの面会・交流がスタートしました。それまでサクラちゃんは、松井さんのことを自分の生みの親だと思っていました。しかし、児童相談所のソーシャルワーカーと松井さんから「あなたを生んだ親は別にいるのよ」と話をされ、少しとまどっているようでした。

　サクラちゃんは、生みのお母さんとの面会が始まったころから、松井さんのお腹から産まれる「お誕生ごっこ」をしたがるようになりました。松井さんは、何度も何度も、サクラちゃんが「もういい」と言うまで「お誕生ごっこ」を続けました。

　生みのお母さんとの交流は、最初のうちは児童相談所の一室での1時間程度の面接でしたが、次第に外出や外泊へと交流時間が長くなっていきました。するとサクラちゃんはだんだんと、生みのお母

さんとの交流を嫌がるようになりました。生みのお母さんはもともと怒りっぽい性格で、外出先や外泊中に、お店の人や近所の人としばしばトラブルになり、そのようなお母さんの姿をみるのがサクラちゃんは嫌だというのです。

　松井さんは、サクラちゃんの気持ちを受けとめつつ、児童相談所のソーシャルワーカーと一緒に、サクラちゃんにお母さんの状況や気持ちを代弁しました。しかし松井さんは、親子再統合の可能性を探るべく、「実親との交流を無理のない頻度で続けましょう」と児童相談所から提案されたものの、嫌がるサクラちゃんにこのまま定期的に生みのお母さんとの交流を続けさせることがはたして本当によいことなのか悩むようになりました。

　これまでも、里親が里子と実親との交流を支援するというケースはありましたが、今後はさらにそうしたケースが増えると思われます。里親として、実親とどう向き合うか、実親との交流で不安定になった里子を里親としてどう支えるか、児童相談所との連携は具体的にどのように進めたらよいのかなど、これから里親ソーシャルワークを体系化していくにあたっての、重要な課題の一つになります。

3. 「新しい社会的養育ビジョン」のこれから

　「新しい社会的養育ビジョン」では、里親委託率75％、養子縁組1,000組などといった目標値に加え、乳児院への施設入所の原則停止等の内容が盛り込まれるなど、これまでの日本の社会的養護のあり方を抜本的に見直し、改革を進めようとする内容になっています。

　ただ、これはあくまで「ビジョン」なのです。「ビジョン」とは、実際の現場の事情や予算など現実的な問題はあまり重視せず、「本来はこうあるべきだ」という理想や目指すべき方向性を示すものなのです。

　たとえば、先述したフォスタリング機関の設置や里親担当ソーシャルワーカーの配置について必要な予算はどうするのか、専門性をもつ里親担当ソーシャルワーカーの育成や研修はどのような内容にすべきなのか、などといった「ビジョンを現実にするための具体的かつ現実的なアイデアや議論」が今後、必要になってきます。

演 習 課 題

①「新しい社会的養育ビジョン」をよく読み、特に印象に残ったポイントを1人3点ずつピックアップして、どうして印象に残ったのか、その理由をグループで話し合いましょう。

②日本以外の国では、どのような里親の種類があるのか調べて、発表してみましょう。

③日本には、里親を支援する機関・社会資源として、どのような機関があるでしょうか。また、ほかの国ではどのような機関があるでしょうか。調べてみましょう。

里親ソーシャルワークの内容

このレッスンでは、里親ソーシャルワークの内容について学びます。里親ソーシャルワークとは、どのようなことを、何のために行うものなのでしょうか。里親ソーシャルワークを行うにあたって必要となる視点や姿勢、知識やスキルといった専門性とは何かについて考え、学んでいきましょう。

1. 里親ソーシャルワークとは何か

1 里親ソーシャルワークのターゲット

これまで、日本において「里親ソーシャルワーク」という言葉が、社会的養護や子ども家庭福祉の分野で用いられることは、ほとんどありませんでした。

しかし、2017（平成29）年8月に国が発表した「**新しい社会的養育ビジョン**」のなかには、里親支援を行う機関として「フォスタリング機関」という言葉が多く登場します。各都道府県に設置されるというこの「フォスタリング機関」が担う役割こそが、里親ソーシャルワークだと理解することができます。では「フォスタリング」および「里親ソーシャルワーク」とは、どのような内容を意味するのでしょうか。

宮島は、「里親委託」とは「子どもへの支援」「実親への支援」「里親への支援」の統合だと述べています[†1]。

里親ソーシャルワークとは、里親委託の適切なプロセスを支えるための諸活動だととらえることができます。さらに、里親委託の前段階における、里親の募集、地域社会全体に向けた里親啓発活動や広報なども、広い意味で「里親ソーシャルワーク」に含まれます。

里親委託とは、里親を必要とする子どもとその実親の福祉ニーズを充足するための一つの方策です。しかし、里親ソーシャルワークのターゲットとなるニーズは、「里親家庭で暮らす子ども（里子）のニーズ」「里子の実親のニーズ」だけではなく、「里親の支援ニーズ」さらには「里親の実子の支援ニーズ」も含むことになります。また、「里子のニーズ」についても、里親家庭で暮らす以前から抱えていた支援ニーズ（例：実親からの被虐待経験に起因する支援ニーズなど）だけでなく、里親家庭で生活を始めてから新たに発生するニーズもあることを認識し

参照

新しい社会的養育ビジョン
→レッスン2

▶**出典**

†1　宮島清「里親ソーシャルワークの意義と内容」庄司順一・鈴木力・宮島清編『里親養育と里親ソーシャルワーク』福村出版、2011年、155頁

ておく必要があります。

2 里親支援機関事業からみる里親ソーシャルワーク

　社会的養護は、「施設養護」と「家庭養護（里親や養子縁組等）」の2つに分けることができます。日本の社会的養護は「施設養護」に偏重しており、2005（平成17）年前後においては、日本で社会的養護を必要とする子どもの約9割が、施設養護のもとで生活をしていました。

　しかし、里親委託を推進すべきだという国際社会からのプレッシャーもあり、2008（平成20）年から「里親支援機関事業」が実施されています。

　「**里親支援機関事業**」には、大きく以下の5つがあります。

①里親制度普及促進事業
　　・普及啓発
②里親委託推進・支援事業
　　・里親と施設入所児童との交流機会の提供
　　・里親等への訪問支援
　　・里親等による相互交流
③里親トレーニング事業
　　・未委託里親へのトレーニング事業
④共働き家庭里親委託促進事業
　　・平日夜間及び土日祝日の相談体制整備
　　・里親委託と就業との両立が可能となるような取組のモデル
　　　的実施、分析、検証
⑤自立支援計画策定等支援事業
　　　※児童相談所より以下の業務を受託して行う
　　・委託候補里親の選定、委託の打診と説明
　　　子どもと里親の面会の実施
　　・里親委託児童に係る自立支援計画の作成

　これまで、里親の普及・啓発のための取り組みは、あまり活発ではありませんでした。しかし、近年の家庭養護推進という国の方針に後押しされ、全国各地で里親（制度）を知ってもらうためのさまざまな取り組みが展開されるようになりました。

インシデント　ベイビーブルーリボン運動

堺市の里親会「つながり会」は、里親推進活動の一環として「ベイビーブルーリボン運動」に取り組んでいます。

出典：堺市里親支援専門機関「リーフ」ホームページ（http://sakai-satooya.jp/association/ 2020年5月21日確認）

"ベイビーブルー"という言葉には、欧米では生まれてきたことへの感謝と生後の無事を祈るという意味があります。さらにベイビーと表すことで、子どもたちがかけがえのない大切な存在であることを強調しています。

"ベイビーブルーリボン"には、生命を授けられたすべての子どもたちが愛しく大切に育まれ、見守る大人たちが手を取りつながりあえるようにとの願いが込められています。

登録里親数が約1万1,000世帯であるのに対して、実際に子どもを養育している里親が4,245世帯（2018［平成30］年3月末現在）であり、いわゆる「未稼働（未委託）の里親世帯」の多さが、問題として指摘されています。こうした現状を受け、新たに「**里親トレーニング事業**」がスタートしています。

さらに、かつては、里親となる夫婦のいずれかが仕事をもたずに家にいるというスタイルが一般的でしたが、近年は共働きの里親世帯も増えてきています。こうした現状にかんがみ「**共働き家庭里親委託促進事業**」が創設され、土日の相談体制強化などが推進されています。

里親支援機関事業の内容を踏まえ、本書では、「里親ソーシャルワークの内容」として、以下の内容について第2章以降、詳しく解説していきます。

参照
里親トレーニング事業
→レッスン8

参照
共働き家庭里親委託促進事業
→レッスン16

第2章　里親の開拓・申請・認定・登録の流れ
第3章　子どものニーズとマッチングから委託までのプロセス
第4章　委託後の里親支援
第5章　子どもと里親が困難を抱えるときの支援
第6章　里親の養育力・専門性の向上とトレーニング
第7章　実親の生活課題と子どもとの交流

そして、最後の第8章では、「里親養育を支える社会資源の役割」に

ついて紹介していきます。

2.　アメリカにおける里親ソーシャルワーク

1　里親ソーシャルワークを担う「里親ケア・ワーカー」

　ここで、アメリカの里親ソーシャルワークについて紹介します。日本との共通点や違いについて考えてみましょう。

　アメリカでは、里親ソーシャルワークを行う専門職を「里親ケア・ワーカー」（Foster Care Worker）といいます。里親ケア・ワーカーは、裁判所によって定められた**「パーマネンシー目標」**（家族再統合・養子縁組・自立支援）を達成することを目指して、実親・子ども・里親に関するアセスメントを行いながら、支援を進めていきます。このプロセスにおける、里親ケア・ワーカーの役割として、以下の 6 点があげられます。

・子どものパーマネンシー目標に合わせて、親子間の関係を強化もしくは維持する。

・子どもが里親ケアにいるとき、または家庭復帰をしたときに、親の親としての役割を安全に適切に実現するよう支援する。

・子どもや家族をパーマネンシープランの目標を達成するために必要なサービスにつなぐ。

・ケースプランニングおよびパーマネンシープランニングに必要な法的な職務を果たす。

・子どもにとって永続的で安全な養育環境をみつける。

・インディアン児童福祉連邦法の内容に沿って子どもの部族と協働する。

2　「里親ケア・ワーカー」の職務内容と課題

　里親ケア・ワーカーは、実親・里親・子どもの三者に対する支援に加え、裁判所審議に関わる書類や記録の作成などを行います。また、実親・里親・子どもと、月に 1 〜 2 回訪問・面談を行い、さらに、病院や学校といった、子どもや実親の関係機関との情報共有やサービス評価も行います。

　つまり、里親ケア・ワーカーには、一般的なソーシャルワークのスキ

◆ 補足

パーマネンシー目標

アメリカでは、「パーマネンシー」の概念が法律（児童福祉と養子縁組支援法）によって規定されており、里親ケアはあくまでも一時的な社会的養護であると明確に位置づけられている。一方、日本では、里親による長期養育ケースも想定されており、「パーマネンシー」という概念の使われ方や、里親養育の位置づけについて、必ずしもアメリカとは一致しない点も多い。

ルや知識に加え、里親ケア特有の専門性が必要となります。ワーカーが一度に担当するケース数はおおむね10～12ケースと、日本のワーカーよりも少ないものの、高い専門性を必要とされ、仕事量が多くストレスも多い職種であるためか離職率が高く、経験豊富なベテランのワーカーが育たない傾向にあることが大きな課題の一つです。この点は、日本の里親ソーシャルワークを担う専門職と共通した問題であるといえます。

3. 里親ソーシャルワークの留意点

　里親ソーシャルワークに限らず、ソーシャルワーカーの重要な役割は、当事者の主体性や自己決定を尊重しつつ、当事者の立場や思いに寄り添い支援をすることです。さらに、里親ソーシャルワークにおいては、里親家庭と関係機関が一丸となって「チーム里親養育」として、子どもの養育・支援を展開できるようマネジメントしていくことが大切になります。そのためにも、里親家庭に委託される子ども一人ひとりの「自立支援計画」をしっかり立て、計画どおりに養育が進められているかをモニタリングしつつ里親家庭をサポートすることが求められます。

　つまり、里親家庭に委託したら終了ではなく、委託後も継続して支援を行うという姿勢と具体的な実践が必要なのです。当たり前のことですが、子どもは日々変化・成長します。同様に、里親も里親家族も日々変化し成長します。親子・家族の状況は日々変化するのです。このことを忘れずに、定期的に細やかな状況把握、訪問支援、モニタリングや再アセスメントといった取り組みを継続していくことが大切になります。

演 習 課 題

①あなたの住んでいる自治体の里親の状況を調べてみましょう。
②あなたの住んでいる自治体の里親啓発の取り組みについて調べてみましょう。できれば、そのなかの一つに参加してみましょう。
③日本以外の国では、里親や里親支援の状況はどのようになっているのでしょうか。グループで分担して調べてみましょう。欧米だけでなくアジアの国にも着目して調べてみましょう。

参考文献

レッスン 1

伊藤嘉余子・澁谷昌史編著　『子ども家庭福祉』　ミネルヴァ書房　2017年

庄司順一・鈴木力・宮島清編　『里親養育と里親ソーシャルワーク』　福村出版　2011年

母子愛育会愛育研究所編　『日本子ども資料年鑑』　KTC中央出版　2016年

レッスン 2

厚生労働省 第 7 回新たな社会的養育の在り方に関する検討会　「藤林構成員提出資料」　2016年（https://www.mhlw.go.jp/file/05-Shingikai-11901000-Koyoukintou jidoukateikyoku-Soumuka/0000147562.pdf 2020年 5 月21日確認）

厚生労働省 新たな社会的養育の在り方に関する検討会　「新しい社会的養育ビジョン」　2017年

レッスン 3

庄司順一・鈴木力・宮島清編　『里親養育と里親ソーシャルワーク』　福村出版　2011年

畠山由佳子　「最近の米国における里親ソーシャルワークとケースマネジメントの傾向」『里親と子ども』　Vol.10　2015年　71-77頁

おすすめの 1 冊

浅井春夫・黒田邦夫編著　『〈施設養護か里親制度か〉の対立軸を超えて――「新しい社会的養育ビジョン」とこれからの社会的養護を展望する』　明石書店　2018年

2017年 8 月に出された「新しい社会的養育ビジョン」について、その内容を批判的に分析しながら、このビジョンが出された背景について検証するとともに、これからの社会的養護のあるべき姿を展望する内容となっている。本書を通して、あらためて「なぜ里親など家庭養護を推進する必要があるか。またそのために必要な対策は何か」について考えてみたい。

里親家庭における実子の思い

　里親になるということは、それまで一定の安定していた生活状況に、変化を与えることになります。また、その家庭に実子がいる場合は、より複雑になります。年齢差にもよりますが、委託された多くの子どもは、里親家庭で実子ときょうだいのように育つことになります。この「家族として・きょうだいとしての境界線の受けとめ」について、山本が行った里親家庭の実子に対する調査のなかで、実子は4種類のきょうだいの境界線を示しています。

　委託初期は「血縁による境界線」（兄弟姉妹のみをきょうだいとする）、「境界線なし」（兄弟姉妹と里子すべてをきょうだいに含める）の2種類、その後は「血縁による境界線」に加え、「選択的な境界線」（兄弟姉妹と一部の里子をきょうだいに含める）、「生活の場による境界線」（家庭復帰した子どものみきょうだいに含めない）へと変化していきます。

　里親家庭の実子は、きょうだい境界に関係する葛藤について、次のように複雑な心境を語っています。

> **実子の語り①　とても苦痛であったこと**
> 「なんかたまになんか、友達のおうちとかにいくと、『あなたのおうちの、あの男の子は、跡取りのためにもらってきた子でしょ？』って言われて」
> **実子の語り②　きょうだいに関する質問をした際**
> 「今はなんかやっぱりなんか、しゃべるの難しいですよねやっぱ、きょうだいの説明をするってなると。ただ、分けるっていうのは正直嫌なとこですね」

　実子が養育を支えてくれたという話を里親からはよく聞きます。素を出せることが血縁を超えて家族になるプロセスなのかもしれません。いずれにしろ、率直に話ができ、実子を含む家族全体が里親養育について理解していることが、不調が起こった際に事態を悪化させないために重要となります。

出典：山本真知子「生殖と家族　里親の実子が里親養育から受ける影響——きょうだい・家族とは何か」『立命館大学生存学研究センター報告書』25、2016年、152-165頁

第2章

里親の開拓・申請・認定・登録の流れ

本章では、里親の開拓・申請・認定・登録の流れについて学んでいきます。日本で里親がなかなか増えないのはなぜでしょうか。里親という制度をまず広く地域に知ってもらうための啓発・広報などの取り組みから、実際に里親になりたいと思う人へのアプローチ、研修や支援などについて包括的に理解していきましょう。

里親の開拓

「児童福祉法」の理念を具現化し、社会的養護を必要とする子どもたちに「家庭における養育環境と同様の養育環境」を保障するためには、里親家庭の確保は量的・質的の両側面から大きな課題となっています。このレッスンでは、里親制度の普及・啓発や開拓についての実際を理解していきましょう。

1. 里親開拓の必要性

1 「児童福祉法」改正から社会的養育ビジョンまで

　2017（平成29）年の4月から施行されている改正「児童福祉法」では、第3条の2において、社会的養護を必要とする子どもたちの育ちの場として「家庭における養育環境と同様の養育環境」で継続的に養育されることが明記されました。これは養子縁組による家庭、里親家庭、ファミリーホームなどを指します。実父母や親族等による家庭での養育が子どもの発達にとって適切でない場合には、「家庭における養育環境と同様の養育環境」への措置がなされることが優先されるようにとされました。そして施設のうち小規模で家庭に近い環境は、「良好な家庭的環境」と定義され、里親家庭やファミリーホームへの措置が、子どもにとって適当でない場合に提供される養育環境として位置づけられています。

　法改正に先がけて、2011（平成23）年に厚生労働省から出された「里親委託ガイドライン」においても、里親委託優先の原則の理由として、以下の3点があげられています。

---

①特定の大人との愛着関係の下で養育されることにより、安心感、自己肯定感、基本的信頼感を育むことができる。
②家庭生活を体験し、将来、家庭生活を築く上でのモデルとすることができる。
③家庭生活での人間関係を学び、地域社会での社会性を養い、生活技術を獲得できる。

「児童福祉法」改正に続いて、2017（平成29）年夏、すべての子ども

を対象として「児童福祉法」の理念を推進するために、厚生労働省の新たな社会的養育のあり方に関する検討会は、「新しい社会的養育ビジョン」を提示しました。社会的養護を必要とする子どもたちについて、できる限り育った地域で、できる限り里親家庭で養育を受けられるよう目標値が設定されています。3歳未満は5年以内、就学前の子どもは7年以内に里親委託率を75％に、学童期以降は10年以内に50％以上にするという目標値が示されています。

2 里親委託の現状

では、里親委託の現状はどうでしょうか。厚生労働省によると、2008（平成20）年度末には3,870人だった里親・ファミリーホームへの委託児童数は2018（平成30）年度末には7,104人と増加しています[†1]。2019（平成31）年3月末現在の里親・ファミリーホームの数は、51頁の図表8-1を参照しましょう。

社会的養護を必要とする児童のうち里親・ファミリーホーム等で生活する児童を示す**里親等委託率**[*]は、2018（平成30）年度末、20.5％となっています[†2]。社会的養育ビジョンが示す目標値には、まだまだ遠く及びません。

子どもが地域から分離されることなく育っていくためには、里親家庭の量的拡大と質的な担保が課題となっています。里親制度についての理解を広め、里親家庭の拡充を目指すための取り組みが必要となります。

2. 里親開拓の担い手

1 都道府県の役割

2016（平成28）年の「児童福祉法」改正では、里親委託の推進が都道府県（児童相談所）の業務として明確に位置づけられ、2017（平成29）年4月1日より施行されています。

「児童福祉法」第11条第1項第2号トでは、里親に関する行うべき業務として次のように規定されています。里親制度の普及啓発から里親の選定、および里親と子どもとの間の調整、そして子どもの養育に関する計画の作成までの一貫した里親支援を行うことが求められています。

（1）里親に関する普及啓発を行うこと。
（2）里親につき、その相談に応じ、必要な情報の提供、助言、

▶出典
†1　厚生労働省子ども家庭局家庭福祉課「社会的養育の推進に向けて（令和2年4月）」2020年

✳用語解説
里親等委託率
里親等委託数（里親家庭＋ファミリーホーム）を、児童養護施設入所児童数、乳児院入所児童数、里親家庭委託数＋ファミリーホーム委託数の和で割った数字を指す。

▶出典
†2　†1と同じ

25

研修その他の援助を行うこと。

（3）　里親と第27条第1項第3号の規定により入所の措置が
採られて乳児院、児童養護施設、児童心理治療施設又は児童
自立支援施設に入所している児童及び里親相互の交流の場
を提供すること。

（4）　第27条第1項第3号の規定による里親への委託に資す
るよう、里親の選定及び里親と児童との間の調整を行うこと。

（5）　第27条第1項第3号の規定により里親に委託しようと
する児童及びその保護者並びに里親の意見を聴いて、当該児
童の養育の内容その他の厚生労働省令で定める事項につい
て当該児童の養育に関する計画を作成すること。

2　民間の取り組み

　里親開拓を行うのは、行政だけではありません。2008（平成20）年
からは、里親支援機関事業として、各都道府県および政令指定都市から
社会福祉法人やNPO法人が委託を受けるようになりました[3]。こうし
た団体が、それぞれの地域の状況に応じて、民間の発想を生かした里親
の啓発活動について取り組むようになりました。

　2017（平成29）年からは、「里親の普及啓発から里親の選定及び里親
と子どもとの間の調整並びに子どもの養育に関する計画の作成までの一
貫した里親支援及び養子縁組に関する相談・支援を総合的に実施するこ
と」を目的として「**里親支援事業実施要綱**」（雇児発 0331 第 44 号「里
親支援事業の実施について」2009年）が定められており、里親の普及
啓発から、子どもの実際の養育に至る一貫した支援体制のあり方が求め
られています。

3.　里親開拓の方法

1　里親啓発の方法

　1948（昭和23）年10月4日、当時の厚生省により里親制度に関する
事務次官通知が出されました。これを記念して、この日を「**里親の日**」
とし、10月を「**里親月間**」としてさまざまな取り組みが行われるように
なりました。2018（平成30）年度の各自治体の里親月間の取り組みの
一部をみてみましょう。

▶ **出典**
†3　「里親支援機関事業
の実施について」（雇児発
第0401011号）2008年

✚ **補足**
里親支援事業実施要綱
その後、里親支援事業は再
編されて里親養育包括支援
事業となり、本要綱も「里
親養育包括支援（フォスタ
リング）事業実施要綱」に
移行した。

✚ **補足**
里親の日
特定非営利活動法人日本こ
ども支援協会は、里親の日
に「One Love全国一斉里
親制度啓発キャンペーン」
を展開している。キャンペ
ーンでは、ハート形のチラ
シが4万5,000枚配布され
る。4万5,000とは、現在日
本の社会的養育のもとで育
つ子どもの数である。さら
に大阪府なら5,000枚など、
その地域の社会的養育のも
とで育つ子どもと同じ数の
チラシを配布するなど、受
けとった人が社会的養育を
必要とする子どもについて
考えるためのきっかけを提
供する工夫がされている。

　図表4-1は京都市の事例です。自治体の発行する広報誌や地域の情報誌は多くの人の目に触れることが期待されます。また、地域の人が集まるショッピングモールなどでの啓発活動も同様の効果が期待されます。

　ほかにも里親への理解を広めるためのさまざまな工夫が行われています。たとえば大阪府では、里親制度や養育里親の愛称「はぐくみホーム」の理解促進を目指して、NPO法人「子ども自立支援スマイル」と大阪府里親会が主催となったマラソンイベント「はぐくみRUNフェスタ」が開催されました。マラソンを通しての啓発活動に加えて、大会開催のためにクラウドファンディングを行い、イベントに寄付をしてくれた人のために大阪府の里親ロゴマーク（図表4-2）をあしらったTシャツを配布するなどの工夫がなされています。

　また、映像を活用した啓発活動も行われました。大阪府と里親支援機関「キーアセット」が実施した「はぐくみ映像コンペ」には、最優秀賞を目指して110の作品が応募されました。

　大阪府堺市では、「生命を授けられた全ての子どもたちが愛しく大切に育まれ、見守る大人たちが手を取りつながりあえるようにとの願いを込め」、里親会や里親支援機関の連携のもと「**ベイビーブルーリボン**」運動が展開されています。春の堺シティマラソンでは、里親啓発活動として、市内の大学生など48人がおそろいの「ベイビーブルーリボン」T

参照

ベイビーブルーリボン
→レッスン3

図表4-1　自治体での里親月間の取り組み

京都市	10月1日	広報誌への掲載
	10月13日、20日	情報誌への啓発記事の掲載
	10月17日〜21日	里親制度説明コーナーの開設（ショッピングモール）
	11月23日	里親公開講座の開催

出典：厚生労働省「平成30年度における里親月間の取組の実施（予定）状況【地方自治体】」2018年より一部抜粋

図表4-2　大阪府の里親ロゴマーク

出典：大阪府ホームページ「さとおやってなぁに？？」
（https://www.city.osaka.lg.jp/kodomo/page/0000043968.
html 2020年5月27日確認）

シャツを着てマラソンに参加しました。

2 ▶ 里親への理解の実態

▶**出典**
†4　日本財団「『里親』意向に関する意識・実態調査」2018年

　2017（平成29）年の日本財団の調査によると[4]、調査に協力した20代から60代の男女1,500人のうち、6.3％の人が「里親になってみたい」「どちらかというと里親になってみたい」と回答しています。しかし、里親の認知度については大半が「名前を聞いたことがある程度」となっています。世のなかの里親制度についての正しい理解は、里親になってみたいと考える人たちが実際に里親として活動することの大きな後押しとなることと考えられます。

　この調査では、里親を知るきっかけとなった媒体としてはテレビと答えた人が最も多く、また、ドラマやドキュメンタリーで里親家庭の実際や里親子の心情を知ることで、里親になる意向が高まったとしています。里親について関心をもつ人を増やしていくには、テレビや新聞、インターネットなどのマスメディアを活用していくことと、地域の住民に対して、顔の見える関係のなかで里親制度についてわかってもらう活動をしていくことの両面からのアプローチが必要です。

3 ▶ 里親申し込みの動機

　厚生労働省が 5 年に 1 度行っている「児童養護施設入所児童等調査」（最新は2018年 2 月 1 日現在）での「里親申し込みの動機」をみてみましょう（図表 4 - 3 ）。

　「児童福祉への理解から」が 41.7％（前回 43.5％）、「子どもを育てたいから」が30.8％（前回30.7％）、「養子を得たいため」が10.7％（前回12.5％）となっています。前回調査と比較すると、「養子を得たいため」の割合が下がっています。また、「児童福祉への理解から」の割合が最も高いことがわかります。各地で行われている里親制度に関する普及啓発活動が「子どもの福祉のための制度としての里親」制度の理解につな

図表 4-3 里親申し込みの動機

	総数	児童福祉への理解から	子どもを育てたいから	養子を得たいため	その他	不詳
2013年	3,481	1,515 （43.5％）	1,069 （30.7％）	434 （12.5％）	428 （12.3％）	35 （1.0％）
2018年	4,216	1,759 （41.7％）	1,299 （30.8％）	453 （10.7％）	617 （14.6％）	88 （2.1％）

出典：厚生労働省「児童養護施設入所児童等調査」各年版をもとに作成

がっていることが反映された数字だといえるでしょう。里親を必要とする子どもの存在や、里親子に提供されるさまざまなサポートについて情報を発信し、社会的養護について正しい知識を得た里親希望者を開拓していくことが、改正「児童福祉法」の理念の実現につながっていきます。

4.　里親開拓の課題

1　職員体制の強化

　厚生労働省が行った里親リクルートに関する調査[5]では、「手厚い人員配置が必要である」との指摘が児童相談所からも民間事業者からも出されています。また、児童相談所の児童福祉司の勤務年数を見てみると、勤務年数10年以上の児童福祉司は全体の約16%で、5年未満の職員が60%を占めます[6]。里親委託に関わるソーシャルワークの経験を積んだ職員が継続して担当できる体制が必要です。

2　里親についての啓発活動の充実

　里親制度や里親についての正しい知識の普及も大きな課題です。里親制度について知ることをきっかけに、里親としての活動につながるような一般の人々への啓発活動に加えて、学校や保育所、病院など子どもや家族に関わる教育や福祉、医療の専門職への啓発活動も、里親の新規開拓につながることが期待できます。また、里親制度について、他職種が正しく理解することが、受託後の里親へのサポートにもつながります。

▶出典
[5]　厚生労働省「里親リクルートに関する調査中間報告書」2015年

▶出典
[6]　厚生労働省「児童相談所関連データ」2018年

演 習 課 題

①自分の住む自治体での里親啓発の取り組みを調べてみましょう。広報誌やリーフレットを手に入れてみましょう。
②できるだけ違う自治体で暮らす人同士が集まったグループをつくり、お互いに入手した広報誌やリーフレットを見せ合い、里親になりたいと思うのは、どのようなデザインや内容のものか、話し合ってみましょう。
③グループごとに、里親制度をより広く知ってもらうためのキャッチコピーをつくって、発表し合いましょう。

里親の申請方法

このレッスンでは、里親の申請方法について学びます。里親として登録を受けるには、里親として活動するための要件を備えた人が、規定されている研修を受けたあと、都道府県に認定申請を行います。ここでは、里親に求められる要件を理解したうえで、具体的な申請の流れを学んでいきましょう。

1. 里親になるための要件

　社会的養護を必要とする子どもに「家庭における養育環境と同様の養育環境」を提供し、安心で安全な環境のなかでの育ちを保障するためには、里親として備えているべき要件があります。里親には、養育里親、専門里親、親族里親、そして養子縁組によって養親となることを希望する里親がありますが、厚生労働省が示す共通する基本的な認定のための要件は図表5-1のとおりです。

　心身ともに健康で、子どもが好きであれば、望めば誰でも里親認定がされるわけではありません。「要保護児童の養育についての理解及び熱意並びに児童に対する豊かな愛情」とあるように、要保護児童の養育についての正しい理解が共通基盤として備えられている人であることが必要です。

　里親として認定されるためには、さらに、図表5-1のように、里親種別ごとに定められた一定の研修を受講することが求められます。

　厚生労働省の示す「里親委託ガイドライン」（2018年）では、里親の認定・登録について、望ましい里親像を以下のように表現しています。

> 　里親制度は家庭での養育が欠ける子どもに温かい愛情と正しい理解をもって家庭的な環境のなかで養育するものである。このため、里親は子どもの養育についての理解及び熱意並びに子どもに対する豊かな愛情を有していることなどが求められる。
>
> 　また、里親には、子どもの福祉を理解し、社会的養護の担い手として関係機関等と協力し、子どもを養育することが求められ、その担い手としてふさわしい者が認定される。

　一方、認定が難しいのは次のような場合です。社会的養護の制度について理解が十分でない場合や、児童相談所などの関係機関との協力が難しい場合などです。また、「後継ぎがほしい」「子どもに老後をみてほしい」「子どもをもつことで夫婦関係を見直したい」などといった理由で里親を希望する場合も少なくありません。こうした場合にも、面談をしていくことで、「子どもの福祉のための制度」としての理解を深めていくことが必要です。児童相談所との面接を重ねるなかで、里親希望者が里親制度についての正しい理解を深め、里親申請、認定につながっていくこともあります。

　このように、里親支援の担い手には、ていねいな制度の説明で、里親制度についての正しい理解に基づく希望者を増やしていこうとする姿勢が重要です。研修での学びをとおして、里親制度への正しい理解が深められるよう、研修プログラムも工夫されたものが準備される必要があります。

図表 5-1 里親認定の要件

基本的な要件

①要保護児童の養育についての理解及び熱意並びに児童に対する豊かな愛情を有していること。
②経済的に困窮していないこと（親族里親は除く）。
③里親本人又はその同居人が次の欠格事由に該当していないこと。
　ア　禁錮以上の刑に処せられ、その執行を終わり、又は執行を受けることがなくなるまでの者
　イ　児童福祉法等、福祉関係法律の規定により罰金の刑に処され、その執行を終わり、又は執行を受けることがなくなるまでの者
　ウ　児童虐待又は被措置児童等虐待を行った者その他児童の福祉に関し著しく不適当な行為をした者

養育里親	専門里親	養子縁組里親	親族里親
・養育里親研修を修了していること。 ※年齢に一律の上限は設けない。養育可能な年齢であるかどうかを判断。	・専門里親研修を修了していること。 ・次の要件のいずれかに該当すること。 　ア　養育里親として3年以上の委託児童の養育の経験を有すること。 　イ　3年以上児童福祉事業に従事した者であって、都道府県知事が適当と認めたものであること。 　ウ　都道府県知事がア又はイに該当する者と同等以上の能力を有すると認めた者であること。 ・委託児童の養育に専念できること。 ※年齢に一律の上限は設けない。養育可能な年齢であるかどうかを判断。	・養子縁組里親研修を修了していること。 ※一定の年齢に達していることや、夫婦共働きであること、特定の疾病に罹患した経験があることだけをもって排除しない。子どもの成長の過程に応じて必要な気力、体力、経済力等が求められることなど、里親希望者と先の見通しを具体的に話し合いながら検討。	・要保護児童の扶養義務者及びその配偶者である親族であること。 ・要保護児童の両親等が死亡、行方不明、拘禁、疾病による入院等の状態となったことにより、これらの者による養育が期待できない要保護児童の養育を希望する者であること。

出典：厚生労働省子ども家庭局家庭福祉課「里親制度（資料集）」2018年より一部改変

2.　里親申請の実際

1　里親申請の流れ

ここでは、実際の申請の流れを、事例をもとにみてみましょう。

永橋さん夫妻には、高校 1 年生の女の子がいます。子どもが高校へ進学し、自分たちの育児もひと段落したと感じていた夫妻は、何か社会に貢献できることはないかと考えていました。毎晩、夕食のあとは家族でテレビ観賞をしますが、ある日里親をテーマにしたドキュメンタリー番組を見ました。家庭で育つのが難しい子どもがいることを知り、里親制度について関心をもった永橋さん一家は、家族で話し合い、養育里親制度についてもう少し知りたいと、児童相談所に電話をしました。

実際に里親としての認定を受け、里親登録に至るまでに、所定の**研修**を受講することと合わせて、児童相談所との面接や家庭訪問などを受けて里親としての活動に必要な知識や技術を身につけるとともに、環境を整備していくことになります。

2　児童相談所への問い合わせ

児童相談所の里親担当者は、永橋さんからの電話を受けて、里親制度の目的や手続き、研修の受講が必要であること、里親認定の申請後は都道府県の児童福祉審議会での審議が行われることなどを説明しました。

担当者の「里親制度は、子どもを育てたい大人のための制度ではなく、豊かな愛情と安心、安全な養育環境を必要とする子どものためにある制度です」という言葉は、永橋さん夫妻をはっとさせました。

担当者との電話を終えたあと、里親になるかどうかについて家族で話し合いました。もっと里親制度について理解してから考えたいという意見でまとまったため、改めて児童相談所に連絡し、面接の希望を伝えました。

3　児童相談所でのガイダンス

永橋さん夫妻は、児童相談所を訪問し、里親担当者からのガイダンスを受けました。

里親担当者から、永橋夫妻に渡されたのは「**里親家庭でくらす子どもの権利ノート**」と書かれた冊子でした。まず、冊子の内容に基づいて、児童の権利に関する条約や、県の子ども条例についての説明が行われました。そのうえで、里親制度についての説明が行われました。里親制度

参照
里親研修の流れ
→レッスン 1

補足
里親家庭でくらす子どもの権利ノート
厚生労働省による「里親委託ガイドライン」(2011年)には、里親家庭に委託された子どもに、これからの生活が安全で安心できるものであること、子どもが自分の意見を述べることができ、里親等大人と一緒に考えることができることなどを伝えるための「子どもの権利ノート」を配付するようにと記されている。子どもが自分の権利について知ることと合わせて、子どもが権利侵害にあった場合の届け出の仕組みとして、児童相談所や都道府県等やその他相談機関の連絡先も伝えておくこととされている。

の趣旨についての説明のあと、委託される子どもについての説明がありました。委託されたあとに子ども自身の発達上の課題が明らかになることもあること、受託後、家族関係に揺らぎが生じることもあることなどがていねいに説明されました。ガイダンスのあと、改めて里親になる意思について担当者と話し合った結果、永橋さん夫妻は里親申請に向けて研修を受けることを決めました。

4　里親研修の受講

　里親研修は、講義1日、実習1日の計2日間の基礎研修と、講義2日、実習2日の計4日間の登録前研修で構成されています。

　基礎研修では、里親制度の基礎的な知識の習得が目的とされています。厚生労働省が示している研修プログラム例は図表5-2のとおりです。

　講義をとおして保護を必要とする子どもの現状や、地域で活用できるさまざまな子育て支援サービスについての基礎的な理解を深め、基礎研修を受講した人のみが登録前研修の受講に進むことができます。永橋さん夫妻には、先輩里親が、実子と里子との関係で悩んだ時期もあったと話したことが印象深く残りました。帰宅後、娘とも話し合い、家族の一員として里子を迎え入れること、一緒に乗り切りたいことなど、気持ちを確認し合いました。

　登録前研修では、より具体的に、里親として必要な養育上の知識や技術を習得することを目指して学びます（図表5-3）。

　講義では、基礎研修の内容を踏まえ、さらに具体的な内容を学びます。実習も一層実践的な内容となり、児童養護施設や乳児院で行われます。子どもたちの生活の場面に実際に入って、社会的養護を必要とする子どもたちとの関わりをとおして実践的に学んでいきます。また、児童養護施設の**里親支援専門相談員**や保育士、児童指導員といった専門職から、社会的養護を必要として施設で育つ子どもたちについて話を聞いたり、里親希望者が自分自身の子どもたちへの関わり方について、専門職からアドバイスを受けたりすることができる機会にもなります。すべての研修を終えたあと、里親希望者には修了証書が渡されます。

参照
里親支援専門相談員
→レッスン10

5　里親認定の申請

　里親研修の受講と並行して、里親希望者は児童相談所に里親認定の申請を行います。申請に必要な書類は、おおむね次頁のとおりです。

　都道府県によっては、ほかにも必要な書類がある場合もあります。

図表 5-2 里親基礎研修プログラムの一例

目的	内容
①社会的養護における里親制度の意義と役割を理解する ②今日の要保護児童とその状況を理解する（虐待、障害、実親がいる等） ③里親にもとめられるものを共有する（グループ討議）	①里親制度の基礎Ⅰ ②保護を要する子どもの理解について ③地域における子育て支援サービス ④先輩里親の体験談・グループ討議 ⑤実習（児童福祉施設の見学を主体にしたもの）

出典：図表 5-1 と同じ

図表 5-3 里親登録前研修プログラムの一例

目的	内容
社会的養護の担い手である里親として、子どもの養育を行うために必要な知識と子どもの状況に応じた養育技術を身につける	①里親制度の基礎Ⅱ（里親が行う養育に関する最低基準） ②里親養育の基本（マッチング、交流、受託、解除までの流れ、諸手続等） ③子どもの心（子どもの発達と委託後の適応） ④子どもの身体（乳幼児健診、予防接種、歯科、栄養） ⑤関係機関との連携（児童相談所、学校、医療機関） ⑥里親養育上の様々な課題 ⑦児童の権利擁護と事故防止 ⑧里親会活動 ⑨先輩里親の体験談・グループ討議 ⑩実習（児童福祉施設、里親）

出典：図表 5-1 と同じ

- 里親認定申請書
- 里親研修の修了証書あるいは修了見込みであることを証明する書類
- 健康診断書
- 申請者・その同居人の履歴書
- 自宅の平面図
- 欠格事由のいずれにも該当しない者であることの証明書
- 戸籍謄本
- 所得証明書

　永橋家は、書類を提出したのち、児童相談所からの家庭訪問を受けました。家庭訪問を行うことで、里親委託後に子どもが生活する環境の実態が把握できます。児童相談所の担当者は、申請書類と一緒に提出された書類をもとに、近隣の環境、学校や幼稚園、病院などの社会資源の確

認、住居の間取りや広さ、清潔さなど子どもが育つ環境として適切な居住環境かどうかなど、幅広い視点で確認を行います。研修の修了と家庭訪問調査等の結果を受け、児童相談所は都道府県へ里親審査に関する意見を提出します。こうして、里親登録に向けた審議に進みます。

演習課題

①子どもの育ちに適切な居住環境の条件として、どのようなものがあるでしょうか。グループで話し合ってまとめてみましょう。

②地図を用意し、自分の家を取り巻く社会資源（学校、保育所、幼稚園、駅、かかりつけの病院）などに印をつけましょう。どのようなことが読み取れるでしょうか。グループで発表しましょう。

③②のワークを踏まえて、子どもの育ちに適切な町の環境としてどのような条件があるでしょうか。グループで話し合ってまとめてみましょう。

里親の登録手続き

このレッスンでは、里親の登録手続きについて学びます。里親認定登録の申請後には、児童相談所などによる家庭訪問・調査が行われ、児童福祉審議会からの意見聴取を経て里親登録に至ります。ここでは、主に、里親の家庭調査の留意点などについて学びましょう。

1.　里親の家庭調査の目的

　厚生労働省の「**里親制度運営要綱**」によると、里親制度の趣旨は「家庭での養育に欠ける児童等に、その人格の完全かつ調和のとれた発達のための温かい愛情と正しい理解をもった家庭を与えることにより、愛着関係の形成など児童の健全な育成を図る」こととされています。

　里親には、子どもに対する豊かな愛情のみならず、子どもの養育についての適切な理解が求められます。また、子どもの福祉を理解し、社会的養護の担い手として関係機関等と協力し、子どもを養育することが求められ、その担い手としてふさわしい者が里親として認定されます。

　児童相談所などは、里親候補者が里親を希望する動機が社会的養護の担い手としての責任に基づいたものなのか、家族の理解や協力はあるのか、また委託される子どもへの理解があるかなどを、面接や家庭訪問などをとおして調査します。

2.　里親候補者の調査の留意点

1　里親希望者へのオリエンテーション

　オリエンテーション面接では、まず里親制度の説明をします。里親制度の目的や手続き、研修受講、里親認定申請後は都道府県の児童福祉審議会で審議されることなど、ていねいな説明を行う必要があります。その際には、「里親制度運営要綱」の内容をわかりやすく、かみくだいて伝えます。特に、「第6　里親が行う児童の養育」は、里親養育の基本的内容がまとまっているので参考になります。

　また、乳児院、児童養護施設などの児童福祉施設の子どもの入所理由、

家族背景や子どもの実情を伝えます。実親との分離や不適切な養育による子どもへの心理的ダメージなど、社会的養護が必要な子どもたちの抱える課題についても伝える必要があります。また、委託後に子どもの発達の遅れや障がいが見つかる可能性があること、受託後に里親の家族関係が揺れる場合もあることなどを具体的に説明します。

養子縁組を希望する里親には、普通養子縁組と特別養子縁組の違い、子どもがもつ背景や実親への思いなど、すべてを引き受ける必要があること、適切な時期の真実告知が必要であることなどを説明します。

面接をとおして、どのような養育を望んでいるのか、家族の状況など、里親希望者の全体の状況をとらえることが求められます。もし、子どもの福祉に適切ではない考え方や家庭の状況などがあれば、しっかりと話し合うことが必要です。オリエンテーション面接を受け、認定を希望する者は認定前研修を受講することになります。

2　里親の要件

里親研修を受けるにあたっては、欠格事由も含めて里親の要件を事前に伝えておく必要があります。

養育里親については、「児童福祉法」第34条の20に定める欠格の事由に該当しないことに加えて、「児童福祉法施行規則」第1条の35の要件を満たしていることが必要です。また、社会的養護が必要な子どもを養育することについての理解および熱意などを有していることに加え、里親の年齢などの状況にも留意します。

里親の年齢については一律の上限は設けられていません。年齢の高い養育者であっても、中学生など高年齢の子どもの新規や短期での委託を検討するなど、子どもの多様なニーズに応えられる里親を認定、登録することは有意義だと考えられるからです。ただし、特別養子縁組を希望する里親の下限は25歳とされていますが、夫婦のどちらかが25歳以上であれば、もう一方は20歳以上であれば里親になることが可能です。

また原則として、配偶者がいることが求められますが、里親希望者が単身である場合であっても、専門的な知識や経験を有するなど、子どもを適切に養育できると認められる者は認定することができます。しかし、養育するための経済的な保証や養育を支援する環境などがあるかどうかを確認する必要があります。

3　家庭調査

里親登録の手続きをとおして、里親希望者のことを適切に理解するこ

➕補足

「児童福祉法」第34条の20

里親の欠格事由は、①禁錮以上の刑に処せられ、その執行を終わり、又は執行を受けることがなくなるまでの者、②この法律、児童買春、児童ポルノに係る行為等の規制及び処罰並びに児童の保護等に関する法律その他国民の福祉に関する法律で政令で定めるものの規定により罰金の刑に処せられ、その執行を終わり、又は執行を受けることがなくなるまでの者、③児童虐待又は被措置児童等虐待を行つた者その他児童の福祉に関し著しく不適当な行為をした者。

「児童福祉法施行規則」第1条の35

養育里親の要件は、①要保護児童の養育についての理解及び熱意並びに要保護児童に対する豊かな愛情を有していること、②経済的に困窮していないこと（要保護児童の親族である場合を除く。）、③養育里親研修を修了したこと。

参照
児童福祉審議会
→レッスン10

とが重要です。里親希望者の家庭調査は認定に関わることであり、基本的には児童相談所が行い、**児童福祉審議会**に諮問し、認定・登録となります。

　家庭調査では、同居家族全員に会い、里親になることの意志を確認することが基本となります。たとえ幼い子どもであっても、その年齢に応じた質問の仕方を考え、その年齢なりの考えや気持ちを表現してもらえるように工夫します。子どもの様子からは、その家庭の子育ての様子が伝わってきます。本音を引き出すために夫婦個別に面接する機会を確保することも必要です。

　里親希望者が質問する機会や熟慮する時間を設けるなどの配慮が重要です。また、深くプライバシーに踏み込んだ調査であることを事前に伝えて了解を得ること、プライバシーに深く関わる内容はその質問の意図を説明することも大切です。調査は複数で担当し、できれば男女のペアが望ましいです。

　夫婦合同面接、個別面接、家庭訪問など、面接構造を変えることで、家族の異なった側面が見えてきます。一面的なとらえ方をするのではなく、里親希望者の家庭をバランスよくとらえることが求められます。

3.　里親認定登録のための調査項目

1　動機やきっかけ

　里親になりたいと思った動機やきっかけについて確認します。その際には、自己利益だけの希望ではないか、社会的養護の担い手としての自覚があるかどうかを確かめる必要があります。

　里親の動機について、たとえば、「子どもがいなかったから」という理由だけで片づけてしまうのではなく、不妊治療の経過、妊娠の可能性、もし実子ができた場合の対応についてなど、踏み込んだ質問をする必要があります。また、申請までの出来事や悩みごと、経過のなかでの心境の変化についても聞いていきます。

　父母で里親になることに対する思いに差があることも少なくありません。父母のどちらかが言い出して両者が納得していたとしても、里親として育てるということは、「自ら決めた」という自己決定が重要です。里親養育にどんな期待や願いが含まれているのか話を深めていくやりとりをとおして、なぜ里親として子どもを育てたいのか気づきを促します。

　養育知識や経験、さらには希望する子どもについても質問します。年

齢、性別、養育期間、それらの理由、希望人数などの情報は、里親の養育に対する考え方を知るのみならず、里親委託時のマッチングの際に有用な情報になると考えられます。日本国籍以外の子どもや障がい児の受託意志や、レスパイトケアや一時保護の受託意志についても確認します。

2 ▶ 成育歴

　里親希望者のことを理解するために、成育歴をじっくり聞いていきます。自分自身の生活史を客観的に振り返れるか、自分自身の育ってきた成長過程を抵抗なく話題にできるか、育ってきた家庭のイメージ、里親自身の親子関係、被虐待歴の有無についてチェックします。

　自分の成育歴を振り返るなかで、親や環境からどのように影響を受けたのか、それが今の自分にどのような影響を与え、今後の養育にどのような影響を及ぼすであろうか考えてもらい、共有する機会にもなります。

3 ▶ 家族関係

　里親希望者の家族関係を把握するうえで、**ジェノグラム***は必須です（図表6-1）。結婚について初婚、再婚かの確認をし、再婚の場合、離婚理由、実子の有無、養育費の支払い、交流状況、離婚再婚・復縁回数なども確認します。夫婦合同面接では話しにくい内容については、夫婦個別面接を実施するなどの配慮も必要でしょう。

　里親希望者のきょうだいとの関係性は、すべて確認する必要があります。交流のある親族の理解、居住地、年齢、健康状況、今後の同居の可能性、交流頻度、里親希望者の父母の介護への対応などについても質問

図表6-1 ジェノグラムの例

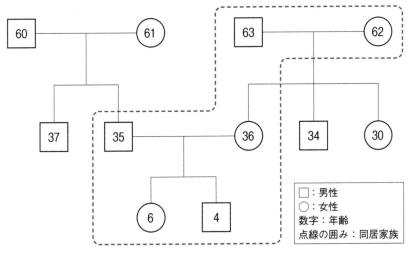

□：男性
○：女性
数字：年齢
点線の囲み：同居家族

⊞ **用語解説**

ジェノグラム

三世代以上の人間関係を盛り込んだ家族関係図のことであり、複雑な家族模様を視覚的に表すことができる。いつ家族が構成されたのか、家族のだれがいついなくなったのか、子どもはいつ生まれたのかなどを把握することで、家族アセスメントを行う。限られた時間のなかで、情報共有と家族理解、さらには援助計画に関する議論を行ううえで役立つアセスメントツールであり、児童相談所では処遇や援助方針を検討する際に用いられている。

⊞ **補足**

このジェノグラムの家族構成

ジェノグラムから、この家族は父（35歳）、母（36歳）、長女（6歳）、長男（4歳）、祖父（63歳）、祖母（62歳）の構成であることがわかる。

します。三世代以上のジェノグラムを描くことによって、誰がどこに住んでいるのか、里親希望者との関係の理解を促します。

4 経済状況

里親には安定した収入が求められます。総収入額、借金やローンの有無、借金がある場合には、その返済予定について確認します。不動産や預貯金などの資産状況も質問します。養子縁組や長期養育里親を希望する場合、子どもが20歳になるまでの資金計画についても聞きます。

現在の職業については、仕事内容とその職を選んだ理由について、転職した経験がある場合、転職の経歴、転職の理由についても質問します。出勤時間と帰宅時間、残業の有無と頻度、休日などの情報は、里親として子どもに関わる時間などをイメージする際に有効な情報です。

共働きの場合、里親委託後の仕事の調整が可能かどうか、保育所などの利用について考えているのかなどについて聞きます。

5 住宅状況

里親には子どもを養育するうえで、支障のない**住宅条件**を満たしていることが要求されます。そのため、衛生状況、部屋の間取りなどを調査します。委託児童が乳幼児の場合、安全管理、危険な場所の有無などについて、面接および家庭訪問によって確認します。また、男女別の居室が確保できるかなど、里親委託後の子どもの居室の使い方についても話し合います。

6 社会資源と地域状況

同居の家族については賛成があることが委託の前提条件ですが、どれくらいのサポートが得られるのか確認しておくことが必要です。祖父母の存在は、子どもにも多様な関わりができるなど、プラスの側面が多くありますが、養育への対応の食い違いを生むことがないように、風通しをよくしておくことが必要です。別居の親族についての情報も大切です。

子どもの環境としては、学校・幼稚園・保育所までの距離、通学する時間について確認します。また、公園や児童館などの有無も調べます。生活環境としては、買い物をする場所、かかりつけの病院の距離も聞きます。

近隣との付き合いが良好かどうか、自治会への参加状況、委託された際の説明の意志などを確認します。安心して子どもが交流をもてるのか、どういうサポートが得られるかという情報を共有します。

✚ 補足

住宅条件

子どもを養育するうえで支障のない住宅条件を満たしていること。

・居室 2 間以上。

・住居に台所、便所、洗面所、浴室が確保されている。

・住居室面積15畳以上、委託児童を含む家族構成員 1 人あたり4.5畳を目安。

・養育される子ども 2 人に対して、少なくとも 1 室が使用できる状態であること。

（林浩康・山本恒雄・大久保牧子ほか「児童相談所における里親認定に関する調査研究」『日本子ども家庭総合研究所紀要』第50集、2013年、133-161頁）

7　夫婦関係

　夫婦が知り合ったきっかけ、結婚の理由、交際中と結婚後の印象の変化、結婚後の夫婦間の危機の有無、危機の乗り越え方などを聞きます。

　夫婦のコミュニケーションが良好である方が、里親家庭としては望ましいと考えられます。里親家庭は、子どもが将来、家族をもったときの生活のモデルでもあり、暴力がなく、仲がよい夫婦に育てられることで、適切な家族のモデル像をもてるようになると考えられるからです。

8　実子のいる場合の配慮

　里親希望者に**実子がいる場合**には、説明内容とその反応や意見、実子が里親制度を年齢相応に理解しているかを確認します。委託児童と実子の関係調整の方法についても、十分に話し合っておくことが大切です。

4.　里親希望者の自己理解を深める問いかけ

　このレッスンでは、里親の登録手続きにおける家庭調査の項目などについて学びました。どれも重要な項目であるため、網羅的に情報収集することが要求されますが、一方的な尋問形式にならないように気をつける必要があります。あくまで自然な対話のなかで、里親希望者の自己理解を深めていけるような問いかけを心がけることが大切です。

　面接では、里親希望者が子どもの受け入れにどのような幅をもっているかを聴取することが必要です。里親委託を必要とする子どもの状況とかけ離れた希望があれば、そのことをテーマに話し合う必要があります。里親養育は、子どもの成長の途中からの養育です。里親との絆づくりには時間が必要ですし、その変化も少しずつです。「結果を急がない」ということは里親養育の基本的な姿勢の一つです。実際の里親養育の事例などをあげながら、困難にどう寄り添えるか、考えてもらえるとよいと思います。

演 習 課 題

①自分自身を中心にジェノグラムを書いてみましょう。完成したジェノグラムから、自分自身の家族関係などについて考えてみましょう。
②里親希望者のことを理解するために、面接でどのような質問をする必要があるでしょうか。このレッスンの内容を参考にインタビューガイ

補足

ペットがいる場合の配慮
ペットを飼うに至った経緯、ペットへの思い、ペットの飼育方法などについても聞く。

宗教・信仰がある場合の配慮
信仰に至った経緯、具体的活動、日々の生活のなかでの習慣などについて確認する。

補足

実子がいる場合の配慮
もし里親希望者が実子を亡くしている場合、気持ちの整理の方法や委託児童を迎える精神的準備などについても話し合う必要がある。

ドを作成してみましょう。

③グループごとに里親の登録手続きに必要な調査面接のロールプレイを
してみましょう。

レッスン**7**

週末・季節里親について

週末・季節里親は、施設で生活している子どもを定期的に家庭で預かる取り組みで、「児童福祉法」上の里親とは異なり、都道府県などの独自の取り組みとして実施されています。このレッスンでは、週末・季節里親の目的や取り組みの実際について学んだうえで、週末・季節里親を推進していくための課題などについて考えていきます。

1. 週末・季節里親の現状

1 週末・季節里親とは

　週末・季節里親とは、決まった定義があるわけではないですが、一般的には乳児院や児童養護施設などの施設で生活している子ども、特に親との面会や外泊の機会が少ない子どもを、週末などに月1回程度、あるいは夏休みや年末年始などに定期的に家庭で預かる取り組みのことをいいます。

　「児童福祉法」上の里親とは異なり、都道府県等の独自の取り組みとして実施されています。そのため、自治体によっては「週末里親」「季節里親」という名称ではなく、「フレンドホーム制度」「週末ホームステイ」「ふれあい家庭」「三日里親」など、さまざまな名称で取り組みを行っているところもあり、その内容や形態も多様です。

2 週末・季節里親の目的

　週末・季節里親の目的は、①子どもの成長・発達、②養育里親になるための動機づけ、の2つに大別できます。

①子どもの成長・発達

　子どもの成長・発達からみた週末・季節里親の目的は3つあります。第一は、子どもが家庭生活を経験することです。近年、乳児院や児童養護施設においても小規模化が推進されていますが、集団生活が基本の施設では、家庭的な食事や団らん、買い物などの経験が不足しがちになります。したがって、週末・季節里親において家庭生活を経験することは、子どもたちにとって貴重な経験となるとともに、経験をとおして生活力を身につけることで、将来、施設を退所したあとの自立にもつながっていきます。

＋補足

ふれあい家庭
宮崎県では「ふれあい家庭事業」という名称で実施している。お盆休みや正月などの長期休業期間に家庭に帰省することのできない子どもを一般家庭で預かり、家庭生活体験の機会を与えることで子どもの健全育成を図るとともに、里親の開拓を促進している。

43

インシデント①　週末里親での生活体験

　週末里親の太田さんの家にマサシくんがはじめて外泊で来たときの出来事です。前日の夕食時に残ったポテトサラダを朝食のときに出したところ、まったく手をつけてくれませんでした。太田さんは「昨日は『おいしい』と言って喜んで食べてくれたのになあ」と不思議に思いました。そのことを施設の職員に伝えたところ「施設では食中毒防止のため、残ったご飯を翌日に食べるということはないので」とのことでした。太田さんは、次に来たときは、「残り物を食べることはよくあることだから大丈夫だよ」とそれとなく伝えていこうと思いました。

　第二は、子どもが家庭のモデルをイメージできるようになることです。多くの人にとって、結婚して家庭を築くときの家庭のモデルは自分が育ってきた家庭となりますが、施設で生活する子どもは家庭のイメージをもちにくいこともあります。週末・季節里親は、一つの家庭のモデルを知る機会となり、家庭生活のイメージがもてるようになります。

　第三は、子どもと特定の大人との継続的な関わりです。施設での生活ではどうしても担当職員が入れ替わってしまうことがあり、また一人の子どもだけに関心を寄せて関わるということがなかなかできないのが現状です。しかしながら、週末・季節里親は、基本的には同じ子どもを定期的に同じ家庭で預かることになります。施設によっては、週末・季節里親に運動会などの行事の案内を送り、参加してもらうよう促したりすることもあります。子どもにとって週末・季節里親は身近で自分の世話をしてくれる親のような存在というよりは、遠くから自分のことを見守ってくれている親戚の「おじさん」「おばさん」のような存在となります。そのように長期的に自分のことだけに関心を寄せてくれる特定の大人との継続的な関わりは、子どもの精神的な安定にもつながっていきます。

②養育里親になるための動機づけ

　週末・季節里親は、本来、子どものための制度であり、子どもの最善の利益を考慮して実施していくものですが、週末・季節里親から養育里親に移行していくケースもあり、週末・季節里親として子どもと関わる経験が養育里親になるための動機づけにつながるという側面もあります。「児童相談所運営指針」にも、里親委託を推進するための取り組みとして「未委託里親を含め、週末や夏季休暇等の連続した休暇の期間等を利用して施設に入所している子どもを里親として短期間養育する体験

などを通して、里親になるための動機付けを行う」ことが記載されています[†1]。

▶出典
†1　「児童相談所運営指針」第4章第4節6「里親委託を推進するための取組」（4）

3　週末・季節里親になるには

　週末・季節里親は各自治体で募集しているので、希望者は、まず各自治体に登録申し込みを行います。自治体によっては、週末・季節里親事業を民間の団体に委託していることもあるので、その場合は委託されている民間の団体をとおして登録申し込みを行います。

　自治体は登録申し込みがされた段階で、希望者に対して面接などを行い、週末・季節里親をしようと思った動機や家庭状況などを確認していきます。子どもの年齢などの希望も確認しますが、あくまでも子どものための取り組みなので、子どものことを第一に考えて週末・季節里親を決定することになります。

　その後、自治体（委託している場合は民間団体）と施設との協議によって、対象児童と週末・季節里親の組み合わせを決定していきます。この段階で再度、週末・季節里親を希望する人と面接を行ったり、家庭訪問を行ったりすることになります。

　季節里親の場合は、夏休みなど活動日が決まっている場合がありますが、対象となる子どもとの組み合わせが決定すれば、施設と週末・季節里親で活動日を調整して家庭への受け入れを行うことになります。場合によっては、日帰りの外出から始めて、慣れてきてから外泊を行っていくということもあります。

インシデント②　週末里親になるまでのプロセス

　城田さん夫婦は、市役所に置かれていたチラシを見て週末里親のことを知りました。養育里親は荷が重いと感じていましたが、月1回程度であればできるのではないかと思い、児童相談所に行き、週末里親の登録申し込みを行いました。登録時に希望する子どもの年齢などを質問されましたが、「特に希望する年齢などはないですが、子育て経験がないので乳児を受け入れるとなると戸惑うかもしれません」と答えました。

　登録して半年経っても児童相談所から何の連絡もなく、週末里親としてふさわしくないと思われているのではないかと不安に思っていましたが、7か月後に児童相談所から連絡があり、小学生の受け入れを打診されました。児童相談所の家庭訪問による面談を経て、施設を訪問しテツヤくんとはじめて面会することになりました。

　　　はじめはお互い緊張してなかなか話ができませんでしたが、施設
の職員が間に入ることでしだいに城田さん夫婦はテツヤくんと話が
できるようになりました。その後、テツヤくんは 2 回の日帰りの外
出を経て、外泊をすることになりました。

2.　週末・季節里親の実際

　前述したように、週末・季節里親は、都道府県等の独自の取り組みと
して実施されているため、自治体によってさまざまな名称で取り組みを
行っており、その内容や形態も多様です。ここでは、いくつかの自治体
の取り組みを紹介します。

1　週末里親の実際

①大阪府等

　大阪府、大阪市、堺市では、それぞれ週末里親事業実施要領を定めて
週末里親を実施しています。大阪市はこども相談センター（児童相談
所）が実施機関となっていますが、大阪府は**家庭養護促進協会***、堺市
は**子ども家庭支援センター清心寮リーフ***（里親支援機関）に事業を委
託して実施しています。

　「大阪市週末里親事業実施要領」によると、週末里親とは、週末等に
月 1 回程度、または学校の長期休業中に数日間、自らの住居において入
所児童等を宿泊させるため予め登録する家庭のことです。また、児童養
護施設などの入所児童等のうち、家庭生活を体験させることが望ましく、
かつ週末里親に委託して支障がないと認められ、保護者の面会または一
時帰宅の機会がない児童等を対象とします。

　週末里親となるためには、以下の 5 つの要件を満たさなければならな
いとされています[†2]。

①児童の養育について、理解と愛情を有していること。

②児童の健全な育成に資する家庭生活が営まれていること。

③居住環境が、子どもの養育上適当なものであること。

④特定の子どもとの継続した週末里親活動が可能であること。

⑤心身ともに健康であること。

　また、大阪市では、週末里親を対象とした懇親会・研修会が年 2 回程
度実施されており、児童養護施設など多くの施設で週末里親を対象とし
た懇親会などを実施しています。

✳ 用語解説

家庭養護促進協会
関西を中心に、保護者による養育が難しくなった子どもの里親・養親家庭をさがす活動を行っている民間団体。

**子ども家庭支援センター
清心寮リーフ**
堺市の里親支援機関として、里親制度の普及促進、里親家庭の相談・支援などのフォスタリング業務を総合的に行っている。

▶ 出典

†2　大阪市「大阪市週末
里親事業実施要領」2018年
（http://www.pref.osaka.
lg.jp/attach/4048/000648
54/weekend_youryou.pdf
2020年 6 月30日確認）

②東京都

　東京都では、乳児院や児童養護施設で生活している子どもを、夏休み、冬休み、土曜日、日曜日、祝日など、学校の休暇期間に、家庭で数日間預かる「フレンドホーム制度」を実施しています。「フレンドホーム」として家庭へ子どもを迎えることを希望する人は、施設に直接申し込みを行います。施設のフレンドホーム担当者から制度についての説明、家庭訪問を経て施設長が適当と認めた場合に「フレンドホーム」として登録されます。

　登録後、施設から子どもの紹介を行います。最初は、施設への訪問を重ね、子どもと話をしたり、一緒に遊んだりすることから始め、その様子を見ながらフレンドホームとして子どもとの交流を進めていくかどうかを判断していきます。交流が決定した場合は、日帰りの交流から始め、少しずつ交流の期間を長くしていきます。

インシデント③　週末里親の声

　青田さん：タツオくん（小学生）を週末里親として迎えることになり、楽しみもありましたが、私たちは子育て経験がないので、どう関わってよいのか不安もありました。はじめは少し緊張した様子でしたが、しだいにたくさん話をしてくれるようになりました。家にいるときはテレビゲームばかりしています。自分自身も小学生のころはゲームに夢中になっていたのでゲームをしたいのはわかるし、そんなに堅苦しく考えずリラックスして過ごせたらいいかなと思っています。

　赤木さん：ヒカリちゃん（2歳）を週末里親として迎えることになりました。はじめは日帰りの外出でも施設を出るときには泣いていましたが、このごろは外泊を楽しみにしてくれているようです。ご飯を食べたりするときの様子などしつけが気になり、どこまで注意をしたらよいかなど迷うことはあります。今は施設の職員さんと相談してわが家ではあまり細かなことは注意せず、できるだけ楽しく過ごせるように心がけています。

　斉藤さん：ヨウコちゃん（小学生）を週末里親として迎えています。最近では、洋服店のチラシを見て「この服はあの子に似合うかな」と子どものことを考えることが多くなりました。子どもよりも私のほうが会えるのを楽しみにしているかもしれません。

2 ▶ 季節里親の実際

　岐阜県では、県内の児童養護施設と連携して、施設で生活している子どもが夏休みの 3 日間、里親となるボランティアのもとで過ごす「三日里親事業」を実施しています。この事業は、未委託里親や養育里親に登録していない家庭でも子どもを預かることができるとされており、子どもが家庭生活を経験するという目的だけでなく、この事業を積極的に実施することで、養育里親の登録拡大を目指すという目的もあります。

　宮崎県では、「ふれあい家庭」という名称で、「児童養護施設に入所している児童で学校等の長期休業期間などに家庭に帰省することの難しい児童に、家庭生活の体験の機会を与え、児童の健全育成を図るため、一定期間（1 週間程度）預かる」事業を実施しています。ふれあい家庭として登録するには、**養育里親基礎研修**を受講する必要があります。この事業は、岐阜県の「三日里親事業」の取り組みと同様に、子どもが家庭生活を経験するという目的だけでなく、養育里親登録を迷っている人に、まずはボランティアから始めてもらい、里親体験をしてもらうことで養育里親の新規開拓にもつなげていくという目的もあります。

> **参照**
> 養育里親基礎研修
> →レッスン22

3.　週末・季節里親の課題

1 ▶ 週末・季節里親を推進していくために

　週末・季節里親を推進していくためには、まずはこの事業自体を啓発していくことが必要となります。週末・季節里親は自治体によって名称や取り組み内容が異なり、社会的認知が高い事業とはいえないため、まずはこの事業を知ってもらうことが大切になります。

　養育里親の啓発と合わせて、週末・季節里親を啓発することで、養育里親は負担が大きいと感じる人にも里親制度に対する関心をもってもらう契機となります。実際に、週末・季節里親から始めて養育里親になっていくケースもあります。

2 ▶ 週末・季節里親への支援

　週末・季節里親は、養育里親と比較して気軽に引き受けることができるといわれますが、必ずしも円滑に受け入れが進むとは限りません。実際には、週末・季節里親においても子どもがいわゆる「試し行動」をとったり、数年間は円滑に進んでいても思春期などになって、子どものほうが週末・季節里親のもとに行きたくないと言ったりするなど、週末・

季節里親を悩ませることがあります。

　そのようなときには施設や児童相談所が支援していくことが必要となります。また、週末・季節里親を対象とした研修を充実させていくことも求められます。

3　週末・季節里親を経験できない子どもへのフォロー

　施設では、すべての子どもが週末・季節里親を経験できるわけではありません。保護者が週末・季節里親に同意しなかったり、週末・季節里親の希望者が不足していたりするなどのさまざまな理由で週末・季節里親を経験できない子どもがいます。

　週末・季節里親を経験できない子どもは、経験できる子どもをうらやましく思ったり、寂しい思いをしたり、さまざまな感情を抱くことになります。施設の職員はそのような子どもに対する配慮が必要となります。

　また、週末・季節里親を経験している子ども同士でも、当然のことながら経験する内容は同じではないので、「○○くんの里親はこんなことをしてくれているのに、自分の里親はしてくれない」といったほかの子どもの週末・季節里親と比較しての不満を抱くこともあります。施設職員には、そのようなことについてもフォローしていくことが求められます。

演 習 課 題

①自分の住んでいる自治体の週末・季節里親について、どのような名称で実施されているのか、民間の団体に委託しているのかなども含めて調べてみましょう。

②週末・季節里親は子どもとの関わりなどでどのような悩みや不安をもつでしょうか。また、そのような悩みや不安に対してどのような支援をしていけばよいでしょうか。皆で話し合ってみましょう。

③施設の担当者として週末・季節里親に対してどのような支援をしていく必要があるでしょうか。皆で話し合ってみましょう。

未委託里親への支援

このレッスンでは、未委託里親への支援について学びます。日本では登録里親の半数強が未委託となっています。なぜ未委託なのか、その背景を理解するとともに、未委託里親への支援の現状について学びましょう。

1.　未委託里親とは

1　未委託里親の現状

　里親登録はしていても、実際に子どもの養育を委託されていない里親のことを「未委託里親」といいます。2019（平成31）年3月末現在、登録里親数1万2,315世帯に対して、実際に子どもの養育を行っている委託里親数は4,379世帯となっており、半数以上にあたる約8,000世帯が、いわゆる「未委託里親」となっています（図表8-1）。

　近年の家庭養護推進、里親委託推進という国の施策の後押しもあり、登録里親数、委託里親数、委託児童数は年々上昇傾向にありますが、未委託里親の割合はあまり変わっていないのが現状です（図表8-2）。また、未委託里親の割合の自治体間格差も問題になっていて、岐阜県、島根県などでは登録里親の80％以上が未委託という状況です（図表8-3）。

2　なぜ未委託なのか

　子育てがしたいという動機で里親登録をしている人が圧倒的に多いと考えられるなか、どうして半数以上の里親が未委託なのでしょうか。未委託里親が多い理由と、日本で里親委託が進まない理由とでは、重なる部分がたくさんあります（図表8-4）。

　まず、社会的養護を必要とする子どもの実親・親権者が、里親委託に同意しないケースが多いことがあげられます。虐待や貧困などさまざまな理由によって、「自分ではうまく子育てができない」とわかっていながら、「里親委託はいやだけど、施設入所なら仕方ないから同意する」と考える実親・親権者は少なくないといいます。その一因として、里親の「親」という言葉への抵抗感、「わが子を里親という別の親にとられ

図表 8-1　社会的養護の現状

> 保護者のない児童、被虐待児など家庭環境上養護を必要とする児童などに対し、公的な責任として、社会的に養護を行う。対象児童は、約4万5千人。

里親 家庭における養育を里親に委託		登録里親数	委託里親数	委託児童数	ファミリーホーム 養育者の住居において家庭養護を行う(定員5～6名)	
		12,315世帯	4,379世帯	5,556人		
区分 (里親は重複 登録有り)	養育里親	10,136世帯	3,441世帯	4,235人	ホーム数	372か所
	専門里親	702世帯	193世帯	223人		
	養子縁組里親	4,238世帯	317世帯	321人	委託児童数	1,548人
	親族里親	588世帯	558世帯	777人		

施設	乳児院	児童養護施設	児童心理治療施設	児童自立支援施設	母子生活支援施設	自立援助ホーム
対象児童	乳児(特に必要な場合は、幼児を含む)	保護者のない児童、虐待されている児童その他環境上養護を要する児童(特に必要な場合は、乳児を含む)	家庭環境、学校における交友関係その他の環境上の理由により社会生活への適応が困難となった児童	不良行為をなし、又はなすおそれのある児童及び家庭環境その他の環境上の理由により生活指導等を要する児童	配偶者のない女子又はこれに準ずる事情にある女子及びその者の監護すべき児童	義務教育を終了した児童であって、児童養護施設等を退所した児童等
施設数	140か所	605か所	50か所	58か所	226か所	176か所
定員	3,857人	31,826人	1,985人	3,609人	4,672世帯	1,148人
現員	2,678人	24,908人	1,366人	1,226人	3,735世帯 児童6,333人	643人
職員総数	5,048人	18,869人	1,384人	1,815人	2,084人	858人

小規模グループケア	1,790か所
地域小規模児童養護施設	423か所

※里親数、FHホーム数、委託児童数、乳児院・児童養護施設・児童心理治療施設・母子生活支援施設の施設数・定員・現員は福祉行政報告例(平成31年3月末現在)。
※児童自立支援施設・自立援助ホームの施設数・定員・現員、小規模グループケア、地域小規模児童養護施設のか所数は家庭福祉課調べ(平成30年10月1日現在)。
※職員数(自立援助ホームを除く)は、社会福祉施設等調査報告(平成30年10月1日現在)。
※自立援助ホームの職員数は家庭福祉課調べ(平成31年3月1日現在)。
※児童自立支援施設は、国立2施設を含む。

出典：厚生労働省子ども家庭局家庭福祉課「社会的養育の推進に向けて(令和2年4月)」2020年

図表 8-2　全国の登録里親数・委託里親数・委託児童数の推移

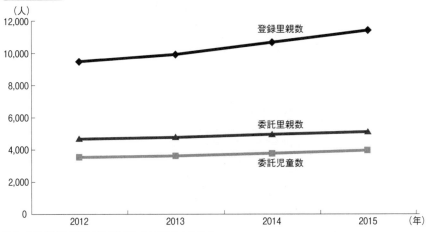

出典：厚生労働省「福祉行政報告例」各年版をもとに作成

図表 8-3 都道府県市別の未委託里親の割合

都道府県市	養育里親の認定及び登録里親数	児童が委託されている養育里親数	養育里親の未委託里親率
岐阜県	132	22	83.3
島根県	94	17	81.9
山形県	71	13	81.7
京都市	56	11	80.4
愛媛県	96	19	80.2
福井県	43	9	79.1
滋賀県	158	36	77.2
長野県	125	29	76.8
愛知県	323	77	76.2
熊本市	36	9	75.0
秋田県	39	10	74.4
福島県	136	36	73.5
山口県	141	39	72.3
岡山市	53	15	71.7
浜松市	77	22	71.4
熊本県	73	21	71.2
神戸市	90	26	71.1
広島県	124	36	71.0
富山県	67	20	70.1
栃木県	211	63	70.1
新潟県	133	40	69.9
和歌山県	99	30	69.7
奈良県	88	27	69.3
石川県	39	12	69.2
茨城県	168	52	69.0
静岡県	237	74	68.8
群馬県	96	30	68.8
仙台市	99	31	68.7
兵庫県	302	96	68.2
長崎県	80	26	67.5
神奈川県	204	67	67.2
岩手県	135	45	66.7
さいたま市	150	50	66.7
金沢市	27	9	66.7
鹿児島県	83	28	66.3
福岡県	133	45	66.2
鳥取県	65	22	66.2
千葉県	357	125	65.0
岡山県	88	31	64.8
三重県	140	52	62.9
埼玉県	456	170	62.7
高知県	40	15	62.5
千葉市	48	18	62.5
宮崎県	95	37	61.1
川崎市	95	37	61.1
青森県	109	43	60.6
横浜市	101	40	60.4
山梨県	121	48	60.3
札幌市	195	79	59.5
佐賀県	44	18	59.1
福岡市	107	44	58.9
宮城県	97	41	57.7
香川県	52	22	57.7
大分県	132	56	57.6
京都府	61	26	57.4
名古屋市	98	42	57.1
相模原市	51	22	56.9
新潟市	49	22	55.1
北海道	454	204	55.1
北九州市	54	25	53.7
徳島県	47	22	53.2
堺市	34	17	50.0
大阪府	113	57	49.6
広島市	61	31	49.2
沖縄県	170	88	48.2
東京都	512	288	43.8
静岡市	74	43	41.9
大阪市	87	53	39.1
横須賀市	20	13	35.0

未委託の養育里親の割合

出典：全国里親会「里親便り」(114) 2017年、7頁

図表8-4 日本で里親委託が進まない理由

実親・親権者が里親委託を望まない（同意しないを含む）	78.4%
里親の要望と子どものニーズが一致しない	41.6%
里親委託の方が望ましいと考えつつも、養育経験が少ない里親希望者が多く、児童相談所の職員が消極的になる	38.4%
養子縁組を望んでいる里親登録者が多い	30.5%
里親委託の方が望ましいと考えつつも、受託後のサポートが十分にできない現状により、児童相談所の職員が消極的になる	26.3%
里親への支援体制が不十分である	22.6%
市民に社会的養育に参加することへの負担や困難を予想する思いが強い	21.6%
市民に子どもの社会的な養育に参加しようという意識、関心が乏しい	18.4%
市民に血縁関係のないものを家庭に迎え入れることへの抵抗感がある	7.4%
里親に支払われる委託費が不十分である	2.1%
児童相談所の職員が、施設入所のほうが望ましいと考えているから	2.1%

出典：全国児童相談所長会「児童相談所における里親委託及び遺棄児童に関する調査報告書」2011年

てしまうのではないか」という危機感が、実親の同意を得られにくくしているのではないかという指摘があります。それに対して、大阪府では、こうした実親・保護者の抵抗感を少しでも軽減するために、**養育里親**のことを独自に「はぐくみホーム」と呼び、実親・保護者が子どもの養育を委託しやすいように工夫しています。

　また、里親の要望と里親を必要とする子どものニーズが合致しないケースが少なくないという点もあげられます。里親のなかには、将来的に養子縁組を希望する人もいます。そういう里親は、なるべく年齢の低い子どもを希望することが多いのです。また、障がいのある子どもやアレルギーのある子どもの里親委託がなかなか進まないという現状もあります。

　里親制度は本来、子どものための制度ですから、里親が子どもを選ぶのではなく、子どものニーズに応じてベストな里親家庭を選ぶという仕組みであるべきです。しかし実際にはその逆で、里親が子どもを選ぶような状況が起こっており、その結果、里親委託の必要性がありながら、受け入れてくれる里親が見つからない子どもが少なくないという現実があるといえます。

　また、登録里親のなかには、実子の子育て経験がない人もおり、委託後に児童相談所や里親支援機関などからの手厚い支援やフォローが必要な人も多くいます。しかし、児童相談所は、子ども虐待の対応などに追われて非常に多忙です。そのため、里親支援にまで手が回らない状況に

補足
養育里親の呼び名
養育里親の呼び名は自治体によって異なる。「養育里親」と、法律上の名称をそのまま使用している自治体がほとんどではあるが、東京都では「養育家庭」、大阪府では「はぐくみホーム」などと呼び、なじみやすさや、実親からの抵抗感や拒否感の軽減を意図している。

ある児童相談所も多いといいます。

　近年、国は里親委託率の向上を目標に掲げています。今以上に里親に委託される子どもを増やすには、新規に里親を開拓するだけでなく、未委託里親に委託するにはどうしたらよいかもあわせて考え、実行していく必要があるのです。

2.　里親トレーニング事業

　2016（平成28）年度より、未委託里親向けに「里親トレーニング事業」が開始されました。この事業の目的は、未委託里親を対象に、子どもが委託された場合に直面するさまざまな事例に対応するトレーニングを実施して、養育の質を確保し、委託可能な里親に育成することです。児童相談所が直接実施することもできますし、民間機関などに事業を委託することもできます。

　事業は里親トレーナーを配置して行い、事業実施者はトレーニング状況を児童相談所に報告します。里親トレーナーの資格要件は、①社会福祉士、②精神保健福祉士、③児童福祉法第13条第3項各号のいずれかに該当する者、④児童養護施設等（里親を含む）において児童の養育に5年以上従事した者、⑤都道府県知事が①から④までに該当する者と同等以上の能力を有すると認めた者、となっています。

　トレーニングの対象となる未委託里親は、養育里親、専門里親、養子縁組を希望する里親であって、トレーニングを受けることを希望する者のうち、都道府県知事が認めた里親となっています。

　事業内容としては、未委託里親宅における事例検討・ロールプレイ、外部講師による講義、施設や委託里親宅での実習などがあります。事業実施者は、トレーニングを修了した未委託里親リストを作成し、児童相談所に提出することになっています。

　また、ほかにも未委託里親だけを対象とした里親サロン、保育所や乳児院などにおける保育実習体験、子どもとのあそびの会、保健センター等関係機関見学会、講師による研修会など、さまざまな機会を利用し、養育技術の向上や子どもとの関わりのイメージづくりを進めていきます。

インシデント　未委託里親サロン

　青木さん夫婦は、里親登録して2年が経ちますが、まだ一度も子どもの養育を受託したことがありません。いわゆる「未委託里親」

です。

　実は一度、乳児院の子どもを受託する予定で、交流・マッチングを進めたことがありました。しかし、青木さん夫婦は子育て経験がなく、はじめての赤ちゃんとの関わりに戸惑うことが多く、乳児院での交流期間中、次第に自信をなくしていってしまいました。結局、マッチングの途中で青木さん夫婦の方から児童相談所に辞退を申し出たのでした。

　しかし、子育てをしたいという気持ちには変わりがありませんでした。乳児院の里親支援専門相談員や児童相談所の里親担当ワーカーからは、「実際に子どもを養育している里親の経験談を聞いたほうがいい」と里親サロンへの参加を積極的にすすめられましたが、未委託である自分たちへの負い目もあり、里親サロンに足を運ぶ気持ちにはなれませんでした。

　そんなある日、里親支援専門相談員の呼びかけで、自治体の里親会が「未委託里親サロン」を開催しました。青木さん夫婦も参加しました。そこには、さまざまな事情で現在未委託である里親さんがたくさん集い、それぞれの不安や不満、要望を口にしました。「未委託里親をほったらかしにしないでほしい」。そんな思いを未委託里親だけでなく、委託中の里親とも共有するなかで、委託中の里親家庭に未委託里親が体験実習に行くという企画が提案されました。青木さん夫婦も月に2回、同じ区内で里親をしている佐藤さん宅を訪問し、「子どものいる生活」の体験実習を行うことになりました。

　未委託里親へのケアや支援は、2016（平成28）年に事業化されたばかりで、まだほとんどの自治体で実施されていないのが現状です。今後、すべての自治体で積極的に展開されていくことが強く期待されます。

演 習 課 題

①自分の住んでいる自治体の「里親トレーニング事業」について調べてみましょう。また、実施していない場合は、近隣の自治体について調べてみましょう。

②子育て経験のない里親が直面する困りごとや不安、心配にはどのようなものがあるでしょうか。みんなで話し合ってみましょう。

③里親の体験談や手記を書籍やブログなどで検索し、未委託経験に関す

る記事を探して読んでみましょう。どのような支援ニーズがあるで
しょうか。

参考文献・・

レッスン4

家庭養護促進協会　『信じあって親子・語りあって家族──里親・子ども・ケース
　　ワーカーの記録』　エピック　2001年

レッスン5

家庭養護促進協会編　『ケースワーカーと学ぶ里親養育の基礎知識』　家庭養護促進協
　　会　2014年

家庭養護促進協会神戸事務所ホームページ　「里親研修の受け方」(http://ainote.main.
　　jp/wp/?page_id=96 2020年5月27日確認)

レッスン6

厚生労働省　「里親制度運営要綱」　2017年

厚生労働省　「里親委託ガイドライン」　2018年

特定非営利活動法人キーアセット　「里親アセスメントにおける面接技術に関する研
　　究」(平成26年度厚生労働省児童福祉問題調査研究事業)　2015年

林浩康・山本恒雄・大久保牧子ほか　「児童相談所における里親認定に関する調査研
　　究」『日本子ども家庭総合研究所紀要』　第50集　2013年　133-161頁

養子と里親を考える会編　『里親支援ガイドブック──里親支援専門相談員等のソー
　　シャルワーク』　エピック　2016年

レッスン7

岐阜県ホームページ　「平成30年度岐阜県三日里親事業の実施」(https://www.pref.
　　gifu.lg.jp/event-calendar/c_11217/H30_sato.html 2019年9月12日確認)

東京都福祉保健局　「フレンドホーム制度のあらまし」　2019年

宮崎県ホームページ　「ふれあい家庭とは？」(https://www.pref.miyazaki.lg.jp/kense/
　　koho/kense-faq/qa_page/01-q25.html 2020年5月27日確認)

レッスン8

伊藤嘉余子・澁谷昌史編著　『子ども家庭福祉』　ミネルヴァ書房　2017年

庄司順一・鈴木力・宮島清編　『里親養育と里親ソーシャルワーク』　福村出版　2011
　　年

母子愛育会愛育研究所編　『日本子ども資料年鑑』　KTC中央出版　2016年

おすすめの1冊

**里親養育ネットワーク／鈴木力・谷口純世監訳、篠島里佳・白倉三紀子・山田勝美ほ
か訳　『里親になる人のためのワークブック』　明石書店　2011年**

本書は、イギリスの里親養育ネットワークが里親になる人のためのワークブックと
してまとめたものを日本人の研究者たちが翻訳したものである。里親自身が自分に
ついても理解を深めながら、里親として必要なことを学べるような内容となってい
る。

子どもが望む里親像とは

　2017年8月に発表された「新しい社会的養育ビジョン」以降、家庭養育優先の原則や代替養育において里親委託を積極的に検討する原則など、里親委託推進に向けての取り組みが活発化しています。

　里親養育を必要とする子ども一人ひとりにあった養育を提供するためには里親の確保が重要な課題になっており、これまで以上に里親になってくれる人の積極的なリクルート活動が求められます。里親になりたいと思う人が増えてほしい。でも、里親になってくれるのならどんな人でも構わないわけではありません。

　筆者はある自治体の協力を得て、現在、施設や里親家庭で生活している子どもたちに「里親委託推進について、どう思うか」についてインタビュー調査をする機会がありました。代替養育を必要とする子どもたちはどのような里親を望んでいるのでしょうか。以下に子どもたちの声を紹介します。

【途中でやめない人、子どもを放り出さない人】

・実の親から「もう無理」と施設に預けられた私たち。里親にまで見放されたくない。

・好きだった施設職員がどんどん退職していって寂しい。里親はそうではないと思いたい。

【なるべく親子に見える年齢の人】

・授業参観のときとか、親子に見えないと、友だちとかにどう説明していいかわからない。

・高齢の里親に委託されたとき、遊びとか話が合わなくて困ったから。

・途中で亡くなったりしたら寂しいから、その心配のない年齢の里親がいい。

【料理が上手な人】

・食事は大事！　毎日のことだから。

・施設でも、料理上手な職員とそうではない人がいて、ちょっといやだから。

・将来のために、料理を教えてもらいたいから。

【デリカシーのある人】

・前の里親に「こんなにしてあげてるのに」「面倒みてやってる」と言われ、

悲しかったから。

・「もう出ていけ！」と言われても、行くところなんかないので、そう言わない人がいい。

・「親が親だから……」みたいに実親を悪く言われると心を閉じてしまう。

【自立に必要なことを教えてくれる人】

・実親との暮らしで昼夜逆転が当たり前だったけど、里親との生活で修正してもらえた。

・実親は掃除ができない人。里親から掃除や洗濯、整理整頓を教えてもらえてよかった。

・優しいだけじゃなくて叱ったり、必要なことを教えてくれる人。将来が不安だから。

第3章

子どものニーズとマッチング から委託までのプロセス

本章では、里親養育を必要とする子どものニーズと、委託される家庭とのマッチング、実際に委託に至るまでのプロセスについて学んでいきます。委託される子どもに関する情報提供を含む児童相談所と里親とのコミュニケーション、子どもの保護者の同意確認など委託前に必要な配慮を含め、マッチングや交流時の留意点についても理解を深めましょう。

「児童相談所運営指針」と里親支援

このレッスンでは、「児童相談所運営指針」に基づき、児童相談所における里親支援の内容について学びます。「児童相談所運営指針」は何度も改正を重ねていますが、児童相談所の職員が知っておくべき基本的な事項が網羅されており、とても重要な指針といえます。ここでは、里親業務に関連した項目をみていきます。

1. 「児童相談所運営指針」とは何か

　「児童相談所運営指針」は、全国の児童相談所の運営および相談援助活動において、一定の水準を担保するために、1990（平成2）年3月に厚生省（現：厚生労働省）児童家庭局長から発出された通知で、以後、児童福祉法などの法律改正があるたびに改正を重ねています。

　「児童相談所運営指針」には、児童相談所の業務の概要から、組織と職員の構成、相談援助の方法、各種機関との関係や児童相談所の設備、器具、必要書類等に至るまで、児童相談所の業務を適切に実施していくための具体的な方法が示されています（図表9-1）。

2. 里親委託業務について

　2016（平成28）年に「児童福祉法」が改正され、以下のように規定

図表9-1 「児童相談所運営指針（2020（令和2）年3月31日改正版）」の主な内容

章	内容
第1章	児童相談所の概要
第2章	児童相談所の組織と職員
第3章	相談、調査、診断、判定、援助決定業務
第4章	援助
第5章	一時保護
第6章	事業に係る留意事項
第7章	市町村との関係
第8章	各種機関との連携
第9章	児童相談所の設備、器具、必要書類

されました[1]。

> 国及び地方公共団体は、児童が家庭において心身ともに健やかに養育されるよう、児童の保護者を支援しなければならない。ただし、児童及びその保護者の心身の状況、これらの者の置かれている環境その他の状況を勘案し、児童を家庭において養育することが困難であり又は適当でない場合にあつては児童が家庭における養育環境と同様の養育環境において継続的に養育されるよう、（中略）必要な措置を講じなければならない。

▶出典
†1 「児童福祉法」第3条の2

これに伴い、2016（平成28）年9月に改正された「児童相談所運営指針」においても、子どもを家庭において養育することが困難であり又は適当でない場合は、家庭における養育環境と同様の養育環境を提供する特別養子縁組を含む養子縁組や里親、ファミリーホームへの委託を優先して取り組んでいかなければならないことが明記されました（雇児発0929第1号 厚生労働省雇用均等・児童家庭局長通知）。

また、都道府県の業務として、里親の開拓から支援までを一括して行うフォスタリング機関としての責任（「児童福祉法」第11条第1項第2号ト）や、養子縁組により養子となる児童等への支援を行うこと（「児童福祉法」第11条第1項第2号チ）などが規定されたことから、2017（平成29）年3月の改正（雇児発0331第45号 厚生労働省雇用均等・児童家庭局長通知）では、里親に関する業務について次のように明記されました。

> 2．児童相談所の任務、機能
> （中略）
> キ 里親に関する次に掲げる業務を行うこと。
> ・里親に関する普及啓発を行うこと。
> ・里親につき、その相談に応じ、必要な情報の提供、助言、研修その他の援助を行うこと。
> ・里親と第27条第1項第3号の規定により入所の措置が採られて乳児院、児童養護施設、児童心理治療施設又は児童自立支援施設に入所している子ども及び里親相互の交流の場を提供すること。
> ・第27条第1項第3号の規定による里親への委託に資するよう、里親の選定及び里親と子どもとの間の調整を行うこと。

・第27条第 1 項第 3 号の規定により里親に委託しようとする
子ども及びその保護者並びに里親の意見を聴いて、当該子ど
もの養育の内容その他の厚生労働省令で定める事項について
当該子どもの養育に関する計画を作成すること。
　ク　養子縁組により養子となる子ども、その父母及び当該養子
となる子どもの養親となる者、養子縁組により養子となった
子ども、その養親となった者及び当該養子となった子ども
の父母（民法（明治29年法律第89号）第817条の 2 第 1 項に
規定する特別養子縁組により親族関係が終了した当該養子と
なった子どもの実方の父母を含む。）その他の子どもを養子
とする養子縁組に関する者につき、その相談に応じ、必要な
情報の提供、助言その他の援助を行うこと。

　これを踏まえ、「児童相談所運営指針」第 4 章第 3 節に「**養子縁組**[*]」についての項目が設けられ、同章第 4 節の「里親」に、里親委託業務に関する内容が拡充されました。第 4 章第 3 節の「養子縁組」には、その意義として、「保護者のない子ども又は家庭に恵まれない子どもに温かい家庭を与え、かつ、その子どもの養育に法的安定性を与えることにより、子どもの健全な育成を図るものである」と明記されました。また、「児童相談所は、要保護児童対策の一環として、保護に欠ける子どもの養育について法的安定性を与える観点から、恒久的な養育環境を必要とする子どもについては、当該子どもが適合する養親を見出し、養子縁組を結べるよう積極的に取り組む必要がある」ことが示されました。同章第 4 節「里親」には、里親制度の意義として「家庭での養育に欠ける子ども等に、その人格の完全かつ調和のとれた発達のための温かい愛情と正しい理解をもった家庭を与えることにより、愛着関係の形成など子どもの健全な育成を図ることである」と記されています。

　つまり、子どもの**パーマネンシー**[*]（恒久性）を考えた場合、できるだけ家族や親族のもとで子どもが健全に養育されるように地域の支援体制を構築することや、早期の家庭復帰が理想であっても、それがかなわないときは、養子縁組などにより法的にも安定した養育者や養育環境のもとで子どもが生活できるように支援すること、すぐにその実現が難しい場合は、養育里親や施設の活用を検討することとされているわけです。子どもにとって、もっとも安定した養育環境の実現を図ることが支援者には求められています。

　「児童相談所運営指針」には、さらに具体的な里親の選定から委託す

る子どもへの配慮、保護者や子どもへの説明、委託後の里親への支援、里親支援機関との連携など、実務に関する細かな配慮や留意点等についても言及されています。くわしくは、レッスン11〜13で取り上げます。

3. 民間養子縁組あっせん機関との連携について

2018（平成30）年4月1日に施行された「民間あっせん機関による養子縁組のあっせんに係る児童の保護等に関する法律」により、2018（平成30）年3月の改正（子発0330第5号厚生労働省子ども家庭局長）では、児童相談所と民間あっせん機関とが相互に連携を図りつつ協力することが必要であるとされました。

具体的には、「民間あっせん機関について、その果たす役割の大きさを認識し、日頃から養子縁組の在り方に関し意見交換を行うとともに、養子縁組関係業務に関する役割分担の可能性等、積極的な連携を検討するよう努める」「民間あっせん機関から連携協力を求められた場合は、管内において養親希望者を探すなど、日本国内における養子縁組の可能性の模索に協力する」「民間あっせん機関から要請があった場合には、研修に関するノウハウの提供（研修カリキュラムやテキスト、実習先の紹介等）等の協力を講ずるよう努める」などがあります。ちなみに、2017（平成29）年8月に国の諮問機関である「新たな社会的養育の在り方に関する検討会」が公表した「**新しい社会的養育ビジョン**」では、「概ね5年以内に、現状の約2倍である年間1,000人以上の**特別養子縁組**成立を目指し、その後も増加を図っていく」とされています。

参照
新しい社会的養育ビジョン
→レッスン2

◆補足
特別養子縁組数
2017（平成29）年度の特別養子縁組成立件数は、616件である（司法統計より）。

演 習 課 題

①海外の制度と比較しながらわが国における社会的養護の現状と課題について調べてみましょう。
②インターネットで厚生労働省のホームページから、児童相談所運営指針を検索してみましょう。
③民間の養子縁組あっせん機関について、どのような活動をしているのかインターネットを使って調べてみましょう。

里親と児童相談所との相互理解

里親と児童相談所は、里親の開拓から認定・登録、里親委託に至るまでのマッチング、委託後のフォローなどさまざまな段階で関わりをもち、子どもにとって必要な支援を共有しながら、互いに協力し合い子どもの育成に携わっていきます。ここでは、それぞれの段階での里親と児童相談所との関係について学んでいきます。

1. 里親と児童相談所との関係

図表10-1に示したように、里親に関連する児童相談所の業務は多岐にわたります。現在では、これらの業務の一部は、**「児童福祉法」第11条第4項**の規定により、里親会、児童家庭支援センター、児童養護施設、乳児院、NPO法人などへ委託している自治体もありますが、里親支援

☑ 法令チェック

「児童福祉法」第11条第4項

「都道府県知事は、第1項第2号トに掲げる業務（次項において「里親支援事業」という。）に係る事務の全部又は一部を厚生労働省令で定める者に委託することができる」

図表10-1 里親支援における児童相談所の役割

①里親の開拓	・里親希望者への説明 ・里親制度の広報啓発 ・里親に関する講演会の開催
②里親認定登録	・申請者の調査 ・里親審査部会への諮問 ・里親認定・登録事務 ・登録里親の現況把握 ・認定・登録・更新・取消などの申請書の受理
③里親委託	・里親の意向調査 ・委託候補児童の調査・アセスメント ・マッチング（里親・子ども・保護者との関係調整） ・特別養子縁組、普通養親縁組の連絡調整 ・特別養子適格の確認の審判申し立て、手続きへの参加 ・自立支援計画の策定 ・一時保護委託、週末里親などの連絡調整 ・レスパイト・ケアの申請書の受理等
④里親支援	・委託した里親・里子の経過観察、養育上の助言 ・里親サロンの開催、出席 ・関係機関（施設、市区町村、学校等）との連絡調整 ・里親委託解除後の支援
⑤里親研修	・基礎研修、認定前研修、更新研修の企画、講師 ・専門里親研修の企画、講師 ・委託中の里親への研修企画、講師 ・未委託里親研修の企画、講師
⑥里親会の後方支援	・行事・理事会などの出席

出典：佐藤隆司「児童相談所における里親担当の仕事」『里親と子ども』Vol.3、2008年を一部改変

の中心的な役割は児童相談所にあるため、里親会や里親支援機関等の各機関と連携を図りながら、統括的に関与していく必要があります。

1 児童相談所の役割

　児童相談所には、**児童福祉司**[*]のほか、児童心理司や医師、保健師、弁護士などの専門職が配置されています。児童福祉司は、通常、担当する地域の相談業務を行っていますが、なかには里親業務を主に担当している職員もいます。ちなみに、2018（平成30）年12月18日に児童虐待防止対策に関する関係府省庁連絡会議で決定された「児童虐待防止対策体制総合強化プラン」（新プラン）では、児童福祉司を「2017年度の約3,240人から2022年度までに全国で2,020人程度増員する」とともに「里親養育支援体制の構築及び里親委託の推進を図るため、各児童相談所に、里親養育支援のための児童福祉司を配置する」とされています。

　また、児童相談所には、里親等委託調整員が置かれているところがあります。里親等委託調整員は**里親養育包括支援（フォスタリング）事業**[*]に基づいて設置されており、その多くは非常勤職員で、児童相談所のほかにも事業を委託された法人に置かれることもあります。里親等委託調整員は、「里親支援事業全体の企画及び里親等と乳児院等の児童福祉施設、関係機関との円滑な調整、自立支援計画作成等」を行ったり、児童相談所の里親担当職員を補助して、地域の里親委託および里親支援を推進する役割を担ったりしています[†1]。

2 里親委託等推進委員会の設置

　2008（平成20）年4月からの「里親支援機関事業」（現在は、「里親養育包括支援事業」に移行）の実施にともない、都道府県単位および児童相談所単位で**里親委託等推進委員会**[*]を設置することになりました。里親委託等推進委員会は、児童相談所の里親担当職員、里親等委託調整員、施設の里親支援専門相談員および里親会の役員などで構成され、各都道府県または各児童相談所管内における里親委託等に関する目標を設定し、効果的な里親委託の推進および里親支援の充実の方策について検討します。

3 里親支援専門相談員との連携

　2012（平成24）年4月から、児童養護施設や乳児院に里親支援専門相談員を配置できるようになりました。**里親支援専門相談員**[*]は、所属施設に入所している児童の里親委託の推進、里親委託後のアフターケア、

✳ **用語解説**
児童福祉司
「児童福祉法」第13条に基づき児童相談所への配置が義務づけられている。また、第13条第4項にはその役割について、「児童福祉司は、児童相談所長の命を受けて、児童の保護その他児童の福祉に関する事項について、相談に応じ、専門的技術に基づいて必要な指導を行う等児童の福祉増進に努める」とされている。

里親養育包括支援（フォスタリング）事業
「里親等への委託を推進するため、里親のリクルート及びアセスメント、里親登録前後及び委託後における里親に対する研修、子どもと里親のマッチング、子どもの里親委託中における里親養育への支援、里親委託措置解除後における支援に至るまでの一貫した里親支援（以下「フォスタリング業務」という。）及び養子縁組に関する相談・支援を総合的に実施することを目的」とした事業（厚生労働省「里親養育包括支援（フォスタリング）事業実施要綱」2019年）。

▶ **出典**
†1　厚生労働省「里親養育包括支援（フォスタリング）事業実施要綱」2019年

里親委託等推進委員会
児童相談所の里親担当職員、里親等委託調整員、施設の里親支援専門相談員及び里親等によって委員が構成され、各都道府県又は各児童相談所管内における里親委託等に関する目標を設定することや、事業の実施にあたり必要な助言・指導を行う（厚生労働省「里親養育包括支援（フォスタリング）事業実施要綱」2019年）。

里親支援専門相談員
乳児院や児童養護施設等に配置される里親支援全般に関わる相談員のこと。具体的な役割として、①所属施設の児童の里親委託の推進、②退所児童のアフターケアとしての里親支援、③地域支援としての里親支援があげられる。

図表10-2 里親支援専門相談員の配置施設

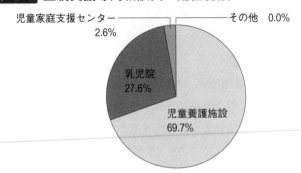

児童家庭支援センター　2.6%
その他　0.0%
乳児院　27.6%
児童養護施設　69.7%

出典：伊藤嘉余子「『里親支援にかかる効果的な実践に関する調査研究事業』報告書」2016年

地域の里親支援などを行います。「里親支援にかかる効果的な実践に関する調査研究事業報告書」（平成28年度子ども・子育て支援推進調査研究事業）によると、里親支援専門相談員の配置状況については、78.6%が「配置している」と回答しています。その内訳は図表10-2のとおりです。

2. 里親の普及・啓発

　里親の普及・啓発は、都道府県、児童相談所設置市、各児童相談所にとって、とても重要な業務です。多くの場合、里親会や里親支援機関などと協働して、里親に関連する講演会や里親を知る会などを開催し、里親の普及啓発に努めています。里親を増やすだけでなく、里親家庭で暮らす子どもについて、地域や住民など周囲からのサポートが受けられるよう、幅広い理解を得ることも重要です。

3. 里親認定前の関わり

　レッスン6でみてきたように、里親になりたい場合はまず、里親希望者の居住地を管轄する児童相談所へ相談します。そこで、担当者から里親制度についての概要や、登録にあたって必要な調査や研修の受講、里親の認定にあたっては**社会（児童）福祉審議会**✳での審査が必要であることなどについて説明を受けます。里親になるためには、里親希望者だけではなく、家族や親族の協力も必要になるため、まわりの人たちと十分に話し合ったうえで、改めて申し込みをしてもらうようにします。そ

社会福祉審議会
「児童福祉法」第8条に基づき、児童・妊産婦および知的障害者の福祉に関する事項を調査・審議するため、都道府県・市町村に置かれている機関。

⊞補足
児童福祉審議会
自治体によっては、社会福祉審議会の部会として設置されている場合がある。

の後、各児童相談所に配置されている里親担当の職員や里親等委託調整員が、家族関係や経済状況、地域との関係などについて調査をします。同時に、里親希望者は**里親基礎研修**、**認定前研修**を受講します（研修修了後に調査を行う児童相談所もあります）。修了後、都道府県や児童相談所設置市に設置されている社会（児童）福祉審議会での諮問・答申を受けて、都道府県または児童相談所設置市に里親認定・登録されます。

参照
里親基礎研修、認定前研修
→レッスン22

4. 里親認定後の関わり

1　里親サロンの開催

　里親サロンとは、主に養育中の里親が集まって日々の養育の悩みなどを話し合ったりすることで、悩みを共有したり課題解決にあたったりする、里親同士の交流会のことです。

参照
里親サロン
→レッスン28

　全国里親委託推進委員会が2013（平成25）年度に実施した調査「里親サロン活動に関する調査報告」によると、里親サロンの主催者は、45％が各地区の里親会で、20％が児童相談所、15％が県の里親会でした。参加者の多くは養育中または未委託の里親ですが、里親サロンには、児童相談所の職員のほか、里親支援専門相談員なども参加しており、会場も60％が児童相談所であるなど、里親サロンの多くは児童相談所と協力しながら運営されています。

　里親サロンでは、「子どもの発達について」「子どもとの暮らしについて」「子どもの学校など教育について」といった話題について話し合いながら、里親同士で交流します。子どもの発育の遅れや赤ちゃん返りといった子どもの養育に関することや、学校生活での適応状況など、一般の子育てに通じる悩みもあれば、愛着の問題や真実告知のあり方など、里親ならではの悩みを抱えている場合もあります。すでに委託を受けて何年にもなる先輩里親の経験や、ほかの里親の状況を聞くことで、受託している里子への関わり方のヒントになることもあります。

　里親サロンに参加する際、里子と同伴する場合があります（託児を行っている里親サロンもあります）。里子同士の交流が図れるとともに、里子との関わりについて児童相談所の職員からアドバイスを受けることもできます。また、児童相談所の職員は、里親サロンに参加することで里親の生活や日々の養育状況を把握し、必要な場合はさまざまな社会資源の活用をすすめたりして、里親をサポートしていくことができます。

2 未委託里親への研修など

　2015（平成27）年度に全国里親委託等推進委員会が実施した調査報告書（「里親家庭の全国実態調査報告」2016年）によると、里親登録してから子どもを受託するまでの期間は、「6か月以下」が27.0％で最も多く、次いで「1年～2年」が14.9％、「7か月～11か月」が8.9％となっています。かつては、「登録して3年以上たっても、一度も委託の打診を受けたことがない」などの声を聞くこともありましたが、この結果をみると、およそ半数の里親が登録後から1～2年までの間に受託しているようです。しかしながら、希望する子どもの条件やそのときの里親の家庭状況等によっては、何年も受託に至らないこともあります。せっかく里親登録時に研修を受講したにもかかわらず、それが生かされないということになります。また、未委託の状態が長く続くことで、里親のモチベーションの低下にもつながりかねません。そこで、未委託の里親がいつでも里子を迎えられるように、乳児院や児童養護施設で定期的に実習したり、**レスパイト・ケア**[*]として一時的に里子を受託したりするなど、研修の機会を設ける自治体も増えています。こうした未委託里親へのトレーニングを行う、里親トレーニング担当職員（**里親トレーナー**）を設置することもできるようになりました。

5.　里親委託後の関わり

　里子を委託したあとは、定期的に里親家庭を訪問し、里子や里親の支援を行います。その際、児童相談所の里親担当や委託児童のケース担当者が直接支援にあたるとともに、里親等委託調整員や里親支援専門相談員が訪問することもあります。里親委託後の具体的な支援については、レッスン13でみていきます。

✳ 用語解説

レスパイト・ケア
委託児童を養育している里親が一時的な休息のための援助を必要とする場合に、乳児院、児童養護施設等又は他の里親を活用して当該児童の養育を行うこと（厚生労働省「里親の一時的な休息のための援助（レスパイト・ケア）実施要綱」）。

参照

里親トレーナー
→レッスン16

演 習 課 題

①インターネットなどを使い、児童相談所の業務と役割について調べてみましょう。

②フォスタリング機関（里親養育包括支援機関）の業務と役割について調べてみましょう。

③里親を増やすためにどのような取り組みが有効かグループで話し合ってみましょう。

里親委託とマッチング

ここでは、保護者の病気や虐待などさまざまな事情により、家庭で生活できなくなった子どもをどのように里親と結びつけていくのか、子どもと保護者の意向を確認しつつ、子どもと里親の特性、ニーズ、相性等を見極めながら里親委託に至るまでの子どもと里親とのマッチングの過程と留意点について学びます。

1. マッチングとは何か

マッチングとは、委託される子どもと里親との適合性を見定める過程のことをいいます。「**里親委託ガイドライン***」（以下、「ガイドライン」とする）によると、里親の選定にあたっては、「これまで育んできた人間関係や育った環境との連続性を大切にし、可能な限り、環境の変化を少なくするなどその連続性をできるだけ保てる里親に委託するよう努めることが望ましい」とされており、十分なアセスメントのもとに委託される子どもと里親の状況、両者のニーズや目的などに合わせたマッチングを行う必要があります。

図表11-1に、里親委託の方針の決定と、どのようにマッチングが行われるのかをチャートで示します。

✛ 用語解説

里親委託ガイドライン
2011（平成23）年3月に厚生労働省児童家庭局長から発出された通知（最終改正は2018［平成30］年3月）。里親委託の推進を図るため、国が示したガイドラインであり、里親委託にあたっての具体的な手順や留意点等が示されている。

図表11-1 マッチングのフローチャート（その1）

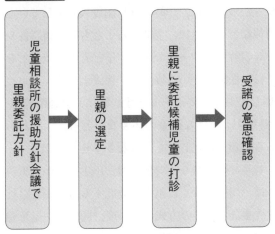

児童相談所の援助方針会議で里親委託方針 → 里親の選定 → 里親に委託候補児童の打診 → 受諾の意思確認

出典：庄司順一・鈴木力・宮島清編『里親養育と里親ソーシャルワーク』福村出版、2011年、194頁を一部改変

2.　里親家庭の選定

1　里親委託する子ども

　児童相談所で受け付けた相談ケースのうち、社会的養護が必要と判断された場合、その子どもを里親に委託するのが適当かどうか、所内の**援助方針会議**[*]で話し合われます。どのような場合に里親委託が検討されるかというと、「ガイドライン」によると、「①棄児、保護者が死亡し又は養育を望めず、他に養育できる親族等がいない子ども」「②将来は、家庭引き取りが見込めるが、当面保護者による養育が望めない子ども」とあります。①の場合は、将来にわたる安定した環境で養育されることが望まれるため、法律的な親子関係を成立させる養子縁組を希望する里親に委託することが優先されます。②の場合は、一時的に社会的養護のもとで養育されることになっても、いずれその家庭に帰る可能性があります。特定の大人との愛着関係のもとで養育されるなかで、子どもの健全な心身の成長や発達を促すことが大切となるため、養育里親への委託が第一に検討されます。乳児院や児童養護施設に入所しており、保護者がいる場合でも、長期間にわたって入所が継続しており、家庭引き取りの方針がなかなか立たない場合や、保護者との面会や交流が1年以上ない場合なども積極的に里親委託を検討する必要があります。

　また、子どもの年齢や特性などによっても委託先を検討する必要があります。「ガイドライン」には、「子どもに関しては子どもの発達や特性、保護者との関係などアセスメントを行い、保護者との交流の有無や方法、委託の期間や保護者への対応方法などについて検討する」とあります。通常、児童相談所で行った心理検査やこれまでの成育歴、保護者からの情報や保育所や学校等からの情報、一時保護や施設入所をしている場合は、その施設での情報などをもとに、委託する子どもの性格特性や発達段階、疾病や障がい等の特別なニーズの有無、子どもの希望などを把握します。それと同時に、保護者がいる場合は、保護者の状況や里親委託への理解なども把握しておく必要があります。特に、**発達障害**[*]や**愛着障害**[*]などがあり、養育上、特別な配慮の必要な子どもは、それらに十分な理解と経験のある里親を選定しなくてはなりません。

　また、予期せぬ妊娠や若年での妊娠などで保護者が出生以前から里親委託を希望している場合は、出生後すぐに里親へ委託する方式がとられることがあります（**新生児委託**[*]）。この方式は、一度、乳児院や児童養護施設等を経てから里親委託される場合に比べて、早い段階から特定の

✴ 用語解説

援助方針会議

児童福祉司等が行った調査、診断、判定等の結果に基づき、子どもの健全な成長発達にとっての最善の利益を確保する観点から、その子どもや保護者等に対する最も適切で効果的な援助指針（援助方針）を作成、確認するために行う会議。

✴ 用語解説

発達障害

2004（平成16）年に成立した「発達障害者支援法」では、発達障害を「自閉症、アスペルガー症候群その他の広汎性発達障害、学習障害、注意欠陥多動性障害その他これに類する脳機能の障害であってその症状が通常低年齢において発現するものとして政令で定めるもの」としている。

愛着障害

母親をはじめとする養育者との愛着が何らかの理由で形成されず、情緒や対人面に問題が起こる状態のこと。乳幼児期に養育者ときちんと愛着を築くことができないと、過度に人を恐れる、または誰に対してもなれなれしい、といった症状が表れることがある。

新生児委託

妊娠中からの相談、出産直後の相談に応じ、新生児を病院・産院から直接里親宅へ委託する特別養子縁組を前提とした里親委託のこと。

大人との愛着関係が形成されるため、積極的な活用が望まれます。ただし、生まれてきた子どもに障がいや病気がある場合もあるので、そうした可能性についても十分説明し、理解したうえで委託を望む里親を選定することが大切です。

　乳児院や児童養護施設等に入所している子どもを里親に委託する場合は、ある程度、その子の性格や行動特性を理解したうえで、里親を選定することができます。しかし、すでに施設や学校での人間関係等ができていたりするため、子どもが里親委託に同意しなかったり、養育里親へ委託する場合の保護者の理解を得ることが難しい場合があります。また、保護者が「里親＝**養子縁組**」だと思っていたり、「里親になついてしまい子どもを取られるのではないか」と不安を抱いたりする場合もあります。保護者へは、養育里親と養子縁組里親との区別を説明するとともに、里親による家庭的環境が子どもの健全な心身の発達や成長を促すものであることなどを説明し、場合によっては委託しようとする里親を紹介して、里親委託への理解を得るための努力をする必要があります。ちなみに、「児童福祉法」第27条第4項には、「第1項第3号又は第2項の措置は、児童に親権を行う者（中略）又は未成年後見人の意に反して、これを採ることができない」とあります。施設入所や里親委託等の措置をとる際に保護者等が反対の意思を示している場合は、これらの措置を行うことができないため、児童相談所から家庭裁判所に申し立てをして、家庭裁判所の承認を得る必要があります（**「児童福祉法」第28条第1項**）。

　一方で、援助方針会議において、里親委託が適当ではないと判断されることもあります。たとえば、①子どもの情緒行動上の問題が大きいため、施設での専門的なケアが望ましい場合、②保護者が里親委託に明確な反対の意思を示している場合や、不当な要求を行うなど対応が難しい場合、③子どもが里親委託に対して明確に反対の意向を示している場合などです。委託後に**里親不調**に陥ると、里子、里親双方にとって二重三重の心の傷を抱えることもあるため、マッチングにあたっては慎重な判断が必要になります。

2　里親の選定

　援助方針会議で里親委託の方針が決定されると、里親登録者のなかから子どもの状況に合った里親を選定します。考慮すべき点としては、①里親の年齢、②里親の養育経験（実子の養育経験や過去の受託経験など）、③里親の家庭状況（住んでいる地域、部屋や間取り、同居家族の理解、家族の健康状態、経済状況など）、④里親の養育姿勢（しつけや

参照

養子縁組
→レッスン9

☑ **法令チェック**
「児童福祉法」第28条第1項

「保護者が、その児童を虐待し、著しくその監護を怠り、その他保護者に監護させることが著しく当該児童の福祉を害する場合において、第27条第1項第3号の措置を採ることが児童の親権を行う者又は未成年後見人の意に反するときは、都道府県は、次の各号の措置を採ることができる。
一　保護者が親権を行う者又は未成年後見人であるときは、家庭裁判所の承認を得て、第27条第1項第3号の措置を採ること。
二　保護者が親権を行う者又は未成年後見人でないときは、その児童を親権を行う者又は未成年後見人に引き渡すこと。ただし、その児童を親権を行う者又は未成年後見人に引き渡すことが児童の福祉のため不適当であると認めるときは、家庭裁判所の承認を得て、第27条第1項第3号の措置を採ること」

参照

里親不調
→レッスン18

71

教育観、障がいや疾病等に対する理解など）、⑤社会的資源の活用（保育所、学校、病院等との連携）、⑥里親の委託の希望（受託する子どもの年齢・性別、受託期間等）などがあります。

　まず、①年齢による一律の制限はありませんが、子育てには体力が必要なことから、長期的な養育を想定しての健康面や体力面の考慮は必要です。里親の選定で最も重要なのは、②里親の養育経験と④里親の養育姿勢です。実子を養育した経験や過去に委託された経験がある場合は、ある程度子どもへの接し方は慣れているかもしれません。ただ、子どもはそれぞれに個性があるため、過去に養育経験があるからといって、それだけでうまくいくとは限りません。さらに社会的養護にある子どもたちは、複雑な家庭環境で育ってきた子も少なくありません。そのため、子どもが示すさまざまな**試し行動**[*]や問題行動に対しても、その背景や事情を十分考慮したうえで関わっていくことが必要です。

　また、子どもは里親だけで養育するわけではなく、里親以外の家族や親戚、地域の人々や関係機関等と協力しながら行うものです。里親を支えてくれる家族や親戚の援助はあるか、実子や他の受託児童がいる場合はその子どもの意向はどうか、保育所・幼稚園や学校、病院などの地域の社会資源を利用できるのかということも、重要な視点となります。

　③里親の家庭状況は、里親登録時とは変わっていることがあります。児童相談所は、里親委託の方針が決定したときに委託候補の里親へすぐに打診できるよう、里親家庭の直近の情報を把握しておく必要があります。そのため、児童相談所は、定期的に**里親意向調査**[*]を行うなどして里親家庭の状況を把握するとともに、里親会との連携や**里親サロン**などを通じて日ごろから里親と交流し、情報共有しておくことが重要になってきます。なお、里親と児童相談所との関係については、レッスン10を参照してください。

3　委託候補の子どもの打診

　里親の選定がされたら、里親に委託候補の子どもを打診します。里親にも守秘義務があることを伝えたうえで、委託の目的、子どもの年齢、性別、発達の状況、委託期間の予定、保護者との交流などの概略を説明します。委託候補の里親家庭の状況や、実子や受託中の子どもがいればその子の様子を確認したうえで、受託が可能かどうかについて打診します。なかには、「今回の打診を断ったら次の打診がいつくるかわからない」「断ったら、次の打診に影響するかもしれない」などと不安を抱く里親もいますが、打診を断ったからといってマイナスに影響することは

✴ 用語解説
試し行動
子どもが親・里親・施設職員、教師などの保護者や養育者等に対して、自分をどの程度まで受け止めてくれるかを探るために、わざと困らせるような行動をとること。

✴ 用語解説
里親意向調査
児童相談所等が、年に1回程度、書面等を通じて里親家庭の生活状況等を調査し、現時点での里親委託の実施について、意向等を確認するもの。

参照
里親サロン
→レッスン28

ありません。

　いったん、子どもを受託すれば長期の養育が見込まれ、里親家族にも環境の変化が生じます。受託後の不調があった場合に、子どもにとっても里親にとっても大きな影響があります。現在の里親家族の状況を十分に考え、里親本人だけではなく、他の家族や親族にも相談したうえで、受託するかどうかの回答をもらうことが大切です。

　里親から受諾の意思が確認されたら、より詳細な子どもや実親の状況を説明します。このとき、子どもの写真を見せたり、施設職員から聞いている子どもの様子を伝えたりすると、よりその子のイメージがわきやすくなります。不安要因や今後予想されるリスクについても、最初に伝えておきます。なお、新生児委託や養子を前提とする場合は、マッチングの途中で保護者の意向が変わったり、成長過程において子どもに障がいや疾病が見つかったりすることもあるので、里親にはこうした将来起こりうる可能性について十分説明しておきます。そのうえで受託の希望が示された場合は、いよいよ里親と子どもとの面会交流が始まります。交流のステップについては、レッスン12でくわしくみていきます。

インシデント①　マッチングに関する事例

　林さん夫婦は、結婚して10年になります。これまで不妊治療を続けてきましたが子どもに恵まれず、子どもをもつことをあきらめかけていました。そのような折、たまたまテレビで特別養子縁組のことが放送されていたのを妻が見ました。このことをきっかけに夫婦で話し合い、児童相談所へ相談し、里親になることを決めました。林さん夫婦は、児童相談所の里親担当者の家庭訪問や必要な調査を受け、また、里親になるための研修と施設での実習を終了し、児童福祉審議会の審査を経て、ようやく里親登録ができました。

　里親登録をして半年後、児童相談所の里親担当者から、サトルくんというまもなく1歳になる男の子の里親委託について打診がありました。聞くところによると、サトルくんの父親は不明で、若年の母親が一人でサトルくんを育てていましたが、経済的に苦しく、生後3か月のころに乳児院に預けられたそうです。はじめ母親は、生活を立て直し、すぐにサトルくんを引き取るつもりでいましたが、半年たっても状況はかわらず、しだいに乳児院への面会の足も遠のいていました。そこで児童相談所の担当者は母親と相談して、サトルくんの里親委託と特別養子縁組の方針を決めたということでした。早速、林さん夫婦は、児童相談所へ出向き、乳児院でのサトルくん

の生活状況などを聞きました。林さん夫婦は、自分の親や親族とも相談のうえ、サトルくんを特別養子縁組を前提として迎えることを児童相談所の担当者に伝えました。

インシデント②　新生児委託に関する事例

　鈴木さん夫婦は、結婚して 4 年になります。子どもを望んでいましたがなかなかできなかったため検査をしたところ、夫が無精子症であることがわかりました。夫婦の間の子どもは望めないことがわかったため、里親登録し、養子として子どもを迎えることを決めました。

　ある日、鈴木さん夫婦のところへ児童相談所から連絡がありました。生まれる前の赤ちゃんについての委託の打診です。実母はまだ高校生で、産んでも育てられないため、養子に出すことにしたそうです。鈴木さん夫婦は里親委託の話を受けることにし、その日から乳児院で、育児のトレーニングを始めました。予定日を過ぎて間もなく、児童相談所から連絡がありました。元気な女の子が生まれたとのことです。子どもの名前は鈴木さん夫婦がつけました。鈴木さん夫婦は産院で育児トレーニングを受け、赤ちゃんの退院と同時に自宅へ引き取り、里親委託が開始となりました。

演 習 課 題

①普通養子縁組と特別養子縁組の制度や手続きの違いを調べてみましょう。

②特別養子縁組による子どもにとってのメリットをグループで話し合ってみましょう。

③新生児委託のメリットと留意点についてグループで話し合ってみましょう。

里親と委託候補の子どもの交流

このレッスンでは、委託候補の子どもと里親との出会いから委託に至るまでの面会交流の過程をみていきます。里親委託によって、子どもも里親もそれまでの生活環境が変化することになり、お互いに不安があります。その不安が少しでも解消されるよう、面会交流は慎重に行われる必要があります。

1. 子どもと里親との面会

1 初回面会

図表12-1に、面会交流から里親委託に至るまでどのような段階を経て行われるのかをチャートで示します。

児童相談所における援助方針会議で里親委託の方針が決定し、子ども、保護者、里親の意向の確認が取れれば、いよいよ子どもと里親との面会交流が始まります。

児童相談所では、通常ケースごとの担当がおり、さらに子ども担当と親担当が分かれている場合があります。子ども担当の職員は、委託候補の子どもに対し、里親家庭について紹介して説明したうえで、いつ、どこで里親と面会するのかなどを事前に伝え、不安の軽減に努めます。また、面会交流後であっても、子どもが里親委託を断ることができることも説明します。親担当、もしくは里親担当は、保護者に対して同様に、

図表12-1 マッチングのフローチャート（その2）

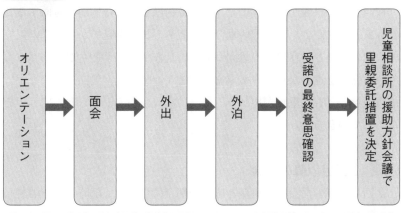

オリエンテーション → 面会 → 外出 → 外泊 → 受諾の最終意思確認 → 児童相談所の援助方針会議で里親委託措置を決定

出典：庄司順一・鈴木力・宮島清編『里親養育と里親ソーシャルワーク』福村出版、2011年、194頁を一部改変

里親家庭に関することや面会交流のスケジュールなどについて説明します。面会交流中であっても、子どもと保護者との面会や外泊、通信などについては原則可能ですが、「児童福祉法」第28条による措置の場合や対応の難しい保護者である場合で、保護者との面会や交流を行うことが子どもの福祉を害するおそれがある場合は、児童相談所が保護者との面会や交流を制限することもあります（「児童虐待の防止等に関する法律（児童虐待防止法）」第12条）。

　里親へは里親担当の職員から、委託候補の子どもとの初回面会の前に、①子どもとの面会が始まると、子どもにとって里親は特別な存在になっていくため、受託の意思と覚悟をもってもらうこと、②面会交流後において、どうしても子どもを受け入れる気持ちになれない場合は、早い段階で相談してほしいこと、③時間をかけても子どもとの関係がうまくいかない場合は、児童相談所の判断でマッチングを中止することもあることを確認しておきます。

　乳児院や児童養護施設等にいる子どもを里親委託する場合は、児童相談所から当該施設へ事前に委託候補の里親の情報や子どもへ里親のことをどのように説明したか伝えておきます。また、児童相談所の職員は、施設の担当保育士や児童指導員、**里親支援専門相談員**、**家庭支援専門相談員**✳などの協力を得ながら、子どもの成育歴や施設での生活の様子、健康状態、保護者との面会交流の状況などを確認しておきます。

　里親と子どもとの初回面会前、もしくは面会後に、里親、施設、児童相談所で、今後の面会交流の頻度や1回の面会の時間、面会交流のステップ（面会→外出→外泊）などについて確認します。このような三者での協議は、定期的に行うことが望ましく、委託までのスケジュールを確認していくなかで、里親と子どもとの交流状況の把握や委託時期の見きわめを行います。

　初回面接で里親が子どもに会うときは、はじめから個別に対面することもありますが、年齢が幼い場合や子どもの様子を見てから受託の気持ちを固めたいという里親の意向がある場合などは、子どもが集団で遊んでいる様子を遠くから見守る形をとります。その後、集団遊びのなかに施設職員とともに里親が加わり、徐々に委託候補の子どもとの関わりを増やしていきます。

2　2回目以降の面会

　2回目以降の面会は、里親と施設の都合に合わせて随時日程を調整しつつ実施していきます。児童相談所の担当者は、進捗状況を確認しなが

ら、里親と子どもとの関係の構築を見きわめていきます。

　面会の頻度は、少なくとも週に1～2度は施設を訪問するのが望ましく、はじめは、施設の職員が子どもの傍らにいて、里親と一緒に遊びながら、少しずつ子どもと里親だけで遊ぶ時間を増やしていきます。職員がいなくてもある程度の時間里親と一緒に遊べるようになれば、次のステップに入ることを検討します。定期的に里親が施設を訪問し、子どもとの面会を重ねていくことで、子どもも里親のことを自分だけのために来てくれる特別な存在として認識するようになっていきます。

3　外出

　子どもと里親だけでいても、お互いに不安にならずに過ごせるようになったら、次のステップとして子どもとの外出を行います。施設の職員と一緒に施設周辺の散歩から始め、子どもの負担に配慮しながら、子どもと里親だけで近くの公園へ遊びに行ったり、食事に行ったりします。帰園後、里親から外出時の様子を聞き、困ったことや心配なことはなかったかなど、問題点を共有します。慣れてきたら、日帰りで里親宅で過ごしたりするなど、徐々に委託に向けた準備を進めていきます。

4　外泊

　日帰りで里親宅で過ごすことができるようになったら、いよいよ外泊を行います。里親宅で一晩過ごすことは、施設の生活しか知らない子どもにとって、驚きに満ちたものがあります。子どもにとって何が不安で何に恐怖を感じるのかは、それまでの成育歴に関わる部分でもあるので、担当保育士らと十分に打ち合わせておくようにします。また、夜の急な発熱や体調の急変などがあった場合、里親は、はじめてのことでどうしたらよいのか動揺しがちです。そのような場合に備えて、施設側は緊急時の連絡先や受診券の使い方を説明するとともに、受け入れる里親は、最寄りの医療機関（小児科）を事前に確認しておきましょう。児童相談所の担当者は、受け入れの準備ができているか確認するうえでも、外泊の前に里親家庭を訪問しておくとよいでしょう。

　はじめての外泊は一泊から始め、少しずつ長期の外泊を試みます。しかし、里親家庭と施設を行き来することは、子どもにとって負担や混乱を招く場合があります。そのため、里親家庭での生活に支障がないと判断できるようになってから、長期外泊を実施するようにします。1週間以上にわたる長期外泊を実施し、里親も子どもと生活することへの不安が解消され、子どもと里親の関係に問題がないと判断されれば、正式な

里親委託へと進みます。

　子どもと里親との関係をみるポイントしては、①子どもが里親家庭でリラックスできていて、甘えや要求を出せているか、②年齢が低い子どもの場合、里親の姿が見えないと不安になって後追いするなど、里親への愛着が見られるか、③里親は、子どもとの関わりに自信が持てているか、④里親に子どもを受け入れるための心の準備や近隣への説明などを行う準備ができているか、となります[†1]。

　児童相談所としては、長期外泊中に一度は里親家庭を訪問し、子どもと里親との関係を観察したり、里親の抱える養育上の悩みや不安を聞いたりして、正式に里親委託するか、もう少しマッチング期間を設けるかどうかを検討します。

▶ 出典

†1　鬼澤平隆「児童相談所が委託前の面会、交流を調整・支援する際の留意点」『里親と子ども』編集委員会編『里親と子ども』Vol.3、2008年、64頁

2.　保護者の家庭や一時保護所から直接委託される場合

1　新生児委託の場合

　未婚や若年出産などの予期しない妊娠による出産で、保護者が養育できない、養育しないという意思が明確な場合には、特別養子縁組を前提として、出産後、病院から直接里親委託する場合があります（**新生児委託**）。ここでは、岐阜県の作成した里親委託マニュアルを参考にみていきます。

　まず、前提として受託を希望する里親には、事前に子どもの性別や親の事情を問わないこと、子どもに障がいや病気があったとしても受け止めること、出産後に保護者の意向が変わることがあることなどを説明して、了解を得ておく必要があります。あらかじめ入院先の病院と打ち合わせをしておき、保護者が出産したあと、里親は病院へ通いながら病院のスタッフから沐浴、授乳など育児のトレーニングを受け、家庭引き取りの準備を進めます。このとき病院には保護者と里親が顔を合わせないような配慮を依頼しておきます。そして、子どもが退院するとともに正式に里親委託となります（一定期間、委託一時保護をして様子をみたあと、正式な里親委託とする場合もあります）。

　なお、出産後に保護者や親族の気持ちが揺れることもあります。その場合、保護者の気持ちを尊重し、家族で育てていくことができないかもう一度よく話し合ったうえ、納得したところで結論を出してもらいます。

　里親委託後、**家庭裁判所**[*]へ特別養子縁組の申立てを行います。特別養子縁組の成立にあたっては、これまで養親と養子との相性や養親の適

参照

新生児委託
→レッスン11

✳ 用語解説

家庭裁判所

「日本国憲法」第76条が定める下級裁判所の一種で、（1）家事審判法の定める家庭に関する事件の審判・調停、（2）離婚や認知等の人事訴訟の第1審の裁判、（3）少年保護事件の審判、（4）少年の福祉を害する成人の犯罪に係る第1審の裁判などを行う。

格性の判断とともに、実親による養育が著しく困難または不適当であること、実親も養子縁組に同意していることなどについて、あわせて審議されていました。養親と養子との相性の判断や適格性の判断をするためには、6か月以上の試験養育期間が定められているため（「民法」第817条の8）、この間に実親が養子縁組の同意を翻す可能性がありました。そのため、2020（令和2）年4月1日から、「民法等の一部を改正する法律（令和元年法律第34号）」が施行され、特別養子縁組成立の審判を行う前に、実親による養育状況や特別養子縁組に対する実親の同意の有無などを判断する審判（特別養子適格の審判）を行い、その審判が確定したあとは、実親は同意を撤回することができないようになりました（図表12-2）。この特別養子適格の審判の申立ては、養親のほか、児童相談所長が行ったり、参加人として意見を述べたりすることができます（**「児童福祉法」第33条の6の2、第33条の6の3**）。なお、今回の民法改正で、これまで特別養子縁組成立の審判申立て時の子どもの年齢は原則6歳未満であったものが、15歳未満に引き上げられましたので（「民法」第817条の5）、より一層、特別養子縁組制度を利用しやすくなりました。

2　養育里親への委託の場合

　保護者の家庭や児童相談所の一時保護所から直接里親委託される場合は、乳児院や児童養護施設等からの**措置変更***に比べて、面会の回数や外出、外泊の回数も限られているため、短期間でマッチングをしなければなりません。そのため、虐待や非行など、里親との関係を築いていくのにある程度時間がかかることが想定される場合や、養育上の関わり方に注意が必要なケースでは、より慎重にマッチングを行う必要があります。その場合、里親候補は**専門里親***や過去に里親委託されたことがあるなど、ある程度の経験を有する人が適しているといえます。

　保護者の家庭から直接、里親委託する場合は、保護者、里親、それぞれの了解をとったうえで、児童相談所が仲介し、お互いが顔を合わせる機会を設定します。場所は、児童相談所、児童家庭支援センター、市区町村役場の面談室を利用するとよいでしょう。何度か子どもを交えた交流を重ねたうえで、里親との外出、里親宅への外泊を行い、前述した子どもと里親との関係をみるポイントを確認しながら、正式な里親委託へと進みます。保護者が病気や経済的な理由など、何らかの事情で一定期間子どもを育てることができない場合に、子どもが転校しなくてすむよう、できるだけ学区ごとに養育里親が登録されていることが望まれます。

図表12-2　特別養子縁組の成立の手続の見直し

1．改正前

養親候補者の申立てによる1個の手続

養親候補者申立て

特別養子縁組の成立の審判手続

（審理対象）
・実親による養育が著しく困難又は不適当であること等
・実親の同意（審判確定まで撤回可能）の有無等

・養親子のマッチング
　※6か月以上の試験養育

・養親の養育能力
・養親と養子の相性

特別養子縁組成立の審判

・実親の養育能力（経済事情や若年等）
・虐待の有無

【児童福祉の現場等からの養親候補者の負担についての指摘】
①実親による養育状況に問題ありと認められるか分からないまま、試験養育をしなければならない。
②実親による同意の撤回に対する不安を抱きながら試験養育をしなければならない。
③実親と対立して、実親による養育状況等を主張・立証しなければならない。

2．改正後

二段階手続の導入

（1）**二段階手続の導入**（新家事事件手続法第164条・第164条の2関係）
　　特別養子縁組を以下の二段階の審判で成立させる。
（ア）実親による養育状況及び実親の同意の有無等を判断する審判（特別養子適格の確認の審判）
（イ）養親子のマッチングを判断する審判（特別養子縁組の成立の審判）
　　⇒ 養親候補者は、第1段階の審判における裁判所の判断が確定した後に試験養育をすることができる（上記①及び②）。

（2）**同意の撤回制限**（新家事事件手続法第164条の2第5項関係）
　　⇒ 実親が第1段階の手続の裁判所の期日等でした同意は、2週間経過後は撤回不可（上記②）。

（3）**児童相談所長の関与**（新児童福祉法第33条の6の2・第33条の6の3）
　　⇒ 児童相談所長が第1段階の手続の申立人又は参加人として主張・立証をする（上記③）。

児相長 or 養親候補者申立て

第1段階の手続

特別養子適格の確認の審判

（審理対象）
・実親による養育状況
・実親の同意の有無等

養親となる者が第1段階の審判を申し立てるときは、第2段階の審判と同時に申し立てなければならない。
二つの審判を同時にすることも可能。
⇒ 手続長期化の防止

実親は、第2段階には関与せず、同意を撤回することもできない。

養親候補者申立て

第2段階の手続

特別養子縁組成立の審判

（審理対象）
・養親子のマッチング

※6か月以上の試験養育

試験養育がうまくいかない場合には却下

出典：法務省民事局「特別養子制度の概要」2020年

インシデント　面会交流に関する事例

　１年前に里親登録した近藤さん夫婦は、１歳になるヒロキくんの里親委託を受けることを決め、面会交流のため、乳児院に通うことになりました。夫は仕事の都合で、土日しかヒロキくんに会いに行くことはできませんが、妻はパートの日数を減らし、週４日はヒロキくんに会いに行くことができるようにしました。はじめのうちは、ヒロキくんが他の子どもたちと遊んでいるところへ職員と一緒に近藤さん夫婦も入って遊んでいましたが、すぐにヒロキくんも近藤さん夫婦には慣れ、１週間後には、近藤さん夫婦とヒロキくんだけで過ごせるようになりました。ヒロキくんも、定期的に面会に来てくれる近藤さん夫婦を「特別な存在」として認識するようになってきました。そこで、天気のよい日は、ヒロキくんと近藤さん夫婦だけで乳児院の近くにある公園まで散歩に行ったり、近藤さんの自宅で数時間過ごしたりするようになりました。ヒロキくんも近藤さん夫婦が迎えに来ると、自然に抱かれるようになり、面会交流を始めて１か月が過ぎたころに、はじめて近藤さん夫婦の自宅にお泊りをしました。はじめての外泊のとき、一緒にお風呂に入ろうとして入浴剤を入れたところ、ヒロキくんがお湯の色を見て怖がり、しばらくお風呂に入るのを嫌がるようになりましたが、それ以外は問題なく過ごせるようになりました。３回目の外泊のあと乳児院に戻り、近藤さん夫婦が帰ろうとするとヒロキくんは泣き出してしまいました。ヒロキくんと近藤さん夫婦との愛着関係ができてきたと判断されたことから、長期の外泊を行い面会交流を始めてから３か月後にはヒロキくんは近藤さん夫婦に正式に里親委託となりました。

演 習 課 題

①養育里親、養子縁組里親、専門里親、親族里親の違いを調べ、どのような場合にどの里親への委託が選択されるのか、グループで話し合ってみましょう。
②特別養子縁組の制度と家庭裁判所への申し立てから承認までの流れについて調べてみましょう。
③赤ちゃんポスト（こうのとりのゆりかご）について調べ、設置についてグループで話し合ってみましょう。

里親委託後の留意事項

児童相談所の援助方針会議により里親委託が正式に決定されると、いよいよ里親家庭で子どもとの生活が始まります。里親との関係性が深まるとともに、里親と子どもとの間で、マッチングの段階ではみられなかったさまざまな課題が出てくることがあります。ここでは、そうした里親委託後の留意事項について学びます。

1. 里親委託後の児童相談所との関係

里親委託が決定されると、児童相談所は個別に**自立支援計画**[*]を作成し、具体的な養育目標と支援方法を定めます。この自立支援計画をもとに、里親は子どもと関わっていくことになります。そこで、これまでの成育歴や実親との関係、子どもの特徴などを里親と共有して、里親の意向を自立支援計画に反映させるために、事前に話し合いをしておくことが重要になります。また、今後、里親手当などの**措置費**[*]の支払いが発生するため、必要な委託費の請求方法などについても十分説明しておく必要があります。

里親が子どもとの生活を始めるうえで、地域の支援も重要となってきます。委託前に里親とともに関係する市区町村や保健センター、保育所・幼稚園、学校、民生・児童委員などを含めた支援会議を開催したり、市区町村の**要保護児童対策地域協議会**を活用したりして、地域での支援体制を構築していくことが大切です。また、児童相談所職員とともに子どもが通う予定の保育所・幼稚園や学校を事前に訪問して、委託の経緯や子どもの様子を伝えたり、個別的な配慮を依頼したりすることもあります。地域によっては、里親委託時に委託式を行うところもあります。

里親委託後は、「児童福祉法施行令」第30条に「都道府県知事は、法第27条第1項第3号の規定により児童を里親に委託する措置を採つた場合には、児童福祉司、知的障害者福祉法第9条第5項に規定する知的障害者福祉司又は社会福祉主事のうち一人を指定して、里親の家庭を訪問して、必要な指導をさせなければならない」とあるように、定期的に児童福祉司らが家庭訪問をします。「児童相談所運営指針」および「里親委託ガイドライン」には、「子どもを委託した直後の2か月間は2週に1回程度、委託2年後までは毎月ないし2か月に1回程度、その後

は概ね年2回程度、定期的に訪問する」と書かれています。

　里親委託後はこれまでの生活が大きく変わり、子どもにとっても里親にとっても環境の変化が著しくなります。また、委託後に「試し行動」や「真実告知」など、里親特有のさまざまな問題も生じます。そのため、委託した児童相談所は、他機関と連携してこまめに里親家庭の様子をうかがい、地域や社会全体で里親を支援していく必要があります。関係が安定してきた場合でも、委託して半年間は最低でも月1回は家庭訪問し、様子をみながら徐々に訪問の頻度を減らしていきます。また、児童福祉司だけでなく、里親支援機関、里親会、市区町村、**児童家庭支援センター**[*]などと連携して、里親等委託調整員、**里親等相談支援員、心理訪問支援員**[*]、里親支援専門相談員、先輩里親、地域の保健センターの保健師や市区町村職員など、さまざまな立場からの支援が得られるようにしておきます。

　また、「里親が行う養育に関する最低基準」第14条には、「里親は、都道府県知事からの求めに応じ、次に掲げる事項に関し、定期的に報告を行わなければならない。一　委託児童の心身の状況、二　委託児童に対する養育の状況、三　その他都道府県知事が必要と認める事項」とあります。そのため、たとえば岐阜県では、月に一度委託児童現況報告書（図表13-1）を里親から管轄する児童相談所へ提出してもらっています。

2. 里親委託後の養育上の課題

1 試し行動

　里親委託後、里親が直面する課題として、子どもの「試し行動」があります。「試し行動」とは、里親にとって困った行動、たとえば、手あたりしだいにものを散らかす、食事をとらない、また逆に大量に食べる、叩く、禁止されていることをわざとする、癇癪（かんしゃく）を起こす、などです。これらは委託後、数日から数週間たったころからみられることがあります。

　なぜ、試し行動がみられるのか。それには、子どもの成育歴をみていく必要があります。生まれたばかりの赤ちゃんは、養育者が身近にいなければ、お乳やミルクを飲んで栄養をとることもできないし、おむつを替えてもらうこともできません。誰かが世話をしてあげなければ、生きていくことはできないのです。赤ちゃんは、お腹がすいたとき、おしっこやうんちをして気持ち悪いとき、眠いときなど、不快や痛みを感じた

✚ **用語解説**

児童家庭支援センター
地域の児童の福祉に関する各般の問題につき、児童に関する家庭その他からの相談のうち、専門的な知識及び技術を必要とするものに応じ、必要な助言を行うとともに、市町村の求めに応じ、技術的助言その他必要な援助を行うほか、保護を要する児童又はその保護者に対する指導を行い、あわせて児童相談所、児童福祉施設等との連絡調整等を総合的に行い、地域の児童、家庭の福祉の向上を図ることを目的とした児童福祉施設（厚生労働省「児童家庭支援センター設置運営要綱」）。

里親等相談支援員、心理訪問支援員
子どもを養育している里親宅へ定期的に訪問し、子どもの状態の把握や相談援助等を行う。里親養育包括支援事業の一つ。

図表13-1 委託児童現況報告書

委 託 児 童 現 況 報 告 書

令和　　年　　月　　日

◯◯子ども相談センター所長　　様

里親氏名	
里親住所	
児童氏名	

委託児童の現況（令和　　年　　月）について次のとおり報告します。

1　健康状態はどうですか。

2　生活の様子はどうですか。

3　お子さんについて、次の事項でお困りのことはないですか。
　　子ども自身、家族、友達、ご近所のこと等

4　今、子ども相談センターの職員が至急お伺いして、相談をお受けしなければならないことは
　　ありませんか。

5　その他、ご意見を自由にお書きください（措置解除、養子縁組、費用等）。

この報告書は、該当（報告）月の翌月までに提出してください。
当該事項が、この報告書に書ききれない場合は別紙でもかまいません。

出典：岐阜県健康福祉部子ども家庭課「岐阜県子ども相談センター里親委託マニュアル（第3版）」2018年

ときに言葉で伝えることができない代わりに、泣いてその不快を訴えます。養育者は、その泣き声に対して、「お腹がすいたのかな」「うんちしたのかな」「お昼寝の時間かな」などと、赤ちゃんからのメッセージを読み取り、お乳をあげたり、おむつを取り替えたり、抱っこをしてあやしたりして、その不快を取り除きます。こうして赤ちゃんは、養育者の愛情を十分に感じたうえで、気持ちも不快から快へと変化し、安心感や安全感を味わうことができるのです。

　一方で、いくら赤ちゃんが泣いていても、養育者から適切なケアをしてもらえず不快なままの状態で放っておかれると、「泣いても誰もかまってくれない」「自分は大事にされない存在なんだ」と感じ、無意識のうちに世のなかに対する不信感を溜め込んでいくようになります。ネグレクトなどの虐待を受けて育った子どもは、幼少期から適切なケアを受けておらず、泣いていても放っておかれたり、抱っこやスキンシップが不足したりしているために、特定の養育者との間の愛着関係がうまくつくられず、**愛着（アタッチメント）**[*]に問題を抱えたまま成長していくようになります。

　愛着とは、特定の他者との間に築く緊密な情緒的結びつき（emotional bond）をいいます[†1]。子どもの泣き声や要求に応えて適切な世話をしてくれ、不快だった感情をぬぐい去り、安心と安全な気持ちをもたらしてくれる人に対して、子どもは「愛着」を抱きます。しかし、養育者が精神的、経済的に余裕がなく、あるいは適切な対処の方法を知らないために、泣いたり不安を訴えたりしても放っておかれたり、逆に厳しく叱責されたりして、不快な感情を抱いたまま育てられた子どもたちは、根底に世のなかに対する不信感があります。そのため、新しい養育者に対して、この人は本当に自分のことを愛してくれるのか、大切に扱ってくれるのか試すような行動をします。これが試し行動です。

　通常、試し行動は、数週間から1〜2か月で収束していくようになりますが、場合によっては数か月にもわたって続くことがあります。子どもにとっては無意識的に行っていることなので、里親側の理解がないと「しつけの問題だから厳しく接しなければ」「わざと困らせることをするのは（里親を）嫌っているからだ」などと判断し、里親との関係が悪化したまま不調におちいる可能性もあります。許容できる範囲も限られてはいますが、できるだけ子どもの行動の背景を考慮し、頭ごなしに叱ったりしないよう、里親に対して事前に注意を促す必要があります。

　試し行動は、本当に自分を受け入れてくれるのか、里親の愛情と覚悟を試す子ども側からの問いかけでもあります。別の見方をすれば、里親

✳用語解説
愛着（アタッチメント）
イギリスの精神科医ボウルビィが提唱した概念である。初期には養育者（特に母親）と子どもの間の情緒的な絆とされていたが、その後の研究のなかで、子どもは、父、祖父母、保育者など、養育を担う複数名と同時にアタッチメントを形成することは可能であり、母親への単一のアタッチメントをもつ子どもより、その後の社会性の発達が有利になるとされている。

▶出典
†1　数井みゆき・遠藤利彦編著『アタッチメント　生涯にわたる絆』ミネルヴァ書房、2005年、1頁

を特定の愛着対象と認めたからこそ表す行動でもあります。里親委託後最初に訪れるこの危機を乗り越えるためには、児童相談所、里親支援機関、保育所・幼稚園や子育て支援センターなど地域の社会資源を活用して、里親だけで問題を抱え込まないようにすることが大切です。また、先輩里親から、はじめにこういうことがあるという経験談を聞いて知っておくことで、試し行動に対しての心の準備ができ、適切な対応にもつながっていきます。

インシデント①　試し行動に関する事例

　鈴木さん夫婦は、小学3年生になるユカリちゃんを養育里親として迎えました。はじめはユカリちゃんは家のお手伝いをすすんでしてくれる、聞き分けのよい子でした。しだいに、冷蔵庫の中の食べ物をこっそり盗み食いしたり、汚してしまったパンツを布団の間に隠していたり、鈴木さんのお財布からこっそりお金を盗んだりしていたことがわかりました。先輩の里親に相談したところ、「それは"試し行動"といわれるものだから、頭ごなしに叱らず、まずは、話を聞いてあげて」と言われました。鈴木さんは、ユカリちゃんに「冷蔵庫にある物は食べていいし、汚れたパンツは出してくれれば洗うから、隠れて食べたり、隠したりしなくていいよ。ただ、お財布から勝手にお金を盗ることはやめてほしいの。欲しいものがあるときは言ってくれれば考えるから」と伝えました。ユカリちゃんは鈴木さんの言葉に安心したのか、それからは、家のお金を盗ることはなくなりました。

2　真実告知

　里親委託されている子どもに限らず、社会的養護にある子どもは、「なぜ自分は親と一緒に生活していないのか」「なぜここで生活しているのか」など、ときどき感じることがあるようです。幼いころから里親委託されている子どもでも、「自分はどこから生まれてきたのか」と尋ねることがあります。

　かつては、子どもが傷つかないようにと、養子や里子であることはできるだけ隠しておいた方がよいと考えられていた時期もありました。しかし、現在は、子どもが言葉を話せる年齢になったら、できるだけ早い時期から養子や里子であるということを子どもに伝えることをすすめています（**真実告知***）。そもそも子どもには、自分の生い立ちや実親について「知る権利」があります。また、子どもとの間に「嘘」を抱えたま

✳ 用語解説
真実告知
養親が、「生んでくれた親が他にいること。生んでくれた親は色々な理由があり（今は）一緒に生活できなくなったこと。私たちはあなたを育てることを心から望んでいること。あなたは私たちにとって大事な存在であること」を子どもに伝え、生い立ちをともに受け止めていくこと。

ま日常生活を続けていくことは、信頼関係の根底を崩しかねません。もし、他人から自分が養子や里子であるということを知らされたり、戸籍謄本を見て出生日と戸籍が作成された日が違うことに気づいて、自分が養子であることがわかったりということがあれば、これまで築いてきた信頼関係が一気に崩れる可能性もあります。

　子どもへの告知の仕方は、その子の年齢や里親委託に至った背景によってさまざまですが、おおむね次のようなことを伝えていきます。「○○には生んでくれた母親と、育てている母親がいて、どちらも○○を大切に思っていること」「私たちは○○がこの家にきてくれたことに心から感謝し、これからも○○を大切にしていくこと」。また、「○○を生んでくれた母親は、事情があって自分では育てることができなかったけれど、○○の幸せを願って、大事に育ててくれる人をみつけてもらおうと児童相談所に相談した」ということも伝えます。

　子どもによっては、その話を聞いても、何事もなかったかのようにその後の生活を送る場合もありますが、自分の存在を確かめるように、何度もその話を聞く子どももいます。その都度ていねいに説明し、いかにあなたのことを大切に思っているかということを伝えることが大切です。

　また、年齢が高くなると、本格的に自分のルーツを探りたいという思いが芽生えることがあります。「実親がどんな人か会ってみたい」「今、どんな生活をしているのか知りたい」「どんな気持ちで自分を施設や里親に預けたのか知りたい」などです。その気持ちすべてに応えることは難しいのですが、自分が生を受けたことのルーツを知ることは、アイデンティティの形成上、非常に重要なことです。そのようなニーズが子どもから出てきた場合には、里親と児童相談所職員は協力しながら、子どもの生い立ちを振り返ってみましょう。近年では、**ライフストーリーワーク**や生い立ちの整理などの取り組みが進められてきており、「子どもの知る権利」をきちんと保障しようとする動きが広まっています。あらかじめ里親委託をする段階で実親に、実親の写真と子どもにあてたメッセージを書いてもらい、それを里親に託し、しかるべきときがきたら子どもに渡せるように準備しておくとよいでしょう。

参照
ライフストーリーワーク
→レッスン17

インシデント②　真実告知に関する事例

　山田さん夫婦は、タツヤくんが10か月のときに、家庭裁判所の審判により、タツヤくんとの特別養子縁組が成立しました。タツヤくんが4歳の誕生日を迎えた日の夜、山田さん夫婦はタツヤくんに「今日は、大事なお話があるんだ」と言って、お父さんの膝の上に

乗せながら、お母さんが次のように話しました。「あのね、タツヤ。お父さんもお母さんも、かわいいタツヤのことが大好きで、タツヤと毎日こうして一緒にいられることがとても幸せなんだよ。実はね、タツヤにはお父さん、お母さんのほかに、タツヤを産んでくれたお母さんがいるんだよ。お父さんもお母さんも、結婚してからずっと子どもが欲しいって願っていたけれど、お母さんのお腹の病気で子どもを産むことができなくてね。でも、お父さんもお母さんもそれでも子どもの親になりたくって。それで、毎日毎日神様にお願いしていたら、ある日神様がタツヤとお父さん、お母さんを引き合わせてくれたんだよ。だから、タツヤを産んでくれたお母さんにはとても感謝しているし、タツヤがお父さん、お母さんの子どもになってくれて本当によかったと思ってるんだよ」と伝えました。そのときは、タツヤくんは「ふ〜ん」という反応でしたが、しばらくしてから、タツヤくんは、お母さんの布団のなかに潜り込んで、お腹から出てくる遊びを繰り返すようになりました。

演 習 課 題

① ボウルビィ* のアタッチメント理論と愛着のタイプについて調べてみましょう。

② インシデント①のユカリちゃんの行動について、どのように考えたらよいかグループで話し合ってみましょう。

③ インシデント②を参考にして、真実告知をする際、どのように子どもに伝えるとよいか、グループで話し合ってみましょう。

🔲人物
ボウルビィ
（Bowlby, J.）
1907〜1990年
イギリスの精神科医。精神医学に動物行動学（エソロジー）的視点を取り入れ、愛着理論をはじめとする早期母子関係理論を提唱した。

参考文献……………………………………………………………………
レッスン9
厚生労働省　「児童相談所運営指針」　2019年
厚生労働省　「新しい社会的養育ビジョン」　2017年
庄司順一・鈴木力・宮島清編　『里親養育と里親ソーシャルワーク』　福村出版　2011年
レッスン10
伊藤嘉余子　「『里親支援にかかる効果的な実践に関する調査研究事業』　報告書」（平成28年度厚生労働省　「子ども・子育て支援推進調査研究事業」）　2016年
厚生労働省　「里親委託ガイドライン」　2018年
厚生労働省　「里親養育包括支援（フォスタリング）事業の実施について」　2019年
厚生労働省　「フォスタリング機関（里親養育包括支援機関）及びその業務に関するガイドライン」　2018年

『里親と子ども』編集委員会編　『里親と子ども』　Vol.3　2008年

全国里親委託等推進委員会　「里親支援専門相談員及び里親支援機関の活動、里親サロンの活動に関する調査報告」　2014年

全国里親委託等推進委員会　「里親家庭の全国実態調査報告」『平成27年度調査報告書』　2016年

レッスン11

岐阜県健康福祉部子ども家庭課　「岐阜県子ども相談センター里親委託マニュアル（第３版）」　2018年

厚生労働省　「児童相談所運営指針」　2019年

厚生労働省　「里親委託ガイドライン」　2018年

庄司順一・鈴木力・宮島清編　『里親養育と里親ソーシャルワーク』　福村出版　2011年

レッスン12

岐阜県健康福祉部子ども家庭課　「岐阜県子ども相談センター里親委託マニュアル（第３版）」　2018年

厚生労働省　「児童相談所運営指針」　2019年

厚生労働省　「里親委託ガイドライン」　2018年

『里親と子ども』編集委員会編　『里親と子ども』　Vol.3　2008年

庄司順一・鈴木力・宮島清編　『里親養育と里親ソーシャルワーク』　福村出版　2011年

法務省民事局　「特別養子制度の概要」　2020年

宮島清・林浩康・米沢普子編著　『子どものための里親委託・養子縁組の支援』　明石書店　2017年

レッスン13

数井みゆき・遠藤利彦編著　『アタッチメント　生涯にわたる絆』　ミネルヴァ書房　2005年

岐阜県健康福祉部子ども家庭課　「岐阜県子ども相談センター里親委託マニュアル（第３版）」　2018年

公益社団法人家庭養護促進協会大阪事務所編、岩崎美枝子監修　『子どもの養子縁組ガイドブック――特別養子縁組・普通養子縁組の法律と手続き』　明石書店　2013年

山本智佳央・楢原真也・徳永祥子ほか編著　『ライフストーリーワーク入門――社会的養護への導入・展開がわかる実践ガイド』　明石書店　2015年

おすすめの１冊

いいたかもとこ訳、しもかわくみこ絵　『ふたりのおかあさんから　あなたへのおくりもの』　公益社団法人家庭養護促進協会大阪事務所　2007年

"LEGACY OF AN ADOPTED CHILD"（養子のあなたの受け継いだもの）という原詩をもとに絵本にしたもの。小さな子どもにもわかりやすい言葉で産みの親と育ての親、それぞれの役割について説明している。真実告知をするときに子どもへの読み聞かせとして活用できる。

コラム

被措置児童虐待について

　2012（平成24）年厚生労働省雇用均等・児童家庭局長通知による「里親及びファミリーホーム養育指針」（以下、「養育指針」とする）には、里親とファミリーホームにおける家庭養護は、私的な場で行われる社会的制度に基づいた養育だと書かれています。そのため、「児童福祉法」などの法制度の規制を受けることになります。委託されている子どもは「被措置児童」であり、万が一、子どもの権利を侵害していると判断される場合は、児童福祉施設に入所している子どもたちと同様に「被措置児童等虐待」となります。

　「児童福祉法」第33条の10には、被措置児童等虐待について以下のように規定されています。

　一　被措置児童等の身体に外傷が生じ、又は生じるおそれのある暴行を加えること。

　二　被措置児童等にわいせつな行為をすること又は被措置児童等をしてわいせつな行為をさせること。

　三　被措置児童等の心身の正常な発達を妨げるような著しい減食又は長時間の放置、同居人若しくは生活を共にする他の児童による前二号又は次号に掲げる行為の放置その他の施設職員等としての養育又は業務を著しく怠ること。

　四　被措置児童等に対する著しい暴言又は著しく拒絶的な対応その他の被措置児童等に著しい心理的外傷を与える言動を行うこと。

　被措置児童等虐待について、「養育指針」の権利擁護に書かれているうちのなかから、いくつか取り上げてみましょう。

・子どもも養育者も行き詰まったうえでの不適切な対応が、被措置児童等虐待に結びつくことを理解する。

・被措置児童等虐待防止のもつ意味とそのための取り組みについて十分に認識し、養育者のみならず、実子による受託した子どもへの虐待、受託した子ども間の暴力等も想定した予防体制が必要である。

・養育者も一人の人として不適切な対応をすることもある。そうした場合、子ども
　がそのことを表明したり、子どもから第三の大人など他者に伝えたりすることは
　できるし、伝えてほしいなど、養育者が子どもに説明する。
・里親家庭やファミリーホームが密室化しないための、第三者の目や意見を取り込
　む意識をもち、工夫する。

　それまでの成育歴で、家庭において不適切な養育を受けた子どもたちが、さらに
里親という新たな家庭で再度虐待を受けるようなことは、絶対に避けなくてはなり
ません。里親は、里親家庭における虐待を予防するために自らの養育をひらき、社
会とつながり、子どもたちへの説明と表明を支援する必要があります。

第4章

委託後の里親支援

本章では、子どもが委託された後の里親支援について学んでいきます。委託された子どもを里親家庭で里親が養育するとは実際にどういうことなのでしょうか。直面する支援ニーズを踏まえたうえで、実際に提供される支援内容について理解していきましょう。

里親養育の実際

このレッスンでは、里親養育の実際の様子を紹介することで、里親養育についての学びを深めていきます。里子を受け入れる大きな喜びをもつ一方、里子養育に特有な難しさに直面することになります。ここでは、特に里親への試し行動、そして思春期の里子の養育について取り上げます。

1. 里親養育初期の課題

1 里親養育がはじまった

　里親委託が決まり、マッチングを経ていよいよ里親養育がはじまります。はじめて里子を受託する場合、里親は大きな期待と不安がまじりあった緊張感のなかでその日を迎えることになります。多くの里親は、受託する里子がこの家になじんでくれるのだろうかと心配します。しかし、どれだけ長期にわたってマッチングをていねいに行ったとしても、慣れた施設から泊まりにくるのと、里親宅で新しい生活をスタートするのとでは大きな違いがあります。乳児院の子どもの場合も、乳児院側も、子どもが小さいながらも覚悟を決められるように話しきかせます。子ども自身も新しい生活への緊張感をもって、里親宅にやってくるのです。

　また、近年では学童期や思春期の子どもが、児童相談所の一時保護所から里親委託になるケースが増加しています。虐待などの不適切な養育の結果、児童相談所に保護され、家庭に戻るのではなく里親委託になった子どもは、里親とのマッチングを短期間でせざるを得ません。そのため、お互いにまったく知らない関係からのスタートになることもあります。この状況は大きな緊張感を里親宅にもたらします。

　このレッスンでは、筆者の施設職員、そして里親としての経験もふまえながら、里親養育の実際を紹介していきます。

2 里親への試し行動

　里親宅にきたはじめての夜のことを鮮明に覚えている里親、里子は多いものです。里子が小さい場合は、新しい環境への不安から泣き叫ぶ子どももいます。また、思春期の子どもであっても、ベッドで静かに泣いていることもあります。皆、新しい環境に慣れるために必死なのです。

しかし、一夜明けた次の日から、昨晩のことはなんだったのかと思うほど、子どもが里親宅の生活に適応することがよくみられます。これを新しい環境への**過剰適応**＊といいます。しかし、これは過剰に適応しているだけなので、長くは続きません。「あれ、聞いていたよりもスムーズに生活ができているな」「とってもいい子だな。手がかからなくてよかった」というような会話を里親夫婦で交わすようになったある日（だいたい委託後1、2週間）、子どもたちは豹変していきます。聞き分けがいいと思っていた子どもが、全然いうことを聞かなくなります。小さい子どもの場合、パンならパンだけ、ふりかけごはんなら同じ種類のものだけといったように一つのものしか食べなくなったり、しきりに抱っこをせがんだり、ごみや食べ物をぶちまけたりすることがあります。また、里母の後追いをしつこくする場合もあります。「自分はどこまで許されるのだろう」「どこまで受け入れてもらえるのだろう」と、里親をまるで試しているかのような振る舞いをします。これを里親への**試し行動**といいます。試し行動は多かれ少なかれ、すべての子どもにみられます。いわば、これは新しい子どもを迎えた里親家族が新しい家族へと変化するプロセスなのです。

このとき、実子やほかの里子がいる場合、新しくきた子どもだけではなく、今までいた子どもたち全員にも影響がみられることがあります。弟や妹ができたと喜んでいたはずなのに、今までいた子どもたちから新しくきた子どもへの不満の声が漏れるようになったり、ときには、里親への反抗的な態度やいじめのような行動をしたりする場合もあります。家族に新しいメンバーが加わることによる人間関係の変化は、家族全員に何がしかのストレスを与えることになるのです。

また、年少の子どもの場合は、まず間違いなく赤ちゃん返りをします。一人でおしっこができていた子どもがおもらしをして、おむつが必要となったり、また哺乳瓶を使うようになったりします。さらに、赤ちゃんのような話し方に戻ってしまう子どもも多くいます。これはまるで、新しい家族のなかで、育ち直しをしているプロセスのようにみえます。

試し行動に直面したとき、多くの里親は頭のなかで、「これが研修で講師が言っていた試し行動だな」と理解し、講師からの「どんな行動も受け入れてください」との言葉を思い出して、「そうしよう」と努力します。しかし、どんなに努力しても子どもの試し行動が収まらないとき、見えない出口に里親は不安感をもち、心身ともに疲れていきます。特に、子どもからの試し行動のなかに、**遺尿や遺糞**＊といったものが含まれる場合、試し行動を乗り越えるのにはより時間がかかり、また、里親の疲

＊ **用語解説**
過剰適応
まわりの環境に合わせすぎてしまうこと。相手に合わせるために、自分を押し殺してしまう状態。

参照
試し行動
→レッスン13

＊ **用語解説**
遺尿や遺糞
不随意に尿や便を漏らしてしまうことをいう。

95

弊度は高くなります。

　しかし、そのようなとき、里父と里母がよく話し合い、新しい協力関係をつくることができれば、里子を含んだ新しい家族の新たな一歩を踏み出すことができます。また、このようなときは、児童相談所を含めたあらゆる機関に相談することも大切です。最近では**フォスタリング機関**として、里親をサポートしてくれるところも増えています。そうしたところに相談しながら、試し行動が終わるのを待ちます。

　「子どもの試し行動はいつ終わるのですか」との質問を里親からよく受けますが、いつ終わるとは具体的にはいえません。「そういえば、最近怒ることが減ったな」「そういえば、最近いい子にしているな」のように、「そういえば」というのが一つのタイミングなのかもしれません。しかし、試し行動も、いつかはなくなります。筆者の経験では、委託されて6か月くらいが一つの目安かと思います。

　ここまでは、年少の子どもの場合を紹介しました。次に思春期の子どもの場合を紹介します。

3　思春期では

　思春期の子どもも、小さい子どもと同様に赤ちゃん返りを起こします。しかし、小さい子どものように本当に赤ちゃんになるわけにはいきません。そのため、ほかの手段で大人からの関心を引こうとします。食事に手をつけず、お菓子や果物など好きなものだけを食べたり、なにかにつけて、反抗的な態度をとったりします。また、自分が以前いたところと比較し、「あっちはよかった。ここは最悪だ」などと言うこともあります。里親としては、思わず「じゃあ、帰ったら」と言ってしまいそうになりますが、この言葉だけは禁句です。それは、子どもたちの「見捨てられるのではないか」との不安を高めることになり、もっと大きな反抗や反発を引き出しかねないからです。

　思春期の子どもの場合、児童相談所から聞いていた情報と、家での里子の態度や行動がまったく違うと感じる里親が多いようです。里親宅では**一時保護所***ではみせなかった表情をみせるのです。これは、里親に対する期待感があるのと同時に、小さい子どものケースと同じく、「どこまで許されるのか」を試しているプロセスでもあります。しかし、部屋に引きこもってしまったり、逆に家に帰ってこなかったりするなどの問題行動が頻発してくると、里親の疲弊度は高まります。小さい子どもの場合、里親は体力的なしんどさを感じることが多いのですが、思春期の子どもの場合は、心理的に追い詰められることが多くなります。

参照
フォスタリング機関
→レッスン29

*用語解説
一時保護所
児童相談所に付設する施設。保護が必要な児童を一時的に預かる。入所理由は虐待のほか、非行や障がい、親の死亡や病気などによる。入所期間中に児童の行動観察を行い、必要に応じて里親委託や施設等の入所等の措置を決める。入所期間は原則2か月を超えないとされている。

　また、厚生労働省の「児童養護施設入所児童等調査結果の概要」によると2018（平成30）年2月1日現在で、里親委託児童のうち、被虐待経験のある子どもの割合は38.4%です。また、**ファミリーホーム**＊に関しては、53.0%の子どもに被虐待経験がありました。このように被虐待経験をもつ子どもが多くなってきています。そして、このような経験は、子どもの心身にダメージを与えます。被虐待経験が子どもへ与えるダメージで最も顕著なものは、虐待を経験した子どもの多くに人を信じる力が育っていないということです。つまりは**基本的信頼感**＊の獲得ができていないのです。そのため、里親がいかに子どもたちとよい関係をつくりたいと努力しても、子どもたちからの反応はよいとはいえない場合も多いのです。子どもからの信頼感を得ること、つまり、子どもに信じてもらえる存在になること、これは普通でも難しいことです。それに加え、被虐待経験から人への不信感が根深くある場合、ゼロからのスタートではありません。むしろマイナスからのスタートなのです。だからこそ、里親の支援をどのように行うのかが、今後の重要な課題となります。

4　里親養育を楽しむ

　第2、3項では、試し行動を中心に里親養育について紹介しました。里親養育の困難さを強調しすぎたかもしれませんが、これらは実際に起こっていることなのです。しかし、だからといって里親養育がつらいことの連続なのかというと、そうではありません。多くの里親が、子どもを育むことの喜びを味わっています。だからこそ、4,000を超える里親世帯が里子を養育しているのです。実際、筆者らが実施した調査[†1]では、里親の幸福度が高いことが示されました。里親の幸福度を「現在、あなた自身はどの程度幸せですか。『とても幸せ』を10点、『とても不幸』を0点とすると、何点くらいになると思いますか」という質問項目で評価してもらいました。その結果、平均値は8.2点と非常に高い幸福度が示されました。ちなみに、2011（平成23）年に国民を対象に内閣府が行った調査では6.4点となっており、一般国民と比較しても幸福度が高いことが示されました。このことから、里親が里子を養育することに、高い喜びを感じているといえるのではないでしょうか。

　しかし、里親全体の幸福度の高さが示された一方、思春期の里子をもつ里親の幸福度の平均値が、少し低いことが分析によりわかりました。そして、里子を養育することへの精神的、経済的な負担をより感じているという結果が得られました。これはなぜ起こったのでしょうか。次に、このことについて考えていきます。

✳ 用語解説

ファミリーホーム
厚生労働省が定めた第二種社会福祉事業で「小規模住居型児童養育事業」を行う住居。家庭環境を失った児童を経験豊かな里親等の養育者がその家庭に迎え入れて養育する「家庭養護」である。5～6名の児童を預かる。

基本的信頼感
自分が他人から愛されて、大切にされているという感覚のこと。発達心理学者で精神科医のエリク・H・エリクソンが提唱した概念。乳児期における発達課題とした。生きていて大丈夫だという信頼感や自己肯定感が、やがて自分が本当の自分であるという感覚を養う基礎になるという。

▶ 出典

†1　伊藤嘉余子ほか「里親家庭における養育実態と支援ニーズに関する調査研究事業報告書」（平成29年度厚生労働省子ども・子育て支援推進調査研究事業）2018年

2.　里子特有の思春期の課題

1　思春期の難しさ

　思春期と聞くと、どのような印象をもたれるでしょうか。多くは、「反抗期」を思い浮かべるのではないでしょうか。思春期はどの子どもでも対応が難しいのですが、里親養育では、さらに難しくなります。それは、里親養育には養育をより難しくする固有の課題が存在するからです。里親養育における一番の特徴は、中途からの養育であるということです。里親・里子で共有することができない過去が必ず存在するため、実親子では生じることがない課題が発生してきます。最も多いのが、子どもの「自分の本当のお父さん、お母さんは誰なのか」といった、**自分のルーツ**を知りたいというものです。里親からすれば、「自分たちがいるのだから、実の親のことなんてどうでもいいじゃないか。忘れなさい」という気持ちをもってしまいがちですが、子どもにとっては、生みの親は生みの親なのです。自分が誰から生まれたのかを知ることが重要なのです。自分のルーツを確認したいという気持ちは、思春期になるとほとんどすべての子どもたちがもつようです。これは、将来への不安からくるのではないかと考えられます。「自分がきた道がわからなければ、どこに行くのかもわからない」と感じているのではないでしょうか。また、この課題は、思春期になって里親委託になった子どもにも生じます。「なぜ自分は虐待を受けたのか」「なぜ里親宅にこなければならなかったのか」という、自分がどのように生きてきたのかといった生い立ちの整理は、子どもの健全な成長そして自立にとって重要なものとなります。

　思春期の子どもたちは、将来への不安からさまざまな問題を起こすことがあり、それが里親にとって大きな負担になることもあります。

2　義務教育後の教育費の負担

　筆者らが実施した調査[2]において、思春期の里子を養育する里親が経済的な負担をより感じていることが示されたと述べましたが、このことについてもふれておきます。

　義務教育までの教育費については、措置費での全額負担となり、里親のもち出しはありません。それは幼稚園・保育所でも同じです。しかし、義務教育が終了し高等学校に進学した場合、措置費での全額負担とはなりません。**特別育成費**という費目で、公立高校ではひと月約 2 万3,000円、私立高校で約 3 万3,000円が支払われます。また、入学時の準備費とし

参照
ルーツ探し
→レッスン15

▶出典
†2　†1と同じ

◆補足
特別育成費
2018（平成30）年 6 月現在の特別育成費の金額を示している。

て措置費で支払われるのは、6万円のみです。家と学校との距離にもよりますが、定期代などの出費を考えると、公立高校でもぎりぎり足りるか足りないくらいかになってしまいます。ましてや、私立高校の入学時に払うお金の平均が50万円、月々の学費の平均が5万円であることを考えると、里親の経済的な負担は非常に大きなものになります。高校進学があたりまえの時代、里親は無理をしてでも里子を高校に行かせたいと考えます。里親に個人的な負担を強いている現在の状況をみると、制度としての里親養育において公的な保障が十分でないことは、大きな課題であるといえます。

演 習 課 題

①里親の幸福度が一般的な事例に比べて高いとの調査結果を紹介しましたが、なぜこのように里親の幸福度が高くなったのでしょうか。その要因を考え、グループで話し合ってみましょう。

②思春期はどの子どもでも難しいということでしたが、皆さんの反抗期はどのようなものだったのでしょうか。当時を振り返ってみてどのように思うか、グループで話し合ってみましょう。

③もし、あなたの生まれ育った家庭に里子が新しく加わることになったら、どのように思いますか。グループで話し合ってみましょう。

里親が直面するニーズ

このレッスンでは、里親が里子の養育を行う際に直面するニーズについての学びを深めていきます。子育てにまつわる里親のニーズを紹介するとともに、これからの里親養育支援の方向性について考えます。里親養育の特有のニーズについては、「中途養育」「反応性愛着障害」から整理し、紹介します。

✳ 用語解説
ニーズ
「必要性」と訳される概念で、何らかのことを成し遂げるために必要とされるものである。子育てのニーズとは、子育てをするうえで何らかのことを成し遂げるために必要とされるものである。つまり、子育てのニーズとは子育てをするうえで必要とされるものとなる。

子ども・子育て関連3法
「子ども・子育て支援法」「就学前の子どもに関する教育、保育等の総合的な提供の推進に関する法律の一部を改正する法律」「子ども・子育て支援法及び就学前の子どもに関する教育、保育等の総合的な提供の推進に関する法律の一部を改正する法律の施行に伴う関係法律の整備等に関する法律」を指す。

▶ 出典
†1　伊藤嘉余子ほか「里親家庭における養育実態と支援ニーズに関する調査研究事業報告書」(平成29年度厚生労働省子ども・子育て支援推進調査研究事業)2018年

1. 子育てのニーズ

　里親が直面する**ニーズ**✳と聞くと、里親養育の特有のニーズが注目されがちですが、一般的な親と同じニーズが里親にもあります。それは、里親も一般的な親と同じように地域で子育てをするからです。しかし、現在の日本において地域で子育てをすることは容易ではなく、子育て支援の充実が、重要な課題の一つとなっています。

　2015(平成27)年4月に**子ども・子育て関連3法**✳に基づく「子ども・子育て支援制度」が施行されました。新制度では、幼児期の学校教育・保育、地域の子ども・子育て支援を総合的に推進することにより、すべての子どもが健やかに成長できる社会の実現を目指していますが、そのすべての子どものなかに里子も含まれていなければなりません。地域で受けられる子育てサービスを里親も積極的に活用しなければ、これからの里子養育は難しくなります。

　イメージとしては、里親養育のニーズは2階建ての構造のようなものです(図表15-1)。1階部分は地域で子育てをするうえで生じるニーズ、そして2階部分が里親養育特有のニーズです。ここで強くいいたいのは、地域での生活が守られてはじめて、里親家庭がもつ里親養育特有の課題に取り組めるということです。もちろん、1階部分のニーズと2階部分のニーズは別々に存在するのではなく、相互に関係し合っています。しかし、里親養育に特有のニーズばかりに注目するあまりに、地域での暮らしへの支えの必要性が軽視されることがあってはなりません。

　現在、共働き家庭は増えています。その傾向は里親にも当てはまります。筆者らが行った調査†1によりますと、里母のうち、無職(専業主婦を含む)の割合は46.3%で、**何らかの形で働いている人の方が多い**(49.1%)ということが示されました。2002(平成14)年から里親も保

図表 15-1 里親養育のニーズ

```
             2階　里親養育に特有のニーズ
例：子どもへの真実告知（ライフストーリーワーク）
    実親との交流
    被虐待体験から生じたトラウマへのケア
    養子縁組の相談

           1階　地域で子育てをするうえで生じるニーズ
例：保育・学校・医療等に関するニーズ
    子どもの年齢や発達段階に応じた関わり
    子育てに関する愚痴や共感
    障がいのある子どもの養育相談
```

◆補足
里母の勤務状況
正社員が11.6%、自営業が11.5%、そしてパート・アルバイトといった非正規雇用で働く人が26.0%であった。これら3つを足すと49.1%となる。

育所や放課後児童クラブといった子育てサービスを利用できるようになりましたが、里親制度ができたのが1948（昭和23）年の「児童福祉法」施行のときです。実に50年以上にわたって、里親にも保育所などの地域の子育てサービスが必要であるという認識をもつことができなかったことが示されているといえます。万能な人ばかりが里親になっているのではなく、普通の大人が里親になっていることを認識する必要があります。

2. 里親養育に特有のニーズ

　地域で子育てをするうえで、一般的な親のもつニーズに注目することの重要性を述べてきましたが、里親養育を考えるのなら、子育てニーズの2階部分である里親養育特有のニーズを無視することはできません。ここでは、里親養育に特有のニーズについて、「中途養育」と「反応性愛着障害」から考えていきます。

1 中途養育

　レッスン14でもふれていますが、里親養育における一番の特徴は中途からの養育であるということです。そのため、里親・里子で共有することができない過去が必ず存在します。思春期になると、実親との交流がまったくない場合、自分の本当の親は誰なのかといった、里子自身のルーツ探しに関する悩みをほとんどの里子がもつようです。また、本当の親子ではないという関係から、里子の自立、そしてアフターケアをどのようにするのかという課題が生まれてきます。以下、「ルーツ探し」「自立」「アフターケア」について考察していきます。

①ルーツ探し

　実親との交流がまったくない場合、里子自身のルーツ探しは非常に大きな課題となります。日本では、長期養育の里親が養子縁組の代替養育をしていることが多く、実親をまったく知らない里子が少なくありません。そして、自分は何者で、どう生きていけばよいのかというアイデンティティの悩みを抱える思春期において、「実親のことを知りたい、そして会ってみたい」という気持ちが出てくるようです。これは自分の将来への不安から生じると考えられますが、里子の成長にとって非常に重要なものです。

　また、このことは、子どもの知る権利の保障にも密接に関わってきます。**「児童の権利に関する条約」**（子どもの権利条約）では、**第 7 条**に「自分の親が誰であるかを知る権利」、そして**第 8 条**に「自分のアイデンティティを保持する権利」が規定され、自分が誰から生まれ、どういう事情で親から離されたのかを知る権利（自分の出自を知る権利）が保障されています。里親制度が進んでいるイギリスでは、1989年に親元から離れて暮らす子ども全員に、生い立ちの整理を行う**ライフストーリーワーク**の実施が法律により義務づけられました。日本においてもライフストーリーワークが紹介され、児童養護施設を中心に広がりはじめています。里親にもぜひ学んでほしいものです。

②自立

　里親養育は制度なので、委託が解除される日が来ます。一般的には「児童福祉法」で児童と定められている18歳になった春に、委託が解除されることになります。18歳になった春という意味は高校を卒業するまでは措置が延長されるということです。また、大学等に進学している場合は20歳まで措置を延長することができます。里親の養育期間が終了すると里子は里親宅から自立し、自分で生活していくこととなります。委託解除後は公的な支援がなくなります。委託解除後の生活をどのように営むのかを里親、里子、そして児童相談所、場合によっては実親も加わり、慎重に話し合う必要があります。現在では、20歳までの措置延長が認められているので、18歳の春に措置が切れるわけではなく、里親委託を継続することができます。しかし、それにもリミットがあることを意識しておかなければなりません。自立後は、進学や就職時の保証人に誰がなるのかということが、重要な問題となります。これまで里親は、「保証人になって大丈夫かな」と不安に思いつつも、保証人になることが多かったようです。しかし、今後里親委託が増加し、家庭から、それも思春期以降での入所のケースが増えることを考えると、この保証人に誰が

なるのかをより慎重に考えなければなりません。保証人を保障する制度の必要性について国へもっと強く要望していかなければなりません。

③アフターケア

　児童養護施設を中心とする社会的養護出身者の多くが、退所後にさまざまな困難に直面しています。社会的養護退所者は18歳で措置を解除されたあとは、「自立を見守り、物心共に援助し、失敗した時の受け皿となる家族」の代わりとなる人や場所を、自らの力で確保していかなければなりません[2]。しかし、さまざまな事情から社会的養護で育った子どもの多くは対人関係に不安を抱えており、新しい人間関係の構築がうまくできないケースがしばしばみられます。里親の多くは、里親宅を巣立った里子の実家のようになりたいと思っており、また里子も里親宅へと里帰りしています。しかし、十分な自立の用意ができずに委託解除に至った場合、里親は「里子とどこまで関わったらいいのか」と当惑を感じることもあるようです。

　また自立には、「日常生活自立」「社会生活自立」「経済的自立」の3つのレベルがあります[3]。里子がこれらの自立ができるように支えていくには、アフターケアが重要です。しかし、それに対応するには里親だけでは不十分なことが予想され、里子のアフターケアに関しての制度の充実が望まれます。

▷出典

†2　宮本みち子『若者が無縁化する──仕事・福祉・コミュニティでつなぐ』筑摩書房、2012年

▷出典

†3　白井絵里子「いま日本で若者が自立するということ」『里親と子ども』8、2013年、26-31頁

2　反応性愛着障害

　レッスン14でもふれましたが、近年、里親やファミリーホームに入所する子どものうち、被虐待経験をもつ子どもが増加しています。被虐待経験をもつ子どもの増加は、子どもの養育を難しくさせます。それは、児童虐待の環境は子どもの発達にダメージを与えるからです。児童精神科医の杉山は、被虐待経験をもつ子どもの特徴として、知的には**境界線知能**を示す者が多く、学習に困難を抱えることが多いこと、また多動性行動障害を呈する者が多く、衝動のコントロールが不良で、ささいなことからパニック行動が生まれやすいことなどをあげ、発達障害者によくみられる特徴を、被虐待経験をもつ子どもにも呈することを指摘しました[4]。そして、この被虐待経験により生じたと考えられる症状を、反応性愛着障害とよびます。

　では、この反応性愛着障害はどのようにしてつくられていくのか、簡単に解説します。被虐待経験の子どもへのダメージで一番深刻なのは、虐待を受けた子どもに人を信じる力が育ちにくいということです。人の心の発達を8段階に分けて整理したドイツ生まれの精神科医エリクソ

▶参照

境界線知能
→レッスン22

▷出典

†4　杉山登志郎『子ども虐待という第四の発達障害』学習研究社、2007年

ンは、人の成長の一番の基礎に、人を信じる力である基本的信頼感の獲得をあげました。基本的信頼感は日常生活の単純な営みにおいて獲得されるものです。乳児は自分の世話を自分ですることはできません。ただできるのは、空腹やおむつを替えてほしい、寒い、気持ちが悪いといった不快な気持ちを、泣いて伝えることです。そのため、乳児は一日に何回も泣いて、不快のサインを伝えていきます。養育者は乳児の不快を取り除こうと、このサインに応えていきます。これは養育者にとって簡単なことではありません。しかし、このやりとりを通し不快から快に戻してもらえる経験を繰り返すことで、不快を訴えると快にしてくれる養育者に対しての信頼感が生まれてくるのです（図表15-2）。ところが、児童虐待を受けた子どもは、この大事な体験を奪われることになり、一番愛されるべき親からの児童虐待は、この快と不快の往復の経験を阻害してしまうのです。

　基本的信頼感の獲得の次のステップは、自律性（セルフコントロール）の獲得です。しかし、児童虐待を受けた子どもは、自律性の獲得も難しいことがあります。それは、基本的信頼感には他者を信頼する力と自分を信頼する力という二方向があり、自分を信頼できなければ、自分をコントロールすることは難しいからです。児童虐待を受けた子どもはキレやすくなることも知られており、基本的信頼感という発達の一番の基礎部分へのダメージは、発達課題を順番に獲得していくというステップを難しくしてしまうのです。

　もちろん、すべての障がいが児童虐待により生まれたわけではありません。先天性のものも多く、障がいを児童虐待のみに結び付けるのは大きな誤解を生み出します。しかしながら、実際に被虐待経験をもつ子どもの養育の難しさを感じている里親も増えてきており、里子を理解するために児童虐待、そして反応性愛着障害についての知識などをもつことが里親に求められています。

　厚生労働省の統計[5]をみると、里親委託児童の24.9%、そしてファミ

▶出典

†5　厚生労働省「児童養護施設入所児童等調査結果の概要（平成30年2月1日現在）」2020年

図表15-2 基本的信頼感の獲得プロセス

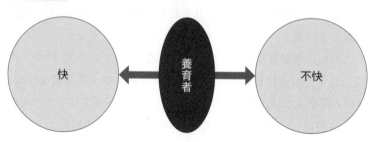

リーホームの46.5%の子どもに障がい等があることが示されました。障がいの内訳をみると、知的障害の割合が一番高かったものの、注意欠如・多動性障害（ADHD）や広汎性発達障害といった発達障害をもつ子どもが委託されていることが示されました。そして、この障がい等をもつ子どもの割合は年々増加しています。

　杉山は被虐待経験をもつ子どもの養育に必要なものとして、以下の4つをあげました[6]。①安心して生活できる場の確保、②愛着の形成とその援助、③子どもの生活・学習支援、④被虐待経験からもたらされるフラッシュバックや解離への対応を中心とした心理治療です。ポイントは被虐待経験をもつ子どもが健康な人との絆を形成することです。そのために必要なのは、特定の養育者と個別・継続的な生活を営むことです。個別・継続的な生活の営み、これは、施設に比べると里親にアドバンテージがあります。被虐待経験をもつ子どもの増加により、里親養育のよさと難しさがますます明確化されてきているように思われます。

▶出典
†6　†4と同じ

3. これからの里親支援の方向性

　地域での子育てを難しくさせる一番の要因は、地域からの孤立です。里親養育でも同じことがいえます。養育が難しい里子を地域から孤立した里親が養育することがないよう、「里親養育制度をチームワークで」という言葉が聞かれるようになりました。個人的な養育になりがちな里親を、チームで支えるというイメージです。ここでいう「チーム」とは、里子を中心として、育ちの場である里親家庭を孤立や個人的な養育に陥らせることなく、里子や里親のニーズに応えるためのものを地域社会から里親家庭につなぐ役割の担い手に、里親家庭が所属感をもてる関係のことを意味しています[7]。

　このようなチームをつくるための具体的な試みとして、里親応援ミーティングを実施する自治体がでてきました。里親応援ミーティングとは、里親を含めた関係者が一堂に会して、ケースの概要について正しい情報の共有を行い、里親と子どもの生活について理解したうえで、養育支援のための具体的な方法や役割分担について確認する有効な会議です[8]。メンバーは里親、市町村福祉担当課、保育所・幼稚園・学校等の里子の所属機関、児童相談所、里親支援専門相談員などです。里親応援ミーティングを開くことにより、里親が地域にいる里親養育支援メンバーを認識する機会となり、里親養育支援を受けやすくなったことが報告され

▶出典
†7　渡邊守「養育里親制度におけるチーム養育」宮島清・林浩康・米沢普子編著『子どものための里親委託・養子縁組の支援』明石書店、2017年、123-133頁

†8　河野洋子「委託時と委託後初期の支援」宮島清・林浩康・米沢普子編著『子どものための里親委託・養子縁組の支援』明石書店、2017年、164-175頁

ています。今後、こういった取り組みが全国に拡がることが望まれます。

┌───────────┐
│演│習│課│題│
└───────────┘

①保育所や放課後児童クラブといった子育てサービスを里親が利用でき
　るようになったのは、里親制度ができてから約50年後の2002（平成
　14）年です。なぜ里親がこのような子育てサービスを使えない状態
　が、長く続いたのでしょうか。また、どのようなことがその状態を招
　く要因になったのでしょうか。グループで話し合ってみましょう。

②生い立ちの整理の方法として、ライフストーリーワークがあります。
　現在、児童養護施設を中心に広がりをみせていますが、このライフス
　トーリーワークについて調べてみましょう。

③最近では、里親応援ミーティングが各地で開催されているようです。
　里親応援ミーティングについて、インターネットなどを使って調べて
　みましょう。

里親支援事業の概要

このレッスンでは、里親の普及啓発から里親の選定、里親と子どものマッチング、子どもの養育計画立案、委託後の支援まで一貫した「里親支援」を担う、「里親支援事業」の概要について学びます。施設養護と違い里親家庭による養育は、閉鎖的で孤立しやすいという特性やリスクがあります。里親養育が「ひらかれた養育」になるようさまざまな働きかけが必要です。

1. 里親支援事業の目的

すべての子どもは、適切に養育され、その生活を保障されること、また心身の健やかな成長・発達、自立が図られるなど、あらゆる福祉を平等に保障される権利をもっています。しかし、子どもが生まれた家庭で養育されることが困難、または適当でない場合には、家庭における養育環境と同様の養育環境において継続的に養育されるように、里親や養子縁組、小規模住居型児童養育事業（ファミリーホーム）への委託をいっそう推進することが重要であるとされています。

里親や養子縁組など家庭養護を推進するために、国は「**新しい社会的養育ビジョン**」において、里親委託率50%という高い目標値を設定しています。しかし、単に里親家庭への養育委託を増やしていくだけではなく、あわせて、里親家庭への支援を充実させていくことが必要です。

里親支援事業は、里親等への委託を推進するために、里親の普及啓発から、マッチング、委託後の支援など一貫した里親支援を総合的に実施することを目的として整備された事業です。

参照
新しい社会的養育ビジョン
→レッスン2

2. 里親支援事業のレパートリー

里親支援事業（現：里親養育包括支援事業、図表16 - 1）には、大きく以下の5つがあります。
①里親制度等普及促進事業
②里親委託推進等事業
③里親トレーニング事業
④里親訪問等支援事業

➕補足
里親支援事業
2018年度には厚生労働省通知「『フォスタリング機関（里親養育包括支援機関）及びその業務に関するガイドライン』について」によって、里親支援事業が再編成され、里親養育包括支援（フォスタリング）事業となった。
→レッスン10

図表16-1 里親支援事業の内容

実施主体		都道府県、指定都市、児童相談所設置市 （事業の全部又は一部を里親会、児童家庭支援センター、児童養護施設、乳児院、NPO法人等に委託可）	
事業内容	里親制度等普及促進事業	○講演会や説明会の開催等による養子縁組制度及び里親制度の普及啓発 ○養育里親、専門里親、養子縁組里親に対する研修の実施 ※ファミリーホームの養育者及び補助者も可能な限り養育里親研修又は専門里親研修を受講できるよう配慮 ※養子縁組里親への登録を希望しない養親希望者についても、講演会等や各種研修に参加できるよう配慮	
	里親委託推進等事業	○子どもと里親とのマッチング ○里親又はファミリーホームに委託された子どもに係る自立支援計画の作成、見直し	＜実施体制＞ ・里親等委託調整員 ・委託調整補助員
	里親トレーニング事業	○未委託里親へのトレーニングの実施 （事例検討・ロールプレイ、講義、施設及び他の委託里親宅での実習） ※施設における実習は、施設に配置された里親支援専門相談員と連携して実施することで、里親と里親支援専門相談員との関係性構築も目指す	＜実施体制＞ ・里親トレーナー
	里親訪問等支援事業	○里親、ファミリーホーム、養親又は養親希望者（以下「里親等」という。）への訪問支援 ○里親等による定期的な相互交流の場を設け、情報交換や養育技術の向上を図る	＜実施体制＞ ・里親等相談支援員 ・心理訪問支援員（加算）
	共働き家庭里親委託促進事業	○共働きの里親家庭が相談しやすいよう、平日夜間、土曜、日曜、祝日の相談支援体制の整備 ○委託後一定期間取得可能な独自休暇制度や在宅勤務制度の導入など、子どもの養育と就業との両立が可能となる取組を企画し、民間企業等へ委託して実践、分析、検証の実施	

出典：厚生労働省子ども家庭局家庭福祉課「社会的養育の推進に向けて」2017年

⊠ 用語解説

里親支援機関（Ａ型）
「広域型里親支援機関事業（事業委託契約）」のことであり、里親支援機関としてリクルートから委託後支援まで一貫して支援する。

➕ 補足

里親支援機関（Ｂ型）
「地域型里親支援機関」であり、たとえば、里親支援専門相談員が配置された乳児院や児童養護施設、子ども家庭センターなどである。

⑤共働き家庭里親委託促進事業

　いずれの事業も実施主体は、都道府県、指定都市、児童相談所設置市となっていますが、事業の全部または一部を里親会、児童家庭支援センター、児童養護施設、乳児院、NPO法人などに委託することができます。

　「里親支援事業実施要綱」によると、都道府県は、ここに掲げた里親支援事業を実施する際、委託先を**里親支援機関（Ａ型）**＊として指定するとされています。以下、一つひとつの事業の概要についてみていきましょう。

1 里親制度等普及促進事業

①事業の目的

　里親制度や養子縁組制度の普及や里親委託の推進のためには、里親制度などへの社会の理解を深め、広く一般家庭から里親や養親になりたいという希望者を募ることが必要になります。また、社会的養護を必要とする子どもが、家庭と同様の養育環境のなかで、安心・安全に生活できるよう、支援することが重要になります。

　里親制度等普及促進事業では、一般家庭に対して、里親や養親による講演や説明を行い、里親養育や養子縁組、社会的養護を必要とする子どもに対する理解を深めるとともに、里親研修を実施することによって、里親の養育力の質的向上を図ることを目的としています。

②事業の内容

1）普及啓発

　里親経験者や養親による講演会、里親制度の説明会などを積極的に実施したり、里親制度等に関する広報活動を行うことによって、養育里親や養子縁組里親の開拓を図ります。

2）里親研修

　養育里親、専門里親、養子縁組里親など、里親種別ごとに必要な研修を行い、養育力の向上を目指します。

インシデント　民間機関による里親普及啓発活動の効果

　大阪府にある人口約40万の市で一年間かけて、里親のリクルーティングから支援まで包括的に行いました。リクルーティングというと聞こえはいいですが、チラシ配布、ポスター貼り、ショッピングモールやスーパーでブースを借りた普及活動、インターネットでのアクセス数を増やすマーケティングなど、企業が新商品を宣伝するのと似たような手法で地道なキャンペーン活動を続けたのです。

　その結果、前年度まったく新規の養育里親登録がない地域だったにもかかわらず1年間で200件の問い合わせがあり、現在2家庭が登録となり12家庭が里親登録に向けたアセスメントと研修を受けてくださっています。

　この市の場合、広報活動だけで年間数百万円ほど使いました。しかし子どもたちの将来のことを考えると、その程度の金額はむしろ安いくらいです。というのも、社会的養護を経験した若者はその後、貧困というリスクを一般家庭の数倍も抱えているという現状があるのです。彼らが地域社会の一員となれるよう、誤解を恐れずに言えば、一人の納税者となれるようにする活動の一部だと考えれば、十分効果的な数百万円の使い方だと思っています。

（特定非営利活動法人キーアセット代表・渡邊守）

出典:ハフポスト日本版編集部「日本で里親が増えない本当の理由、NPO法人キーアセットに聞く」The Huffington Post、2016年

2　里親委託推進等事業

①事業の目的

　里親での生活が必要かつ適切だと判断された子どもを里親に委託するにあたり、子どもと里親との交流や関係調整を十分に行い、子どもに最も適した里親とのマッチングを図ります。また、個々の子どもの状況や

背景をふまえ、適切に養育を行うための計画を作成し、子どもの最善の利益を図ります。

②事業内容

１）里親とのマッチング

　子どもに合った里親家庭の選定、委託に向けた調整や支援などを行います。

２）子どもの自立支援計画の作成

　里親に委託される子どもの養育内容や自立に向けた支援内容などについて記載した、自立支援計画を作成します。計画は定期的に見直します。

3　里親トレーニング事業

①事業の目的

　子どもが委託されていない、いわゆる「未委託里親」に対して、子どもを委託された際に直面するであろうさまざまな事象に対するトレーニングを実施し、養育の質を確保し、委託可能な里親の育成を図るものです。

　主な担当者として、「**里親トレーニング担当職員（里親トレーナー）**」が配置されます。

②事業内容

１）未委託里親の養育技術の習得度に応じて、以下の３つの研修を継続的かつ反復的に実施します。

　・事例検討・ロールプレイ

　・外部講師による講義

　・施設や養育受託中の里親家庭での実習

２）未委託里親の養育技術の習熟度を把握するため、トレーニングを修了した里親のリストを作成します。

4　里親訪問等支援事業

①事業の目的

　里親や養親が養育に悩んだ際には、一人で抱え込むのではなく、子育ての悩みを誰かに相談するなど社会的なつながりをもち、孤立しないことが重要になります。里親等相互の相談支援や生活援助、交流促進などをとおして、里親らの負担を軽減し、適切な養育を確保することを目指しています。

　主な担当者として、「**里親等相談支援員**」が配置されます。また、被虐待経験があるなど、特に専門性の高い支援を必要とする子どもには、

心理面からの訪問支援を行うため、**心理訪問支援員**を配置することができます。

②事業内容

1）里親らへの訪問支援

子どもを養育している里親からの相談に応じるとともに、定期的に里親宅を訪問し、子どもの状態の把握や里親らへの助言や支援などを行います。

また、円滑なレスパイト・ケアや子育て短期支援事業（ショートステイ・トワイライトステイ）を利用できるよう調整したりもします。

2）里親らによる相互交流

里親や養親、里親希望者などが集って養育について話し合ったり、相互交流を定期的に行うことにより、情報交換や養育技術の向上を図ります。

5 共働き家庭里親委託促進事業

共働き家庭里親委託促進事業を、図表16-2に示します。

> **補足**
> **心理訪問支援員の資格要件**
> 以下のいずれかに該当する者。
> ①学校教育法の規定による大学の学部で心理学を専修する学科若しくはこれに相当する課程を修めて卒業した者であって、個人及び集団心理療法の技術を有する者
> ②都道府県知事が①に該当する者と同等以上の能力を有すると認めた者

図表16-2 共働き家庭里親委託促進事業

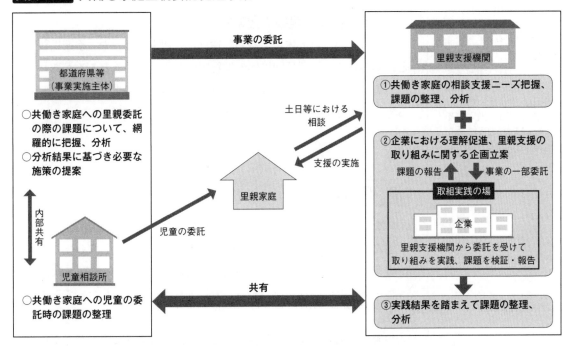

①の事業については、都道府県等・里親支援機関が企画立案・実践・分析を担当。
②の事業については、都道府県等・里親支援機関が企画立案、分析を担当し、実践は主に企業が担う。

出典：厚生労働省ホームページ「里親支援機関の拡充について」2017年をもとに作成

①事業の目的

　これまで、里親夫婦のいずれかは専業主婦／主夫であることが求められたこともありました。しかしこれからは、共働き夫婦が、里親として子どもの養育を担うことが増えていくことが予想されます。

　それに対して、里親支援機関における共働き家庭に対する相談体制を強化するとともに、官民が連携して里親委託と就業の両立を可能とする取り組みを試行的に実施することにより、共働き家庭における里親委託の促進を図っていきます。

②事業内容

　事業内容は下記のとおりです。

1）平日の昼間に相談することが困難な共働きの里親家庭に対して的確に相談支援を行うため、平日夜間、土曜、日曜、祝日の相談支援体制を整備します。

2）里親として委託を受けた一定期間に取得できる**独自の休暇制度**や在宅勤務制度の導入など、里親に委託された子どもの養育と就業との両立が可能になるような取り組みを里親支援機関が企画・立案します。その実践を民間企業等、雇用主に委託するとともに、取り組みの成果について里親支援機関と企業等で連携して分析・検証を行います。

❻　そのほかの里親支援事業

　上記のほか、自治体によっては独自に「週末里親」や「季節里親」など、国の定めた里親種別以外の里親制度を設けているところがあります。たとえば、大阪市では「週末里親事業」として、週末に里親を必要とする施設の子どもと里親とのマッチングなどの支援を行っています。

◆補足

独自の休暇制度

兵庫県明石市が、市職員を対象とした「里親休暇制度」を導入する方針を固めた（2018［平成30］年5月7日）。年5日間の休暇のほか、里親認定のための研修を勤務時間内に受けられる特例も設ける。2018年4月に中核市に移行した同市は2019年4月に児童相談所を開設し、親元で暮らせない市内の未就学児の里親委託率100％を目指しており、休暇制度を里親制度の普及につなげるのが狙い。こうした取り組みは全国初である。

演 習 課 題

①あなたの地域で開かれる「里親体験発表会」や「里親説明会」に足を運んでみましょう。そして感想を発表して皆で共有してみましょう。

②実子の子育て経験のある里親と、子育て経験のない里親では、支援ニーズにどのような違いがあるでしょうか。皆で話し合ってみましょう。

③共働きの里親家庭の支援ニーズとして、どのような内容が考えられるでしょうか。皆で話し合ってみましょう。

里子への支援

このレッスンでは、里親家庭に委託される子どもに対する支援について学びます。「里親支援」というと、「里親への支援」について議論されがちですが、里親家庭で育つ子どもに直接届く支援についてもしっかりと検討し、実践していく必要があります。

1. 里子の当事者組織：さくらネットワークプロジェクト（旧全国里子会）

さくらネットワークプロジェクトは、2001（平成13）年 4 月28日に発足しました。当初は**IFCO（国際フォスターケア機構）***が主催する研修大会に参加することを目的として組織化され、その際に日本代表として参加していた里親家庭で暮らす子どもたちによって設立されました。

さくらネットワークプロジェクトは、定期的にサロンを開催するなど、委託された子ども同士の交流・コミュニケーションの場を提供し、悩みや不安を共有し、分かち合いができるような活動をしてきました。

また、各地で行われる里親研修会などに参加し、里親の抱える悩みや心配に対して、委託された子どもの立場から意見を述べたり、子どもの観点からみた里親制度に対する疑問や考えなどを発表したりしています。

2. 里子への真実告知

1 真実告知とは

里親家庭で暮らす子どものなかには、「自分がなぜ生みの親と離れて、ここで生活しているのか」ということや「生みの親や家族は今どうしているのか」といったことについて、里親やソーシャルワーカーなどの大人に尋ねてはいけないと思っている場合が少なくないといいます。

真実告知とは、里子や養子に対して「私（里母）はあなたを産んでいないこと。産んでくれた親にはいろいろな事情があって、（今は）あなたを育てることができないこと。私たちはあなたを育てることを心から望んでいること。あなたは私たちにとって大事な存在であること」を子どもに伝え、生い立ちをともに受け止めていくことです。

※ **用語解説**

IFCO（国際フォスターケア機構）
（International Foster Care Organization）
1981（昭和56）年に設立された、フォスターケアの促進と援助を目的とした、世界で唯一の国際的ネットワーク機構。

参照

真実告知
→レッスン13

　里親家庭に委託される以前の、生まれた家庭での生活の記憶がある子どもについても、なぜ生みの親と離れて生活することになったのかや、現在の親の状況などを率直に子どもに伝えることも真実告知に含まれます。

2 ▶ 真実告知と「子どもの知る権利」

　真実告知は、児童相談所と里親とで協働して進めていくことになりますが、なかには「子どもに真実を伝えたくない」という里親もいます。特に、里子に生みの親の記憶がない場合などは、「わざわざつらい話を聞かせなくても……」と、真実告知に消極的になる里親もいるようです。

　しかし、子どもには「**自分の出自を知る権利**」があります。自分の出自を知ることは子ども自身がもっている権利なので、親がそれを奪うことはできません。

参照
子どもが自分の出自を
知る権利
→レッスン15

　里親や養親になると決めたとき、育ての親として子どものことを一番に考え、愛情をもってどんなことでも受け止める覚悟を決めていることでしょう。子どもが小さいころから年齢に合わせた方法で「真実告知」を行い、その生い立ちを「育ての親」として子どもとともに受け入れていく必要があります。また里親ソーシャルワーカーは、その真実告知のプロセスにおいて、里親・里子の双方を支えていくことが重要です。

3 ▶ 子どもにとっての真実告知

　里親や養親のことを生みの親だと思って生活してきた子どもにとって、「あなたには別に生みの親がいる」と伝えられることは、非常にショックの大きなことだと想像できます。

インシデント① 真実告知と「お誕生ごっこ」

　養育里親としてサクラちゃんを育てている佐藤さんは、サクラちゃんが小学校1年生になったときに児童相談所に行って、ワーカーさんと一緒に「あなたは2歳のときに家にきたんだよ。産んでくれたお母さんは別にいるんだよ」と真実告知をしました。

　サクラちゃんはとても驚くとともに、「そんなのうそ！　いや！」と激しく拒否をしました。しかし、佐藤さんが「お母さんが産んだわけではないけど、すっごくサクラちゃんのことが大好きで、これからもずっと一緒にいたいと思ってるんだよ」と何度も優しく繰り返して話すと、しぶしぶではありましたが少し納得した顔をして、佐藤さんと一緒に家に帰っていきました。

　その後、サクラちゃんは何度も佐藤さんに「お誕生ごっこして」とせがむようになり、毎日のようにベッドで佐藤さんのお腹から生まれるごっこ遊びをするようになりました。佐藤さんが布団をかけてベッドに横になり、布団の中にサクラちゃんが入ります。佐藤さんが「あー、赤ちゃんに早く会いたいなぁ」と言うと、うれしそうにサクラちゃんが「おぎゃー」といって布団から顔を出します。

　そんな毎日が2か月ほど続いたある日、サクラちゃんが寂しそうに「お母さん（里親である佐藤さん）大好きよ。だからやっぱりお母さんのお腹から生まれたかったな」と笑って、その次の日からは「お誕生ごっこ」をぱったりしなくなりました。

　真実告知は一度すれば済むというものではありません。また、唐突に「実は、本当はね……」とこれまでと違う話をすれば、「嘘をつかれていた」と子どもが感じてしまうことも考えられます。日々の生活のなかでていねいに伝え、子どもの思いを受け止め続けていくプロセスが大切になります。

　児童相談所や里親支援機関は、子どもの性格や状況、里親との関係をよく考えてから、いつ、どのように伝えるかを検討しなければなりません。子どもの受け止め方を確かめつつ、また成長に応じて、少しずつ内容を深めていくことが大切です。

3. ライフストーリーワーク

1　ライフストーリーワークとは

　「ライフストーリーワーク*」とは、子どもが「重要な他者」と一緒に、自分自身のこれまでの生い立ちを振り返り、自身の人生の物語をつくることで、今まで不安だったり疑問だったりしたことが、ストンと子どもの心に落ちてきて、今の生活に納得することができるようになっていくとともに、未来の人生を考えることができるようになるための手法です。つまり、里親や児童相談所のワーカーなど、子どもにとっての「重要な他者」と一緒に、自分がどこでどのように生まれたのか、生みの親の状況や、なぜ生みの親と離れて暮らすことになったのかなど、子どもにとっての人生の根幹にまつわる事実を共有することによって、「過去―現在―未来」をつなげていく取り組みだといえます。

　人は、過去の自分と現在の自分がつながっていないと、現在と将来を

✳ 用語解説

ライフストーリーワーク

1970年代にイギリスで始まり、1989年の「児童法」により、すべての社会的養護児童に対してライフストーリーワークを実施することが義務づけられた。なお、イギリスではライフストーリーワーカーという専門職がライフストーリーワークを行う。

つなぐことができません。なぜ生まれてきたのかという疑問から、「生きていてよかった」と思える現在までの事実を紡ぎ、変えられない過去を抱えつつ、「これからの人生をどう生きるのか」という未来を育ての親である里親とともに展望していくのです。

2　ライフストーリーワークの方法

ライフストーリーワークは「ライフストーリーブック」を用いて行われます。ライフストーリーブックとは、絵や言葉、写真や手紙、出来事などによってつくり上げる「子どもの生い立ちの記録」です。児童相談所のワーカーや里親など、信頼できる大人と一緒に子ども自身の手でつくっていきます。

ライフストーリーワークには、3 段階の方法があります。図表17‐1にあるとおり、日常生活のなかで、子どもの過去や生い立ち、実親の話題などにふれていくことが基盤となって、児童相談所などで行うセッション型、セラピー型のライフストーリーワークが可能になっていくといわれています。

ライフストーリーワークでは、大人は一貫して肯定的な態度をとります。子どもの生みの親について語るときには、真実を適切でやさしい言葉で話すように努めます。たとえば、子どもが虐待されていたという事実を伝えるのはとても難しいですが、嘘をつくことも救済にはなりません。子どもの年齢や発達に考慮しつつ、適切な表現で少しずつ情報を伝えていく必要があります。

図表 17-1 ライフストーリーワークのタイプ

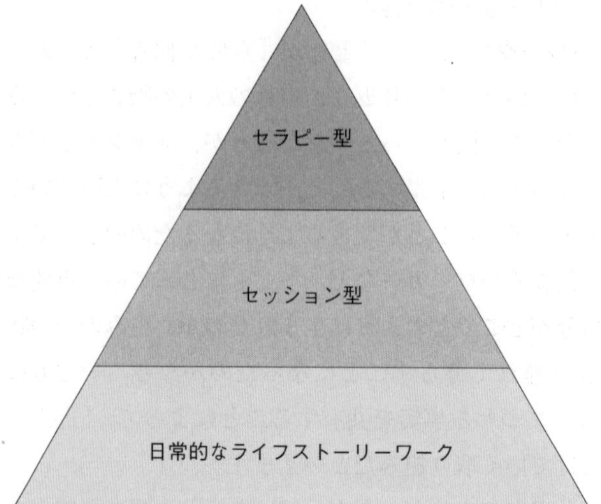

- セラピー型
- セッション型
- 日常的なライフストーリーワーク

4．里子の忠誠葛藤への理解と支援

　社会的養護の原則は、子どものアイデンティティの源である実親について、悪く言わないこと、否定しないことです。それはつまり、子どもの生命をこの世に送り出した人の存在を大切にすることが、子ども自身を大切にすることでもあるからです。

　子どもが委託された家庭になじみ、新たな養育者との情緒的関係が育ち始めると、「実親と里親のどちらかに忠誠心（信頼感）をもたなければならない」という気持ちがわきあがり、三角関係のような葛藤を抱くことがあります。これを**忠誠葛藤**（ロイヤリティ・コンフリクト）といいます。

　実親と交流をすることで、そのような葛藤を抱くこともありますし、交流がないなかで新たな養育者との関係を深める自分への迷いや不安、抵抗、自責の念などがわいてきます。また、実親のことを忘れたり、ときには事実とは違う、よいイメージだけで実親のことを理想化・空想化し、ファンタジーのように語ることもあったりします。

◆ 補足
忠誠葛藤
こうした忠誠葛藤は、ステップ・ファミリー（離婚してどちらかに引き取られた子どもを連れて再婚した家庭）にも、離婚し別居しているもう一人の親に対する遠慮や葛藤として現れることがある。

インシデント②　2人の「お母さん」

　山口さん夫婦は、タケシくんが1歳のときに里子として迎え、自分たちのことを「お父さん、お母さん」とよばせて育てました。そして、タケシくんが4歳になったとき、児童相談所と相談して真実告知をしました。

　それから数日、タケシくんは何となく元気のない様子にみえました。山口さんが「どうしたの。今の気持ちを何でもいいからお母さんに話してみて」と声をかけると、タケシくんはワッと泣き出し、「もうお母さんのことを"お母さん"ってよべない」と言いました。

　タケシくんが悩んでいるのを知り、山口さんは家族で話し合いました。その結果、山口さん夫婦のことはこれまで通り「お母さん、お父さん」、実母のことを「ママ」とよぼうということになりました。

　その後、日常のなかのふとした場面で、「ママ、どうしているかな」「ママは何色が好きなのかな」「ママのつくるご飯もおいしいかな」などと、タケシくんから実母のことを気にする発言がでるようになりました。

　　子どもは、多様な分離・喪失体験を重ねてきています。そのことを考えると、子どもの気持ちが揺れることは悪いことではなく、自然で意味があることとわかります。ときには、喪失からくる怒りや不安、痛みなどを訴えることもあります。子どもの気持ちに養育者が寄り添い、一緒に揺れ動きながら受け止めることが、子どもとの関係を深めることにつながっていきます。

　　しかし、里子のこうした「忠誠葛藤による揺らぎ、荒れ」に対して、里親だけで向き合い対処することは困難です。里親支援を行うソーシャルワーカーが、里親と里子にしっかり寄り添い支えることが大切になります。

演 習 課 題

①最近は、真実告知を支えるような絵本が出ています。ここで紹介する
　絵本のうち何冊かを実際に読み、感想を話し合ってみましょう。

『どうして私は養子になったの?』

キャロル・リヴィングストン、庄司順一訳、明石書店、2013年
　　養子に養親が「自分たちは血のつながりがない親子であること」を伝えるお話です。養子が感じるであろう疑問や不安への答えや、養親が子どものことをとても大切に思っていること等についてわかりやすく述べられています。

『ねぇねぇ、もういちどききたいな わたしがうまれたよるのこと』

ジェイミー・リー・カーティス、坂上香訳、偕成社、1998年
　　主人公の女の子は、自分が生まれた夜のことを両親に何度もたずねます。でも実は、女の子は、両親と血がつながっていません。両親が女の子に、生みの親は別にいること、どのようにしてこの家にやってきたかなどについて正直に話しながら親子としての絆を深めていくお話です。

『ほんとうにかぞく』のぐちふみこ、明石書店、2005年
　　ある日、お父さんが突然こんなことを話し始めます。「あさみちゃんにはもう一つの苗字があったんやで……」血のつながらない親子が、長い年月をかけて血縁を超えて「本当の家族」になっていく様子を描いた本です。

②里子への真実告知をしたくないという里親に対して、どのように真実告知の必要性を説明したらよいと思いますか。里親役と里親支援ソー

シャルワーカー役とに分かれてロールプレイをしてみましょう。

③海外での里子支援団体や、里子の当事者活動にはどのようなものがあるのか、調べてみましょう。

参考文献……………………………………………………………………………

レッスン14

伊藤嘉余子ほか　「里親家庭における養育実態と支援ニーズに関する調査研究事業報告書」（平成29年度厚生労働省子ども・子育て支援推進調査研究事業）　2018年

レッスン15

伊藤嘉余子ほか　「里親家庭における養育実態と支援ニーズに関する調査研究事業報告書」（平成29年度厚生労働省子ども・子育て支援推進調査研究事業）　2018年

河野洋子　「委託時と委託後初期の支援」　宮島清・林浩康・米沢普子編著　『子どものための里親委託・養子縁組の支援』　明石書店　2017年　164-175頁

白井絵里子　「いま日本で若者が自立するということ」『里親と子ども』8　2013年　26-31頁

杉山登志郎　『子ども虐待という第四の発達障害』　学習研究社　2007年

宮本みち子　『若者が無縁化する──仕事・福祉・コミュニティでつなぐ』　筑摩書房　2012年

渡邊守　「養育里親制度におけるチーム養育」　宮島清・林浩康・米沢普子編著　『子どものための里親委託・養子縁組の支援』　明石書店　2017年　123-133頁

レッスン16

大阪市　「大阪市里親支援事業実施要綱」　2018年

厚生労働省雇用均等・児童家庭局長通知　「里親支援事業の実施について」　2017年

ハフポスト日本版編集部　「日本で里親が増えない本当の理由、NPO法人キーアセットに聞く」　The Huffington Post、2016年（https://www.huffingtonpost.jp/2016/06/03/foster-parents-key-assets-_n_10287830.html　2020年5月25日確認）

レッスン17

家庭養護促進協会　『里親が知っておきたい36の知識──法律から子育ての悩みまで』　エピック　2004年

才村眞理・大阪ライフストーリー研究会　『今から学ぼう！　ライフストーリーワーク』　福村出版　2016年

庄司順一編著　『Q&A里親養育を知るための基礎知識（第2版）』　明石書店　2009年

おすすめの1冊

村田和木　『「家族」をつくる──養育里親という生き方』　中央公論新社　2005年

この本では、23組の里親家族を紹介している。里親になって1年という人もいれば、20年以上というベテラン里親もいる。それぞれの家庭で、血のつながらない里親子が心を通わせていく様子から、親とは、家庭とは何かを考える良書である。

フォスターペアレントプログラム

　レッスン15で、里親養育の特有のニーズとして、中途養育だからこそ生まれる
ニーズと反応性愛着障害から生まれるニーズを紹介しました。そして、これら里親
特有の２つのニーズに応えるために、筆者らが所属するNPO法人 Giving Tree で
は、フォスターペアレントプログラム（FPP）を開発し、神戸市在住の里親を対
象に行っています。FPPは、１回2.5時間全５回から構成されるプログラムで、10
名ほどのグループで実施します。

　プログラムでは、中途養育のニーズに応えるため、ライフストーリーの必要性や、
里親が里子にできるライフストーリーワークのレクチャーを行います。そして、各
里親に「生い立ちダイアリー」「里親紹介ブック」などをプログラムのなかで作成
してもらいます。さらに、反応性愛着障害から生まれるニーズに応えるため、ペア
レント・トレーニングを実施します。

　プログラムの内容は以下のようになっています。

> 第１回：「里子へのライフストーリーワークの必要性」（大阪ライフストー
> 　　　　リー研究会講師）、「家族写真の整理：コラージュの方法を学ぶ」（サ
> 　　　　クラクレパス、メモラビリアート公認講師）。
>
> 第２回：ペアレント・トレーニング１回目（「親子関係のバッドサイクルか
> 　　　　らグッドサイクルへ」の説明と「わかりやすいコミュニケーショ
> 　　　　ン」の講義とロールプレイ。「生い立ちダイアリー」「里親紹介ブッ
> 　　　　ク」作成）。
>
> 第３回：ペアレント・トレーニング２回目（「行動の原理」の説明、「ほめる
> 　　　　体験・ほめられる体験」の演習。「生い立ちダイアリー」「里親紹介
> 　　　　ブック」作成）。
>
> 第４回：ペアレント・トレーニング３回目（「落ち着くプラン」の作成、「落
> 　　　　ち着きを維持して子どもをしつけるコツ」の講義とロールプレイ。
> 　　　　「生い立ちダイアリー」「里親紹介ブック」作成）。
>
> 第５回：振り返り

　2019年は、6組の里親が参加しました。FPPを受講することにより，新しいしつけの技法を身につけるとともに、里親としての自分たちの養育のあり方を振り返る機会となったようです。

　プログラム終了後、FPPについてのアンケート調査を行い、その結果からFPPへの満足度の高さが示されました。ライフストーリーワークとペアレント・トレーニングを組み合わせることにより、より里親固有のニーズに応えることができたことが、高い満足度につながったのではないかと思われます。

第 5 章

子どもと里親が困難を抱えるときの支援

本章では、子どもと里親が困難を抱えるときに必要な支援について学んでいきます。里親不調を防ぐために必要な支援について理解を深めるとともに、里親不調によって委託解除や他施設等への措置変更となったときに、里親と委託されていた子どもの双方に必要なケアや配慮について学びましょう。

里親不調

このレッスンでは、里親不調に至る里親養育の困難の要因について学びます。里親支援に携わる専門職は、委託された子どもと里親の相談に適切に対応することができるよう、里親養育において起こりうるさまざまな困難の可能性について理解しておくことが大切です。

1. 里親不調とは何か

参照
措置変更
→レッスン12

　里親不調とは、里親が委託された子どもの養育に行き詰まり、困難を抱えること、またその結果として、委託解除、**措置変更**などに至ることの両方の意味で用いられています。委託解除を里親が希望する場合を、委託返上ということもあります。里親をするなかでなにがしかの困難はでてきます。また不調状態は、必ずしもネガティブなものばかりとは限りません。危機を乗り越えることで、里親家族と子どもがよりしっかりとした関係をつくることもあります。しかし、改善がみられないときには子どもの福祉を第一に考え、委託を解除したり、変更したりすることが必要な場合もあります。

2. 里親が経験する困難

まず、里親が経験する困難についてみていきましょう。

インシデント① 養育里親鈴木さんの話

参照
週末里親
→レッスン7

参照
試し行動
→レッスン13

　自分たちの子どもはいませんが、自分たち夫婦にも何かできることがあるのではないかと思って、**週末里親**になりました。しばらくして、週末里親として関わってきたタカシくんという5歳の男の子を、児童養護施設から養育里親として引き取りました。児童相談所の人から**試し行動**のことなどは聞いていましたが、うちはよくわかっている子だから何とかなると思っていました。でも違いました。引き取ってしばらくすると、タカシくんはたまに泊まりに来るときにみせていた姿とは違う所をみせ始めました。ずっと機嫌が悪く、

気に入らないと泣きわめいたり、暴れまくったりします。このことは、自分たちの予想を超えていました。何度、もう限界だと思ったかわかりません。

次に、長年、児童相談所の児童福祉司として活躍し、養育里親でもある津崎哲郎[*]が3歳のときに引き取った里子の「N子」との生活について書いた文章について紹介します[†1]。児童福祉のプロフェッショナルであっても簡単には解決できない葛藤が描かれます。以下の事例は、N子が里親家庭にやって来たばかりのころのことです。

> N子は自分の洋服をすべて枕元に畳んで寝る、食事の時はいただきますとあいさつし、出された料理は好き嫌いなくすべてを残さず食べるという行儀のよさに驚くほどでしたが、これは見せかけのよい子であったことが約1か月後にわかります。順調に発達して、話がしっかりできていたN子の言葉は「だだだ」や「まんま」という赤ちゃん言葉となり、抱っことおんぶを要求し、常に里母に抱きかかえられていることを要求します。**退行**[*]と試し行動が顕著に出てきます。里母の「少し待っていて」という言葉には全く聞く耳を持たず、かなえられないと暴れて大泣きをします。里母は3歳児をおんぶひもでおぶりながら家事をしました。そして、夜中に突如起こるひどい夜泣きと**夜驚**[*]。すぐに里母が抱っこをしてなだめる日々が続きました。

どちらの事例も、委託されてしばらくたったころから、想像を超える子どもの言動に里親は悩まされます。

2018（平成30）年に、NHKが全国の里親に行ったアンケート結果[†2]（有効回答数549［回収数553］）では、80.6％の里親が養育に困難を感じており、ほとんどの里親が養育に悩みをもっていることがわかります。

この調査ではどのようなことに困ったかについても尋ねていますが（図表18-1）、この2人の子どもに現れた言動と重なります。

里親ソーシャルワークでは、里親に対し、委託される子どもの背景や子どもが示す可能性がある言動とその理由について説明し、理解を深めておくことが大切です。そうすれば、子どもの言動に対して的確な対処ができやすくなり、里親自身が見通しをもつこともできるからです。

では、N子のその後はどうなったのでしょうか。

🔲 人物

津崎哲郎
1944年〜
大阪市中央児童相談所において、長年、児童福祉司として勤務。児童相談所長、大学教員を経て、認定NPO法人児童虐待防止協会理事長。

▶ 出典

†1　津崎哲郎『里親家庭・ステップファミリー・施設で暮らす子どもの回復・自立へのアプローチ──中途養育の支援の基本と子どもの理解』明石書店、2015年、27-32頁を要約して改変

✳ 用語解説

退行
赤ちゃん返りともいわれる。発達的に以前の段階に戻ること。愛情確認の意味もあるとされている。

夜驚
子どもが睡眠中に突然、ひどく泣いたり、叫び声をあげたりすることであるが、本人はそのことを覚えていないことが多い。

▶ 出典

†2　NHKオンライン「全国里親アンケート」2018年（https://www.nhk.or.jp/d-navi/link/kodomo/qa.html 2020年5月27日確認）

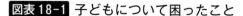

図表 18-1 子どもについて困ったこと

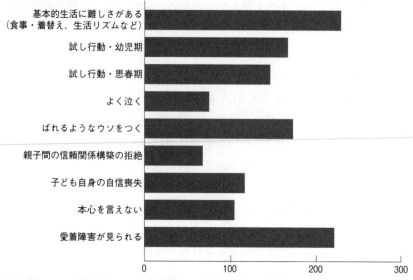

基本的生活に難しさがある
（食事・着替え、生活リズムなど）

試し行動・幼児期

試し行動・思春期

よく泣く

ばれるようなウソをつく

親子間の信頼関係構築の拒絶

子ども自身の自信喪失

本心を言えない

愛着障害が見られる

回答者数：436／回答総数：1303（複数回答）

出典：NHKオンライン「全国里親アンケート」2018年（https://www.nhk.or.jp/d-navi/link/kodomo/qa.html 2020年5月27日確認）

> 最初に夜泣きと夜驚がなくなり、数か月経つと里母が子どもをおぶって家事をする日々も終わりを迎えました。里親との間に温かい交流が可能となり、それまでのダメージを回復し、N子は家族の一員となっていったのです。その後もN子はいろいろな反応をし、奮闘する里親の日々が描かれますが、最初の関門はこうして終結を迎えました。

　次に、里親に委託される子どもの反応を理解するためのポイントを紹介していきます。

3.　里親に委託される子どもの理解

　生まれた家庭から離れて里親宅に委託される子どもたちは、それまでに数々の分離体験とそれに伴う喪失感を味わっています。以下の概念は、このような子どもたちを理解するための手助けとなるでしょう。

1 　小児期逆境体験

　アメリカなどでは、さまざまな子ども時代の逆境体験（Adverse

Childhood Experiences：ACEs）と、成人後の身体疾患および精神障害の発症や社会適応の関連に注目が集まり、このACEsについてのさまざまな調査研究が行われています。逆境体験には、心理的虐待、身体的虐待、心理的な養育の放棄、身体的（物理的）な養育の放棄、両親の別居（または離婚）、DVの目撃、家族のアルコールや薬物への依存、家族の精神疾患や自殺、家族の服役などが含まれます。人生の早期におけるこのような小児期逆境体験を長期に経験することは、子どもたちの安心感を奪い、脳の社会的・情緒的・認知的な部位を損傷し、脳の構造を変えてしまいます。それが健康を害するような生活・行動傾向を招き、成人期には早すぎる死につながる疾病や障がいや社会不適応に至ってしまうというのです。いかに幼少時の養育環境が人の人生に大きな影響を与えるかがわかります。

　図表18-2は、里親等に措置された理由を記しています。虐待を受けた子どもは、里親では約20％で、児童養護施設はさらに高い割合を示しています。図表18-2の区分に小児期逆境体験をあてはめてみると、父母の就労、経済的理由、その他以外はすべてこれに該当することがわかります。小児期逆境体験は虐待に加えて家族の機能不全も含んでいます。

図表18-2 措置理由別児童数（平成30年度中新規措置児童）

（単位：人、％）

区分	里親		乳児院		児童養護施設	
	児童数	割合	児童数	割合	児童数	割合
父母の死亡	127	7.5	11	0.6	84	1.8
父母の行方不明	49	2.9	26	1.4	17	0.4
父母の離婚	18	1.1	23	1.3	53	1.2
父母の不和	14	0.8	12	0.7	60	1.3
父母の拘禁	31	1.8	62	3.4	156	3.4
父母の入院	80	4.7	87	4.8	193	4.2
父母の就労	44	2.6	58	3.2	92	2.0
父母の精神障害	155	9.1	404	22.1	408	8.9
父母の放任怠惰	145	8.5	227	12.4	602	13.1
父母の虐待	377	22.2	387	21.2	1,839	40.0
棄児	6	0.4	8	0.4	43	0.9
父母の養育拒否	281	16.5	132	7.2	163	3.5
破産等の経済的理由	94	5.5	112	6.1	141	3.1
児童の問題による監護困難	60	3.5	—	—	349	7.6
その他	218	12.8	276	15.1	396	8.6
計	1,699	100.0	1,825	100.0	4,596	100.0

出典：厚生労働省子ども家庭局家庭福祉課「社会的養育の推進に向けて（令和2年4月）」2020年

つまり、この枠組みでとらえると、里親に委託される子どものほとんどが、小児期逆境体験を経験していることが推測できます。

インシデント②　子どもを理解する　その1

　3歳のアイナちゃんの委託を受けた里親は、アイナちゃんは虐待は受けていないと聞いていました。おとなしい子だと思っていましたが、一緒に暮らし始めるとうつろで反応が鈍く、子どもらしさが感じられません。次第に里親は、アイナちゃんと意思疎通がうまくいかないことを悩むようになりました。そこで児童相談所の担当者に、アイナちゃんの生まれた家庭の様子を詳しく聞いてみると、アイナちゃんの母親はうつ症状がひどく、寝ていることが多かったそうです。アイナちゃんはそんな母親と2人きりでまわりから孤立して暮らしていたことがわかりました。

　アイナちゃんも小児期逆境体験（ACEs）をしてきたといえます。
　このままの状況でサポートがなければ、より悪い方向に進んでいったと考えられます。

2　アタッチメント：本当ではない信号を出す子どもたち

　もう一つ、子どもを理解するのに役に立つ概念が、**アタッチメント**です。日本語では愛着と訳されていますが、愛着という言葉は愛情と同様に使われることもあるので、ここではアタッチメントとします。発達心理学で用いるアタッチメントとは、人間が生まれもっている生存のための本能的欲求で、不安や危険を感じるときに、大きくて強い大人（養育者）に文字どおりひっついて、守ってもらおうとすることです。たとえば、赤ん坊が泣くのは空腹やおむつが濡れたり、不安を感じたりするという不快な状態を養育者に訴えるためです。それを察知した養育者が赤ん坊の元にやってきて、ミルクをあげたり、おむつを替えたり、抱っこをしたりすることで、赤ん坊のネガティブな感情は安定します。この養育者は母親だけではありません。父親、祖父母など、子どもの養育に日常的に関わる人をいいます。保育所の保育士、施設のケアワーカー、里親もこれらの人となることができます。

　ネガティブな感情を抱えた子どもが養育者のもとに行き、安心を得るやりとりを何度も何度も繰り返すなかで、子どもは自分の出す信号に対して養育者が応えてくれることを感じ、自分は守られる価値のある存在であることを確信します。そして自尊心をもち、世界に踏み出していく

参照
アタッチメント
→レッスン13

自信をつけていくのです。養育者に受け止めてもらい、安心した子ども
は、いろいろなことに興味をもち、探索に出かけることができます。養
育者は子どもの安全な避難所であり、安心できる基地でもあるのです。

　ところが、養育者のなかには不安を訴えると叱ったりして、くっつか
せてくれない人がいます。また、子どもが探索に出ようとするときに、
不安になる養育者もいます。生き残るために養育者のそばにいることは、
人間としての本能的欲求です。子どもたちは何とかして養育者のそばに
いる方法を模索します。たとえば不安を訴えると養育者から叱られる子
どもは、不安なときも平気なふりをします。また、子どもが探索に出か
けることに不安を感じる養育者に対しては、子どもはずっとぐずぐずし
て、保護者のそばにいるようになります。子どもは1歳9か月のとき
には、それぞれの養育者に合わせた対応をとるようになるといわれてい
ます[3]。このような子どもたちの出す信号は、本当ではないということ
になります。このまっすぐではない信号は、子どもをケアする大人を
困惑させることになります。

▶出典

†3　北川恵・工藤晋平
編著『アタッチメントに基
づく評価と支援』誠信書房、
2017年、149頁

インシデント③　子どもを理解する　その2

　4歳のアキラくんは、里親と公園にやって来ました。走り出した
アキラくんは、転んで膝をすりむきました。でも泣きませんし、里
親の方にもやって来ません。里親が「痛かったでしょう?」と駆け
寄っても、何事もないような顔をしていました。

　本当でない信号も、養育者のもとにいるための子どもたちの必死の思
いからなのです。そして、養育者に合わせて一定のパターンを形づくり
ます。アキラくんの元の養育者はアキラくんが泣いたり、助けを求めた
りしてもそれを受け止めてくれなかったのかもしれません。このような
場合は、本当の気持ちを出してよいのだと伝えることが必要となります。

インシデント④　子どもを理解する　その3

　4歳のユキちゃんは、養父から暴力を振るわれてきました。母親
もユキちゃんを守ってはくれませんでした。ユキちゃんは、ほんの
ちょっとしたことを注意されただけでも、すぐに固まってしまいま
す。体が硬直して、表情がなくなり、まるで心がどこかにいってし
まったようになります。

　虐待の場合はより深刻です。安全な基地であるはずの養育者が虐待者でもあるという相矛盾する状況で、子どもたちはひっついていいのか、離れるべきなのかで混乱した状況となります。そのため、養育者を前にして固まってしまったり、近づこうとしては離れたりという、パターンがみえない混乱した行動をとるのです。

4.　中途養育であること

　生まれた家族や親しい人たちから離れて、知らない家庭で知らない人たちと暮らすことは、子どもたちにとってショックなことであり、大きなストレスともなります。

　あなたが子どもだったとして、児童相談所の担当児童福祉司から、「もう家には戻れない。これから里親のところで暮らすことになる」と伝えられたら、どう感じますか。その意味がわかりますか。大人にあなたの感じた思いを伝えることができるでしょうか。多くの子どもたちは、自分の思いをうまく大人に伝えることができません。不満や怒りや悲しみなどを抱え、十分に納得できないまま新しい家庭に入っていかなくてはならないことが多いのです。子どもたちが受けたつらい経験や感情は、もともとの養育者と過ごした環境と同程度の親密性や対人関係の場、そして、よく似た出来事などが引き金になって急激に表面化します。里親に委託されるということは、里親家族という親密性のなかで生活することになるため、施設に比べてさまざまな反応が引き出されやすいということでしょう。

　この子どもたちの示す反応を図にしたのが、イギリスの里親支援機関（British Association for Adoption and Fostering：BAAF）がつくった喪失サイクルです（図表18-3）。ショックを受けた時期から、そのことを本当だと思いたくないという否認・最小化の時期、次に怒りの時期がきて、問題となる行動が外もしくは自分に向かいます。その後、自分は価値がないという抑うつ状態を経て徐々に状況を受け入れていきますが、ここでいわゆる試し行動が出てくるとされています。里親委託後の初期段階に、子どもがそれまでの場面では観察されたことがないような激しい感情や暴力的な攻撃性をしばしば示すのは、子ども自身もコントロールできない、ガス抜き反応として理解する必要があります。そこを越えると、自分を受け入れてもらえるという安心感のなかで、自分の意味を求め、自分をコントロールしていくというサイクルになります。

図表18-3 子どもの状態をみる視点：喪失サイクルの活用

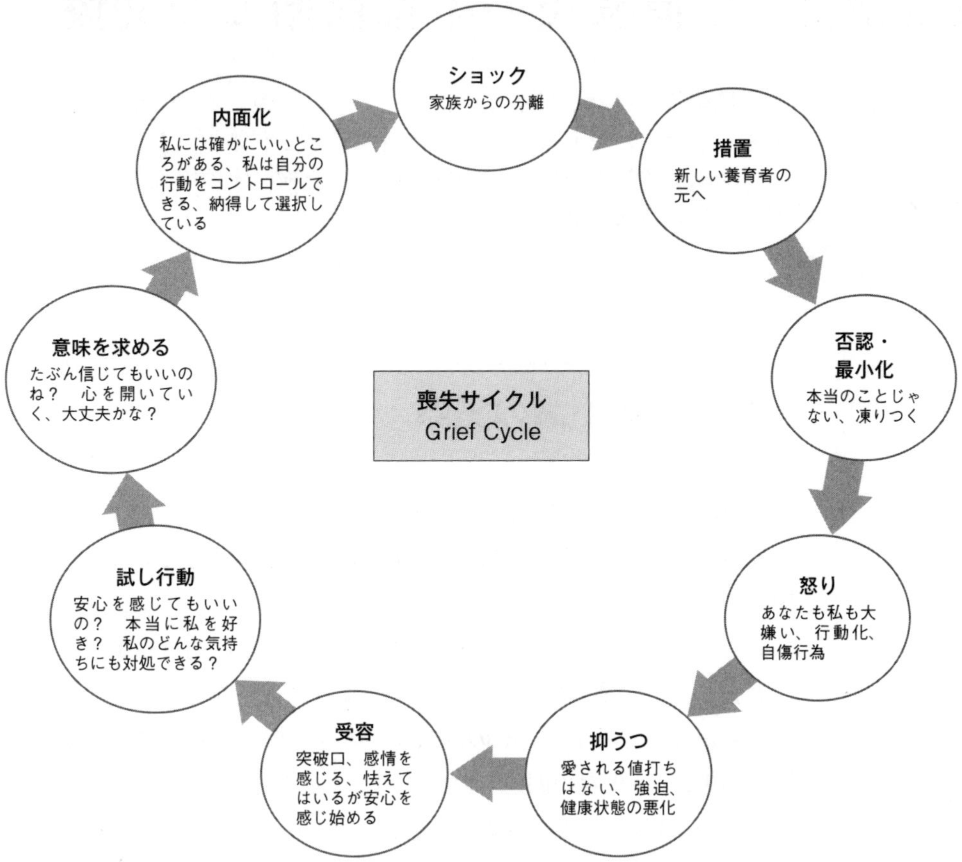

喪失サイクル
Grief Cycle

ショック
家族からの分離

措置
新しい養育者の元へ

否認・最小化
本当のことじゃない、凍りつく

怒り
あなたも私も大嫌い、行動化、自傷行為

抑うつ
愛される値打ちはない、強迫、健康状態の悪化

受容
突破口、感情を感じる、怯えてはいるが安心を感じ始める

試し行動
安心を感じてもいいの？　本当に私を好き？　私のどんな気持ちにも対処できる？

意味を求める
たぶん信じてもいいのね？　心を開いていく、大丈夫かな？

内面化
私には確かにいいところがある、私は自分の行動をコントロールできる、納得して選択している

出典：才村眞理・大阪ライフストーリー研究会『今から学ぼう！　ライフストーリーワーク──施設や里親宅で暮らす子どもたちと行う実践マニュアル』福村出版、2016年、31頁

このサイクルを何度も回りながら、進んでいくというものです。

演 習 課 題

①生まれた家から離れて里親宅で暮らす子どもの思いはどのようなものでしょうか。その子どもの立場になって考えてみましょう。そしてグループで話し合ってみましょう。

②事例を読んで、里親が養育するなかで対応が難しいと感じるのは、子どものどのような言動なのか考えてみましょう。

③里親が養育をする際、子どもたちの難しい言動の要因を知ることは、どのように有効でしょうか。考えてみましょう。

委託解除・措置変更の準備段階での支援

児童相談所や里親支援機関等が援助を行っていたとしても、里親と子どもが不調になることがあります。また、どうしても養育を継続することが難しいこともあります。ここでは、里親家庭の委託解除もしくは措置変更を検討する準備段階における支援について学んでいきましょう。

1. 里親不調の実際

　調査結果から、不調による委託解除についてみていきましょう。前述のNHKの調査によると、26.6％の里親が委託を解消しています（図表19-1）。

　また、全国児童相談所長会が2011（平成23）年に児童相談所を対象に実施した里親委託に関する調査[1]によれば、里親不調は委託解除の約24％を占めています。その内訳は「里親との関係不調による家庭復帰」（3.9％）、「里親の問題（健康問題、家族問題）等による措置変更」（3.9％）、「里親との関係不調により措置変更」（12.2％）、「子どもの問題による措置変更」（4.2％）となっています。その理由について、子ども側の対応困難、里親側の課題、支援側の課題に分けて分析がなされています。

▶出典

†1　全国児童相談所長会「児童相談所における里親委託及び遺棄児童に関する調査」『全児相』通巻第91号別冊、2011年

図表19-1 不調による委託解除

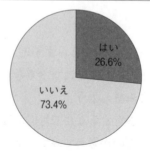

不調で委託解除をしなくてはならなくなったことがありますか

はい　26.6％

いいえ　73.4％

回答数：522

出典：NHKオンライン「全国里親アンケート」2018年（https://www.nhk.or.jp/d-navi/link/kodomo/qa.html 2020年5月27日確認）

1 ▶ 子ども側の対応困難要因

　子ども側の対応困難について年齢別に見ると、以下の項目が高い割合を示しました。

・0〜2歳：「乳幼児期の試し行動」
・3〜6歳：「発達障害」「里親宅への不適応」「排泄の問題」「虚言」「情緒不安定」
・7〜12歳：「**反撥・反抗***」「発達障害」「暴力・破壊」「里親宅への不適応」「金銭持ち出し」など
・13〜15歳：「反撥・反抗」「里親宅への不適応」「虚言」「暴言」「暴力行為」「学校への不適応・不登校」「生活の乱れ」「学習意欲が乏しい」「夜遊び・深夜徘徊・無断外泊」など
・16歳以降：「里親宅への不適応」「学校への不適応」「生活の乱れ」など

　子どもの要因には、レッスン18で学んだ子どもが示す反応に加え、子どもの年齢が上がるにつれ、一般的な思春期の課題が加わり、学校での問題や非行行為に及んでいくことで、対応の困難さが増すことがわかります。

2 ▶ 里親側の課題

　里親側の課題としては、里親自身の体の問題である「里親の病気、体調不良」「高齢」、里親制度や子どもの養育観として「偏った理解・考え」、里親養育を行うなかで出てきた「養育負担感の増加、養育拒否感」が高く、そのほかに「仕事と養育の両立困難」「実子との関係悪化」「里親と里子の関係悪化」「里子のレベルに合わせられない（養育力不足）」などがあげられています。

　不調は、育ちの困難さを抱えた子どものさまざまな問題行動が増し、それが里親の負担感や拒否感を呼び起こし、そして互いの関係が悪化し、悪循環に入るという「負のスパイラル」につながっていくことから起こることがわかります。

　この課題に対しては、里親アセスメントの段階で、里親希望者が里親制度の意味づけを本当に理解しているか、里親自身がどのような養育観をもっているか、心身の安定性をもっているかなどについて把握することが重要です。自らの子どもをもつことができない場合に里親になるという人もいるでしょう。押えておきたいことは、社会的養護としての里親委託は里親の人生の幸福のためではなく、子どもの最善の利益の保障や子どもの**ウェルビーイング***のためだということです。里親登録前・

✳ **用語解説**
反撥・反抗
反撥は人からの言動を受け入れず、強く否定したり、跳ね返すことであり、反抗は相手に逆らうこと。

✳ **用語解説**
ウェルビーイング
（well-being）
世界保健機関（WHO）は1946年の草案で、「健康の定義」を「健康とは、単に病気あるいは虚弱でないというだけでなく、肉体的、精神的、社会的に完全に良好な状態（well-being）である」と定義している。福祉活動が目指す大切な概念である。

登録後の研修時においては、レッスン18で述べたように、子どもが里親家庭で示す言動の背景やメカニズムを里親が理解し、子どもの言動の意味を考えるようにすることが大切です。そして委託する子どもと里親のマッチングの時期においては、里親自身や家庭の状況をふまえて、慎重に進めることが必要です。

３▶ 支援側の課題

　支援機関の役割は重要です。調査結果からは支援機関側の課題として、児童相談所の「里親の悩みへの対応が不十分」という項目が不調ケースとの関連が強く、そのほかに「児童相談所から遠く支援に限界」「訪問支援不十分」という項目がありました。

　これまでは、里親委託後の支援は、ほとんどの地域で児童相談所のみが行っていました。また、専任の里親担当が置かれている児童相談所も、数が非常に限られていました。「児童相談所がなかなか対応してくれない」「担当者が忙しくて連絡がとれない」「忙しそうなので相談するのが悪い」「担当者が次々に代わるので、また初めから話すのかと思うと相談しにくい」という里親の声をよく耳にしました。虐待相談の増加は、児童相談所の繁忙さに拍車をかけています。

　また、「児童相談所に相談すると、子どもを引き上げられる」「根堀り葉掘り聞かれると、うまく対応できていないと言われているように感じる」という声もあり、児童相談所と里親との間に隔たりがある場合もみられます。児童相談所は措置機関であり支援機関でもあるため、難しい役割を担っています。

　児童相談所の里親支援担当の充実はもちろんですが、**里親支援専門相談員やフォスタリング機関**（里親養育包括支援機関）など里親支援の機関が増え、互いに連携しながら役割分担をするなかで、状況が改善されていくことが期待されます。子どもと里親家庭、そして支援者は、普段から関係を構築し長く関わることで信頼関係がつくられ、不調を乗り越えていくことも可能になります。そのため、支援にあたる相談員や支援機関職員の継続的な安定性も重要となります。

参照
里親支援専門相談員
→レッスン10

フォスタリング機関
→レッスン29

2.　不調を乗り越えて

　ここでは、不調に至った事例を取り上げます。レッスン18で紹介した、養育里親の鈴木さんが育てているタカシくんの事例の続きです。

インシデント①　養育里親の鈴木さんの話　その1

　タカシくんの対応に悩み、タカシくんが以前暮らしていた施設の職員に施設にいたときの様子を聞くと、里親宅で見せるような激しい姿はなかったことがわかりました。悩む私を見て、夫は「もうタカシくんを預かるのをやめよう」と言い出しましたが、私はそれでは負けだと思って、「まだがんばる」と言いました。そのため夫に愚痴を言うこともできなくなり、夫婦仲もぎくしゃくしてきました。

　そんなある日、カッとなって、思わずタカシくんに手をあげそうな自分に気づき、ハッとしました。児童相談所の担当者からは、何かあれば相談してくださいと言われていました。でも、児童相談所に相談すると、タカシくんはもう委託できないと言われるのではないか、私たちがよくないせいだと言われるのではないかという不安がよぎり、相談できませんでした。

　そんなときに、タカシくんが元いた施設の里親支援専門相談員の小川さんから連絡がありました。以前タカシくんの様子を尋ねた施設の職員の人が、私たちの悩みを小川さんに伝えてくれていたのです。小川さんは、「一人でがんばらなくていいですよ、タカシくんの応援チームをつくりましょう」と言ってくれました。話をしながら、涙があふれてきました。小川さんが児童相談所に連絡をし、間に入って話をしてくれました。委託をお断りしようかと思ったという話も自然にすることができました。**レスパイト・ケア**を提案してもらって、結局、元の施設でレスパイトサービスを受けることになりました。

　タカシくんが見捨てられたと思うのではないかと預けることを躊躇していましたが、小川さんが一緒にタカシくんに説明をしてくれて、タカシくんもわかってくれました。少しの期間でしたが、お互いが離れたことで肩の力がスッと抜けた気がして、またやっていけるなと思いました。

参照

レスパイト・ケア
→レッスン10

　家庭養育は個別性を大事にし、家族という単位で行われるのがよい点です。しかし、ともすると家族は外に対して閉じてしまい、そのなかで里親と子どもが行き詰まってしまうこともあります。

　特に鈴木さんのように経験が浅い場合は、うまくいっていないことを思いつめてしまうことが多いので注意が必要です。委託解除を考える里父に対して、里母はそれでは負けだという思いがあり、児童相談所への相談にも抵抗を感じます。鈴木さんの場合も、まさに「閉じる」という

状況になりかけていました。幸い、この事例は、里親支援専門相談員の関わりにより状況が改善しました。

インシデント②　養育里親の鈴木さんの話　その2

その後、里親支援専門相談員の小川さんがしばしば電話をくれたり、訪ねてくれたりするようになりました。この間は里親サロンに誘われたので、参加してみました。先輩の里親の話を聞いていると、自分がちゃんとしつけなくてはいけない、ちゃんとしないといけないと、タカシくんと自分にプレッシャーをかけていたことに気づきました。そういえば、自分の子どものころ、いつもいい子でいないといけないという思いが強かったことを思い出しました。そのあと、「みんな違ってみんないい」というのが、私の口癖になりました。子育てを支援してくれるサービスが地域にいろいろあることを教えてもらいました。また、いつのまにか、タカシくんが前のように暴れることも少なくなってきました。

小学校入学を前に、児童相談所の担当者と小川さんが話をして、タカシくん**応援会議***を開くことになりました。今度入学する小学校、これまで通っていた幼稚園、児童相談所、小川さん、私たち夫婦が参加して、これからの対応について話をすることになっています。タカシくんが里子であることを隠そう隠そうとしていたことが、今では嘘のようです。

里親支援専門相談員の小川相談員は、鈴木さんのしんどさやつらさをじっくり聞くとともに、タカシくんとも話をしたり様子を観察したりしました。そして、鈴木さんの夫からも話を聞き、鈴木さんがほぼ一人でがんばり、いっぱいいっぱいになっていることを知りました。その張り詰めた鈴木さんの様子に、タカシくんも敏感に反応していることがわかりました。小川相談員と話すなかで、鈴木さんは自分の思考のパターンを自己の生い立ちと関連づけて振り返ることができました。小川相談員は児童相談所の担当者とも協議をし、措置変更の可能性も考えながら、まずタカシくんの里親養育の支援のチームをつくっていくことにしました。

3.　チーム養育の大切さ

児童相談所と里親支援機関の連携とともに、問題が発生する前に

✛ 用語解説
応援会議
児童相談所によっては「支援会議」「ファミリーグループカンファレンス」などの名称で関係機関に加え、家族や子どもも参加する会議が開かれている。この事例のように里親家庭への支援、施設や里親からの引き取りの際の支援方針を決める際に行われている。要保護児童地域対策協議会の個別ケース検討会議として行っているところもある。

フォーマル・インフォーマルの両面から支援を行える体制を構築していくことが大切です。そのため、関係機関・支援者との養育チームづくりが重要となります。

　これまでの日本では、里親は支援の主たる対象で、その里親が支援を受けて、子どもの養育をすべて引き受けるという構図でした。里親は社会的養護の担い手でありながら、支援を受ける当事者でもありました。しかしこれからは、中心に子どものニーズを置き、里親をチームの一員として、個々のケースに応じた専門機関や施設などが養育チームであるという認識のもと、相互の協同作業を対等な立場で検討することが望まれます（図表19-2）。

　虐待や不適切養育による傷をもつ子どもや、発達障害や知的障害、身体障害などの障がいがある子ども、医療的ケアを必要とする子どもたちを養育するためには、このチームに適切な専門機関が参加することが求められます。そして、子どもの年齢等にもよりますが、この検討会議に

図表19-2 里親養育をサポートする体制のイメージ

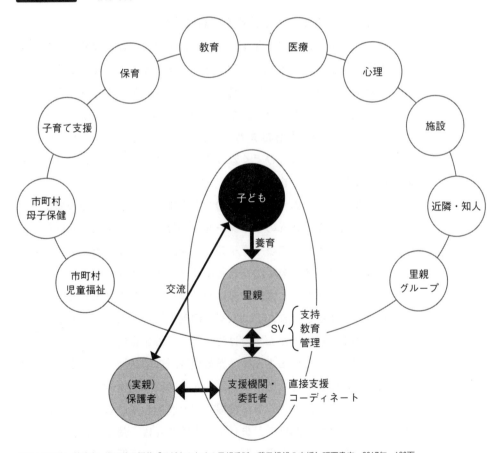

出典：宮島清・林浩康・米沢普子編著『子どものための里親委託・養子縁組の支援』明石書店、2017年、120頁

子ども自らが参加することも可能となります。こうして子どものための里親養育であることを確認しながら、里親と専門機関・専門職がともに育て合うチーム養育が、相互の質の向上を促すことにつながるのです。

　もし里親の鈴木さんが、孤軍奮闘を続けていったとしたら、鈴木さんとタカシくんの関係はさらに悪化して悪循環に陥り、被措置児童等虐待にまで及んだかもしれません。多くの里親経験者から、肩の力を抜くといいという話を聞きますが、里親の鈴木さんは、自分で何とかしなくてはと思いつめていたところから、タカシくん応援チームの一員なのだと考えるようになり、肩の力を抜くことができたと考えられます。

4.　措置変更の準備段階の支援

　もう一つの事例を紹介します。これは、養育里親から施設への措置変更を検討するに至った事例です。

インシデント③　アユムくんの事例（前半）

　アユムくんは中学 1 年生。小学 3 年のときに養育里親の太田さんの家に来ました。太田さん宅には、小学 1 年生と 3 年生の男の子の兄弟も委託されて、一緒に暮らしています。アユムくんは委託当初から気分のむらがあり、落ち込むと誰とも話をしなくなります。イライラしているときはまわりにあたりちらします。それが中学に入ったころからよりひどくなりました。小学生の兄弟はアユムくんにびくびくしています。

　ある日、アユムくんの部屋のゴミを集めに太田さんが部屋に入ったところ、たくさんのライターをみつけました。太田さんはびっくりしてアユムくんにライターのことを聞いてみました。アユムくんは火をみると落ち着くのだと言います。火は危ないから、ライターはこちらで預かると太田さんはライターを取り上げました。しかし、しばらくすると、またアユムくんの部屋にいくつものライターがあり、部屋のじゅうたんが焼けこげているのを発見しました。

　心配になった太田さんは、児童相談所の里親担当の児童福祉司の佐藤さんに連絡をして、アユムくんを連れて児童相談所を訪れました。そして、太田さんが佐藤福祉司と面接している間、アユムくんは児童心理司が面接をしました。太田さんは、長く一緒に暮らしてきたアユムくんへの思いと、火をつけるという行為がもしかしたら

火事を引き起こしてしまうのではないかという不安、また、年下の子どもたちがアユムくんを怖がっているという話をしました。

　アユムくんは児童心理司との面接で「年下の子どもが太田さんに無理なことを言ったり、甘えたりしているのを見ると、イライラの感情を抑えられない。また暇な時間があると火をつけたくなる」と語りました。

　里親宅からの措置変更・**委託解除**など措置にかかわることは、児童相談所の担当です。里親宅での生活が継続できるのか、改善の見通しがあるのか、措置変更を考えるのかなどを見定めるのは難しいことです。里親、子ども双方との面接だけでなく、学校や里親の家族、ときにはほかの委託児童、その他関係者からの情報を収集し、状況を多角的に分析することが子どもにとってのよい方向性を見出していくために必要です。

　調査内容としては、不調に至った経緯、その問題発生の具体的な事実経過と背景事情を把握します。子どもの心身状態や、里親宅および学校などでの子どもの人間関係の取り方、里親宅での生活状況、里親自身の状況についても聞いていきます。リスクばかりではなく、うまくいっていること、強みも聞いてみてください。

　この事例では、児童福祉司の佐藤さんは、太田さん、アユムくんと面接を行い、委託されているほかの子どもや学校の先生からも話を聞きました。アユムくんは、太田さんにはよいイメージをもっていることがわかりました。しかし、火をつけたいという思いやライターを集めたいという行動が抑えられないことから、結果的にアユムくんは児童相談所で一時保護となりました。一時保護所において、行動面、心理面などをもっとくわしくみていくことになりました。太田さんは里親家庭の安全のことなど、さまざまな観点から佐藤さんと話をし、一時保護の必要性を理解しました。佐藤さんとともに状況を整理するなかで、「ここまで育ててきたのだから、手放すのはかわいそうだ」という気持ちだけでは、養育は続けられないことに気づいたのです。

参照

委託解除
→レッスン20

演 習 課 題

①2つの里親不調の事例から、感じたことを話し合ってみましょう。

②チーム養育の重要性について考えてみましょう。

③不調の相談を受けた場合、どのような面接を行いますか。ロールプレイをしてみましょう。

委託解除・変更時とその後の支援

ここでは、里親からの委託解除・措置変更を行う場合の支援について学びます。里親に委託される子どもの背景を考えると、不調による子どもの委託解除や措置変更を完全に避けてとおることはできません。子どもにとっても、里親にとっても大きな変化となる委託解除・措置変更時とその後の支援について考えましょう。

1. 委託解除・変更と子ども

　不調による**委託解除***・変更は、子どもにも里親にもつらい体験となることが多いでしょう。だからこそ、支援にあたる専門職は双方の話をしっかりと聞くとともに、その判断に至った理由を十分に説明する必要があります。

　レッスン19のアユムくんの事例の続きをみていきましょう。

インシデント① アユムくんの事例（後半）

　養育里親の太田さんは児童福祉司の佐藤さんとともに、アユムくんにこれから一時保護になることを伝えました。太田さんは、このことを伝える前に佐藤さんとこれまでの状況を整理していたので、アユムくんにもその理由を伝えることができました。以前、アユムくんが太田さんにぽつぽつと、自分の小さいころの話をしたことがありました。4歳のとき、母親はアユムくんを連れて児童相談所に行き、「少ししたら迎えに来るから」と言ったまま、いなくなってしまいました。たまに母親から「会いに行くよ」と連絡があるそうですが、約束が守られたことはほとんどなく、今ではどうしているのかすらわかりません。アユムくんは、「誰もそれ以上のことを教えてはくれなかった」と言っていました。「だから大人は信用できない」とよく口にしました。だからこそ、太田さんは自分の口から話したいと思いました。アユムくんは話をじっと聞いていて、最後にぽつりと「わかった」とだけ言いました。

　その後、一時保護所での行動観察や児童心理司による心理判定を行い、生活に枠組みがあり、夫婦小舎制の**児童自立支援施設***が措置変更先になりました。太田さんは委託変更後もアユムくんの支援

をしていきたいと佐藤さんに希望を伝えました。太田さんと、児童相談所・児童自立支援施設・これまでの中学校と**施設内にある分校***のそれぞれの担当者が集まり、話し合いの機会をもちました。そして、太田さんも継続して関わっていくことになりました。アユムくんにそれを伝えると、そのときは反応がありませんでしたが、太田さんはアユムくんとの手紙のやりとりや面会をずっと続けています。中学2年生になったアユムくんは、落ち着いた生活をしています。太田さんが面会に行くと、施設での出来事などをよく話すようになりました。施設の先生からは、児童自立支援施設の生活は一定の枠組みがあり、自然のなかで体を動かすことが多いので、アユムくんに合っているという話を聞きました。それを聞いて太田さんは、自分がアユムくんを見捨てたのではないかという思いを切り替えることができました。ある日、太田さんは、施設の心理担当職員からアユムくんと**ライフストーリーワーク**をすることになったと聞きました。ほかの子がやっているのを知り、自分もやりたいと希望したそうです。太田さん宅でのことを一緒に振り返るために、また太田さんは施設を訪問する予定です。

レッスン19で説明したチーム養育という点でいえば、一定以上の年齢の子どもの場合は、子ども自身もチームの一員に加え、現在、子どもと里親が置かれている状況を伝えつつ、子どもは何を望むのかを率直に聞き、その望みについて実現可能なことと無理なことも率直に伝え、チームの皆が子どものために考えていることを具体的に提示していきます。たとえ不調状態となって、委託解除や委託変更になったとしても、その過程を子どもに伝えることで、子ども自身がその過程に参加し、理解していくことが大切です。

2. 里親委託の限界

厚生労働省雇用均等・児童家庭局の調査では、2018（平成30）年度中に里親委託を解除した1,539名のうち、措置変更になった児童は376名になります。変更後の内訳をみると、児童養護施設、情緒障害児短期治療施設（現児童心理治療施設）、児童自立支援施設、ファミリーホームや他の里親に措置変更になっています（図表20-1）。すべてではないでしょうが、多くが里親不調の可能性があります。

用語解説
児童自立支援施設の分校
1998（平成10）年の「改正児童福祉法」の施行により、児童自立支援施設長の就学義務が規定された。従来の生活のケアを行う自立支援専門員が教育を行う従来型は少なくなっており、本校型・分校型・分教室型の形を取り、学校教育が導入されている。

参照
ライフストーリーワーク
→レッスン17

図表20-1 里親の委託・委託解除の状況（平成30年度中）

（単位：人）

平成30年度新規委託児童数 （新規又は措置変更）				平成30年度委託解除児童数										
				解除										変更
他の児童福祉施設	家庭から	その他	計	家庭環境改善	児童の状況改善	就職	進学（大学等）	普通養子縁組	特別養子縁組	無断外出	死亡	その他	計	他の児童福祉施設等
661	923	115	1,699	285	15	182	87	18	362	2	0	212	1,163	376

変更前の内訳								変更後の内訳										
乳児院	児童養護施設	児童心理治療施設	児童自立支援施設	母子生活支援施設	他の里親	ファミリーホーム	その他	乳児院	児童養護施設	児童心理治療施設	児童自立支援施設	他の里親	ファミリーホーム	母子生活支援施設	自立援助ホーム	障害児入所施設	その他
336	145	11	14	6	119	19	11	9	110	10	12	147	67	0	13	7	1

出典：厚生労働省子ども家庭局家庭福祉課「社会的養育の推進に向けて（令和2年4月）」2020年

里親委託ガイドラインには、「里親へ委託することが難しい子ども」という項目があります。「すべての子どもは里親委託を優先して検討するが、次のような場合は当面、施設措置を検討する」と書かれています。里親委託を考える際に不調を避けるために、押さえておく必要があります。

---

①情緒行動上の問題が大きく、施設での専門的なケアが望ましい場合

②保護者が里親委託に明確に反対している場合（**「児童福祉法」第28条措置**[*]を除く）

③不当な要求を行うなど対応が難しい保護者である場合

④子どもが里親委託に対して明確に反対の意向を示している場合

⑤里親と子どもが不調になり、施設でのケアが必要と判断された場合

用語解説

「児童福祉法」第28条措置

保護者が、その児童を虐待し、著しくその監護を怠り、その他保護者に監護させることが著しく当該児童の福祉を害する場合において、この法律に基づき、保護者の同意が得られずとも、家庭裁判所の審判を経て、子どもを施設、もしくは里親への措置が可能となること。

用語解説

行動化

不安や葛藤、見捨てられ感などのストレスを感じた場合、それを問題行動の形で表してしまうこと。アクティング・アウトともいう。

アユムくんの場合は、この①と⑤に該当したと考えられます。一部の子どもたちには里親ではなく、一定の枠組みのある施設が適切なこともあります。

アユムくんは里親の太田さん宅から児童自立支援施設に措置変更になりましたが、施設での生活によって、アユムくんの**行動化**[*]がおさまり、自分の生い立ちを振りかえるところに進もうとしています。児童福祉司の佐藤さんは、アユムくんと太田さんの関係を調整し、太田さんにアユムくんの次のステップへの橋渡しと、これからもアユムくんのことを気

遣い続けてくれている応援団という役割を果たしてくれるように働きかけました。自分のことを長く知ってくれていること、自分のことを思ってくれている人がいるということは、子どもの育ちにとって非常に重要なことなのです。

　措置変更はマイナスなことばかりではありませんが、里親養育が主流の英米では、**ドリフト**^{*}といわれる里親宅を転々とする子どもたちの問題が深刻です。社会的養護の元を離れた後に定職に就けない、ホームレスになる、犯罪の加害者・被害者になるなどの予後の悪さが問題視されています。措置変更が繰り返されるなかで、生活の基盤が途切れていき、人とのつながりがなくなってしまって、浮草のように拠り所がなくなっていくことは、子どものその後の人生全般にさまざまな影響を与えるということを、心して支援を行わなければなりません。

3.　その他の里親不調要因について

　できるだけ不調を防ぐために、里親委託を進めるうえで、不調が起こりやすい状況をあらかじめ押さえておく必要があります。

1　年長児童の委託

　「もっと小さいときから子どもを預かれたらよかったのに」ということを、里親からよく聞きます。しかし、現実的な問題として、児童相談所の現場ではさまざまな年齢の子どもたちの生活の場を探す必要があり、特に高校生の年齢の子どもの措置・委託場所を探すのは大変なことです。施設への措置が難しいため、里親やファミリーホームでも対応が難しいとわかっていながら、年長児を里親に依頼したことのある児童相談所は多いと思います。思春期の難しさや非行などに悩んだ末、措置が継続できなくなるケースもありますが、落ち着くケースもあり、里親の力量に頼ってきたというのが現実です。年長児童の里親委託についての工夫を考える必要があります。

2　実親と里親との交流

　これまでの里親委託は、実親と交流のない子どもたちを主に行っていた傾向があります。全国児童相談所長会が2011（平成23）年に行った調査では、7割弱の子どもが実親と交流がないという結果でした[1]。今後は、里親委託が主になってくると考えられます。もちろん、先述した

✳ 用語解説

ドリフト
（drift）
driftとは漂流する、転々とするという意味。そこから、里親への委託がほとんどを占める英米、カナダ、オーストラリアなどで、適応がうまくいかず子どもが里親宅から別の里親宅へと移っていくことをいう。生活の場、人間関係、教育が断ち切られていくことの悪影響が問題となっている。

▶ 出典

†1　全国児童相談所長会「児童相談所における里親委託及び遺棄児童に関する調査」『全児相』通巻第91号別冊、2011年、72頁

②保護者が里親委託に明確に反対している場合や、③不当な要求を行う
など対応が難しい保護者である場合は里親に委託は行いません。

　それ以外の場合、実親との関係をどのように構築していくのかも、里
親ソーシャルワークに求められることになります。

インシデント②　実親との交流のなかで　その 1

　ミカちゃんは 2 歳。里親の中井さん宅で暮らしていますが、と
きどき母親宅に外泊をします。母親は里親宅での養育の不満を、し
ばしば児童相談所担当者に言っていたようです。しかし里親も、あ
いさつもしない母親の態度によい気持ちはもてませんでした。ある
日、外泊時に母親から児童相談所に子どもの体にあざがある、里親
宅で受けたのではないか、安心して預けられないと連絡がありまし
た。そのため、児童相談所が確認すると頬と太ももにうっすらあざ
があります。中井さんに確認すると、「母親が迎えに来る日の朝に
家の中で転んだので、それかもしれないがわからない」とのことで、
児童相談所は一時保護をすることになりました。中井さんは虐待を
疑われ、非常にショックを受けています。

　アメリカでは、実親から里親宅での養育について、上記のような通告
が入ってくることが多いため、里親研修では、養育の記録をしっかりつ
けておく必要があると説明をされているそうです。子どもの親自身が困
難な成育歴を抱えていることが多いなか、人との関係性もスムーズでな
いこともあります。実親とのやりとりの難しさに里親が怒りや情けなさ
を感じることもあるでしょう。ましてやその実親に虐待を疑われれば、
より怒りがつのることでしょう。しかし、そういう形でしか、親として
の立場を示せない実親の状況を知り、実親への支援も里親の役割である
ことを理解することが必要です。

インシデント③　実親との交流のなかで　その 2

　養育里親宅で暮らすヨシオくんは小学校 3 年生です。里親宅での
生活にも慣れ、実の母親との交流が久しぶりにはじまりました。母
親宅への外出から帰ってきたヨシオくんに、里親がどうだったかを
尋ねても、ほとんど話してくれません。里親がもう少し突っ込んで
聞いてみたところ、たいしたことはないとむきになります。

参照
忠誠葛藤
→レッスン17

　このようなときに、**忠誠葛藤**（ロイヤリティ・コンフリクト）につい

て知っておくとよいでしょう。子どもが里親宅になじんで、里親との関係性が構築されるなかで、子どもは、里親か実親かのどちらかに忠誠心をもたなくてはならないと思う傾向があります。そのため、素直に里親に対しては実親のことを、また実親に里親のことを話せないという葛藤状態に陥ることがあります。

　里親に対しては、里親が実親を非難するような言葉を使うと、子どもはますます葛藤状況に陥ることを説明し、注意をうながすことが大切です。そして、実親にも忠誠葛藤について説明し、子どもの育ちを応援するための養育チームに実親も組み入れる基盤づくりを進めていきたいものです。

■3▶ 子どもからの通告

　子ども本人からの虐待通告というものもあります。以下の事例をみていきましょう。

インシデント④　子どもとの関係の悪化

　クミさんは14歳。里親との関係がぎくしゃくしてきています。塾の先生に、里父からたたかれて家に帰りたくないという話をしたため、児童相談所に連絡がいきました。児童相談所がクミさんに話を聞くと、里父がどなったり、たたいたりするので帰りたくないと訴えます。そのため、児童相談所から里親宅にクミさんを一時保護したという連絡を入れました。しかし里父は、帰宅時間が遅いことを叱りはしたものの、手をあげたことはないとのことです。その後クミさんは、一時保護所は嫌だ、塾のテストの点数が悪かったので怒られそうで、嘘をついたと言い出しました。

　虐待を受けているという子どもの話には真摯に耳を傾ける必要があり、虐待の痕跡や受けた経過についても誘導することなく、話を聞く必要があります。それとともに、虐待をしたとされる人物（この事例の場合は里父）やその家族にも話を聞いて、何が起こっているのかを見定めることが必要です。クミさんは結局、嘘をついたと言いました。では、なぜこのようなことをクミさんは言ってしまったのでしょうか。里親との関係性に問題が生じている可能性は高いといえます。この出来事を子どもが支援を求めているサインととらえて、しっかり子どもと里親の話を聞いて対応することによって、両者の関係を改善し、不調にまで至ることを避けられる可能性が高まります。

> # 4.　被措置児童等虐待について

残念なことですが、実際に里親宅で虐待が起こってしまうこともあります。

平成30年度の全国の**被措置児童等虐待***の届出・通告受理件数は246件であり、平成30年度に虐待の有無に係る事実確認が行われた事例（平成29年度以前の繰り越し事例を含む）のうち、都道府県市において虐待の事実が認められた件数は99件でした。　虐待の事実が認められた施設等は、「児童養護施設」が50件（52.6％）、「障害児入所施設等」が17件（17.9％）、「里親・ファミリーホーム」が13件（13.7％）、「児童自立支援施設」が5件（5.3％）等でした。措置児童数の割合からすると、里親・ファミリーホームの割合が高いことがわかります。里親家庭は施設よりも子どもとの関係性が近く、閉ざされてしまうと、子どもと里親の関係が悪循環に陥りやすくなります。図表20-2は、里親・ファミリーホームにおける被措置児童等虐待が発生したときの支援体制・養育姿勢につ

✶ 用語解説

被措置児童等虐待

虐待等、さまざまな事情により家庭での養育が困難であるために保護され、施設等（里親を含む）への入所措置等をされた児童（被措置児童等）に対して、施設職員等（里親を含む）が行う虐待をいう。2009年の児童福祉法改正の際に追記された。

図表20-2 里親・ファミリーホームにおける被措置児童等虐待が発生したときの支援体制・養育姿勢

（単位：件）

	なされていた	どちらかというとなされていた	どちらとも言えない	十分でなかった	なされていなかった	合計
里親等が子どもを抱え込まないような支援体制が整えられている	1	3	6	1	2	13
里親家族内での養育に対しての考え方や方針が一致して養育がなされていた	2	0	5	3	3	13
里親サロンに参加したり、児童相談所、里親会、里親支援機関の支援を受けて、養育がなされていた	2	2	5	0	4	13
児童相談所や里親支援機関による家庭訪問や子どもへの面接などが行われ、養育がなされていた	7	2	2	2	0	13
里親等が種々の研修に参加し、虐待等への認識をもって養育がなされていた	3	2	3	2	3	13
里親・ファミリーホーム養育指針や自立支援計画を理解して、養育がなされていた	1	2	5	3	2	13
子どもの意向や意見を把握し理解して養育がなされていた	2	1	5	3	2	13
児童相談所で策定される自立支援計画について里親と子どもが共有して養育がなされていた	1	1	6	3	2	13

出典：厚生労働省「平成30年度における被措置児童等虐待への各都道府県市の対応状況について」（https://www.mhlw.go.jp/content/000605213.pdf 2020年6月18日確認）

いての調査結果です。児童相談所や里親支援機関による支援体制や里親等の研修への参加、児童相談所の策定する自立支援計画を共有した養育などに課題があることがわかります。里親ソーシャルワークはこれらの点に気をつける必要があります。

　里親に対する研修や子育てを支援する社会資源の充実、社会の里親制度の理解の増進は重要です。そして、関係機関の連携により里親個人の力量やふんばりを超えて、チーム養育を進める必要があります。そのためのコーディネーターとして、里親支援専門相談員やフォスタリング機関職員の役割は、今後ますます重要になります。

5.　委託解除になったあとの里親への支援

　子どもにとって、委託解除・措置変更は見捨てられ感や動揺を引き起こします。同時に家族の一員となった子どもがいなくなるということは、里親と里親家族にとっても喪失体験となります。里親のなかには、被害的になったり、その決定に怒りを感じたりする人もいるでしょう。支援専門職は、里親がそのように感じるということは理解しても、支援者自身がその感情に同化して、巻き込まれないように気をつける必要があります。アユムくんの里親の太田さんは、現状を児童福祉司と振り返り、措置変更後もアユムくんを応援する役割を受け入れました。このようなときに、改めて支援者とともに里親が自らの養育観や価値観を振り返ることは、里親の成長の機会にもなるでしょう。他方、里親のなかには里親をやめる決断をすることになる場合もあるでしょう。どちらにしろ、措置を行う児童相談所の里親担当は、委託解除になった決定の経過をていねいに説明することが重要です。そして、里親支援の専門職は里親の喪失感に寄り添い、その体験を失敗ととらえて終わらないようにすることが大切です。

6.　里親不調を防止するシステム

　最後に、里親不調を防止するためのシステムについて紹介しましょう。里親が孤立せずに委託された子どもを育てる支援のしくみが考えられています。

図表 20-3 モッキンバード・ファミリーモデル

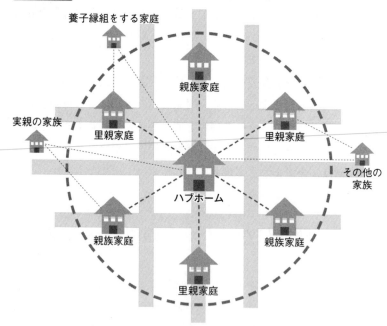

出典：モッキンバード・ファミリー・ジャパン（MFJ）ホームページ「モッキンバード・ファミリー™とは」
(https://mockingbirdfamilyjapan.org/about/ 2020年5月27日確認)

1　モッキンバード・システム

　里親養育を支援するものとして、モッキンバード・システムがあります。これは、6〜10家族が一つのグループをつくり、10〜40人の子どもを養育するというものです。里親経験を積んだ「**ハブホーム***」とよばれる一つの家庭がグループの中心となります。常に2人の子どもが泊まれるスペースがあり、緊急レスパイトや予定されているレスパイトが可能なことがハブホームとなる条件となります。親族養育や養子縁組の家族、実親家族など、サテライトになる家庭は柔軟に組み合わせることができます。ハブホームの中心となる里親宅が親の役割をして、相談やレスパイトを受け入れるのです。こうして点在する里親宅をグループ化して、支援をしていく形をとります（図表20-3）。

　子どもが委託されている里親と関係がよくない場合、ハブホームの里親がしばらくその子どもを預かり、子どもとその里親の間に入ることで、双方が関係を見直すことが可能になり、不調を防ぐことができます。

2　乳児院と里親・ファミリーホームの連続性を生かしたシステム

　一方、山本は、乳児院が本体の施設として治療機能と支援機能をもち、

✳ **用語解説**
ハブホーム
里親の連携コミュニティの
中心になる家族。

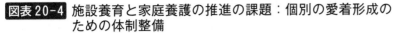

図表 20-4 施設養育と家庭養護の推進の課題：個別の愛着形成のための体制整備

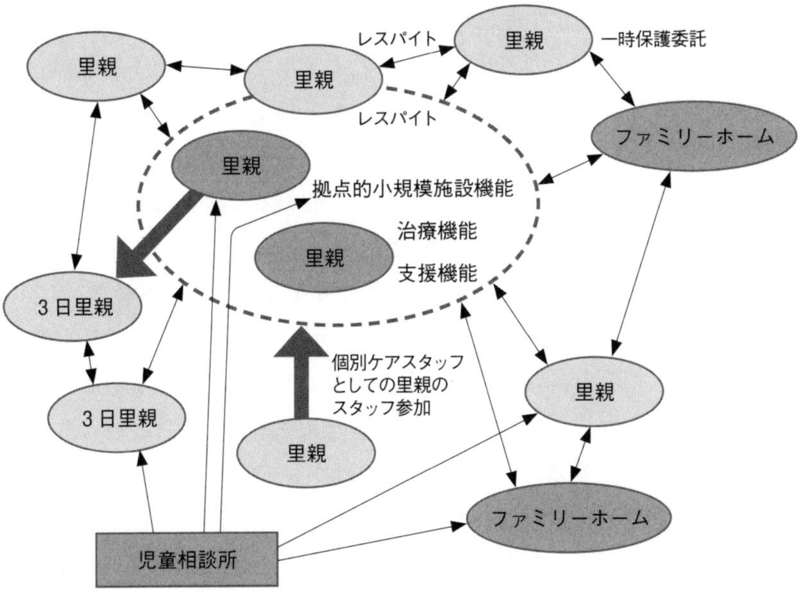

出典：山本恒雄「四国地区里親研修会『子どもの明日を支える 里親の役割』資料」2017年

地域にあるファミリーホームと里親家庭のレスパイトケアなどを行う体制をつくることを提案しています†2。保護者の里親委託についての同意が得られない子どもや、治療的支援が必要な子どもは本体施設でのケアを行います。そして、ある程度生活環境に適応し、安定した生活を送っていて、対人関係や社会適応を通じて問題解決を図り成長発達ができる状態の子どもに対しては、個別ケアスタッフとして里親が施設にスタッフとして参加し、いずれ里親になり、子どもを自宅に引き受けることで里親家庭へのスムーズな移行と施設からのサポートを受けられるようにするのです。委託に向けて段階を踏むことと手厚い受け皿により、個別の愛着形成のための体制がつくられるとしています。これは施設を活用して、不調を防止しながら、社会的養護の小規模化・家庭養育機能の保障と強化を進めることが可能となる里親支援のシステムです（図表20－4）。

モッキンバードのシステムは、日本でもいくつかの地域で動き始めています。山本の構想は乳児院が里親支援の拠点になる具体的な進め方がよくわかります。システムから里親を支援し、不調を防止するためのしくみづくりを検討することも重要です。

出典

†2　山本恒雄「四国地区里親研修会『子どもの明日を支える 里親の役割』資料」2017年

3 ▶ トラウマインフォームドケア

　レッスン18では、トラウマ体験や家族の機能不全といった「小児期逆境体験」が子どもに生涯にわたる悪影響を与えることを紹介しました。トラウマは安心や安全の感覚を失わせ、トラウマを受けた子どもの心のなかは、不安や恐怖でいっぱいとなります。甘えたい、うまくやりたいと思っても、不信や疑念がぬぐえないため、人とうまく付き合えなくなります。トラウマの影響を受けた子どもに関わる支援者は、その対応の難しさに悩み、やがて支援者自身が傷つきを抱えてしまいます。

　この悪循環を断ち切るために、「**トラウマインフォームドケア***」というアプローチがあります。これは、「誰もがトラウマについて基本的な知識をもち、相手や自分にみられるトラウマの影響を認識すること。トラウマによって生じている反応を、問題行動や困ったことといった否定的な見方でとらえるのではなく、『心のけが』の影響として理解すること。心のけがを手当するために対応すること。叱責や非難によって、さらに傷つきを深めてしまうような、再トラウマを防ぐこと[3]」とされています。つまり、問題行動の背景にある見えていないことを、トラウマの視点で「見える化」するという態度や考え方です。「トラウマのめがね」をかけて起こっていることをみてみると、これまで紹介してきた事例の子どもたちの言動が心のけがから生じてきたものとわかるでしょう。

　支援関係におけるトラウマの影響は、その当事者本人だけでなく、支援者や支援組織にまで及ぶとされているので、支援者は、トラウマについて学ぶことが大切です。

✳ 用語解説

トラウマインフォームドケア

支援者が子どものトラウマ症状とその症状が子どもの言動に与えている影響を理解して、生活レベルで関わるなかで、子ども自身が自分のトラウマ症状を理解し、コントロールできるようになることを支援するアプローチ。

▶ 出典

†3　野坂祐子『トラウマインフォームドケア──"問題行動"を捉えなおす援助の視点』日本評論社、2019年

　　┌─┬─┬─┬─┐
　　│演│習│課│題│
　　└─┴─┴─┴─┘

①措置変更を繰り返す子どもはどのような気持ちを抱くでしょうか。子どもの気持ちになって考えてみましょう。

②里親宅での虐待を防ぐためにどのような支援が大切でしょうか。考えてみましょう。

③インシデント①～④の子どもの問題とされる言動を、トラウマという視点から見るとどのように見えるのか、考えてみましょう。

参考文献……………………………………………………………………………

レッスン18

伊藤嘉余子編著　『社会的養護の子どもと措置変更——養育の質とパーマネンシー保障から考える』　明石書店　2017年

亀岡智美　「トラウマインフォームドケアと小児期逆境体験」『精神医学』　61（10）　2019年　1109-1115頁

北川恵・工藤晋平編著　『アタッチメントに基づく評価と支援』　誠信書房　2017年

津崎哲郎　『里親家庭・ステップファミリー・施設で暮らす子どもの回復・自立へのアプローチ——中途養育の支援の基本と子どもの理解』　明石書店　2015年

村田和木　『「家族」をつくる——養育里親という生き方』　中央公論新社　2005年

山縣文治　「里親等制度の状況と社会的支援」『臨床心理学』　11（5）　2011年　671-676頁

山本真知子　「里親の実子が里親養育から受ける影響——きょうだい・家族とは何か」『生存学研究センター報告』　25　2016年　152-165頁

Felitti, V. J., Anda, R. F. & Nordenberg, D. et al., "Relationship of childhood abuse and household dysfunction to many of the leading causes of death in adults: The Adverse Childhood Experiences (ACE) Study," *American Journal of Preventive Medicine*, 14（4）, 1998, 245-258.

レッスン19

深谷昌志・青葉紘宇　『社会的養護における里親問題への実証的研究——養育里親全国アンケート調査をもとに』　福村出版　2013年

深谷昌志・深谷和子・青葉紘宇　『虐待を受けた子どもが住む「心の世界」——養育の難しい里子を抱える里親たち』　福村出版　2016年

宮島清・庄司順一　『里親養育と里親ソーシャルワーク（社会的養護シリーズ）』　福村出版　2011年

宮島清・林浩康・米沢普子編著　『子どものための里親委託・養子縁組の支援』　明石書店　2017年

レッスン20

厚生労働省　「平成30年度における被措置児童等虐待への各都道府県市の対応状況について」（https://www.mhlw.go.jp/content/000605213.pdf 2020年6月18日確認）

才村眞理・大阪ライフストーリー研究会　『今から学ぼう！　ライフストーリーワーク——施設や里親宅で暮らす子どもたちと行う実践マニュアル』　福村出版　2016年

里親養育ネットワーク　『里親になる人のためのワークブック』　明石書店　2011年

全国里親委託等推進委員会　『里親・ファミリーホーム養育指針ハンドブック』　2013年

全国児童相談所長会　「児童相談所における里親委託及び遺棄児童に関する調査」『全児相』　通巻第91号別冊　2011年　72頁

野坂祐子　『トラウマインフォームドケア——"問題行動"を捉えなおす援助の視点』　日本評論社　2019年

モッキンバード・ファミリーモデル事業実行委員会　『ホスト・エージェンシー実施のためのハンドブック』　2017年

山本恒雄　「四国地区里親研修会『子どもの明日を支える　里親の役割』資料」　2017年

おすすめの1冊

村瀬嘉代子　『小さな贈り物——傷ついたこころにより添って』　創元社　2004年

人の成長、人の変化は、人との出会いや出来事との出合いによって影響を受ける。子どもの成長の可能性を信じること、そのために、大人たちが工夫をすることの大切さが伝わってくる。待つということもその一つ。里親にもソーシャルワーカーを目指す人にも読んでほしい1冊である。

日本とアメリカの里親制度の違い

　同じ里親委託でも、日本とアメリカでは状況は異なります。その違いをみていきましょう。

　日本では養育里親の場合、委託がどのくらいの期間続くかはあまり明確にされません。実親が途中で引き取るかもしれませんし、あるいは18〜20歳くらいまで養育するかもしれないという不安定な状況のなかで行われています。里親委託の決定は、一部を除いて児童相談所長が行っています。

　一方、アメリカでは、親元から里親宅への措置は裁判所での許可を必要とします。またパーマネンシー（永続的な養育）という点に重点が置かれているため、ある一定期間を過ぎると養子里親との縁組が求められます。歴史的にみてみると、1980年に制定された養子縁組の支援と児童福祉に関する法律（Adoption Assistance & Child Welfare Act：AACWA）は、親子分離を避けるため、また分離した家族を再統合するために合理的な努力を行うこととして、児童福祉機関に最低でも 6 か月おきにケースの再検討を行い、里親委託から18か月が経過した段階で家庭復帰が期待できない場合は、子どもの永続的な居場所についての審理を行うことを求めたものでした。しかし、その後も里親への長期委託児童は減少せず、また親元に戻った子どもへの再虐待という事態も招くことになりました。この批判を受けて、1997年に養子縁組と安全な家族に関する法律（Adoption and Safe Family Act）が制定されました。これは、家族維持・再統合が不可能な場合において、里親委託から12か月の段階で、子どもの永続的な居場所を裁判所が決定することを求めています。また、親の同意による任意的措置については180日以内とし、それを超えても引き取れる家庭状況にない場合は裁判所が関与するしくみとなっています。つまりこの法律どおりにいくと、日本のように長期にわたって養育里親と暮らすことはないといえます。実際には養子里親がみつからないなどで長期の里親委託となっている子どもたちは多くいますが、同じ里親養育でも日米では基盤となる法制度が大きく異なることがわかります。

参考：峰下拓、2018年 8 月に実施された「IFCA日本ユースチーム渡米プロジェクト活動」

第6章

里親の養育力・専門性の向上とトレーニング

本章では、里親に求められる養育力、専門性とそれらの向上や育成に必要な研修やトレーニングのあり方について学んでいきます。里親に委託される児童の多くが、さまざまな支援ニーズを抱えています。里親には、子どもたち一人ひとりがもつ支援ニーズを的確に理解したうえで、あたたかな愛情と確かな知識に裏づけられた養育が求められています。

里親に求められる専門性

このレッスンでは、里親として必要となる要件を整理することにより、里親に求められる専門性を考えていきます。さらに、家庭的というキーワードをもとに、里親に求められる専門性について考察していきます。

1. 里親に求められること

　日本の社会的養護を担っているのは、大きく分けると施設を中心とする家庭的養護、そして里親・ファミリーホーム（以下、里親、特に区別が必要な場合はファミリーホームとする）が行う家庭養護となります。家庭的養護を行う施設には、乳児院、児童養護施設、児童自立支援施設、児童心理治療施設、母子生活支援施設、自立援助ホームがあり、それぞれの施設に期待される役割は異なります。

　ここでは、里親を含めてそれぞれの施設にどのような役割が期待されているのかを、「地域化」「小規模化」、そしてこれらが進められることから生まれる「家庭的」といったベクトル上にマッピングすることから考えていきたいと思います。それは、現代の社会福祉施策、特に施設福祉では、福祉サービスを利用する対象者が地域で包摂されて生活することを目的として「地域化」と「小規模化」が図られ、「家庭的」な環境でサービスが提供されることが求められているからです。この3つのキーワードから、社会的養護を担うそれぞれの施設がどこにマッピングされるのかを示したのが、図表21-1です。

　家庭的というベクトルにそって社会的養護を担う施設や里親を考えてみると、最も地域化・小規模化が図られ家庭的なものになるのが、**養子縁組里親**です。そして、里親、ファミリーホームと続きます。次に**児童養護施設の地域の分園**、そして本体施設になります。本体施設はその定員の規模や形態から小舎制、中舎制、大舎制と位置することになります。名称どおり小舎制から順に大きな形態になっていきます。小舎制とは一つの**生活単位***が12人以下の施設を示し、中舎制では13〜19人、大舎制では20人以上となります。

　児童養護施設に続くのが児童自立支援施設と児童心理治療施設です。

✛補足

養子縁組里親
養子縁組をすると、社会的養護から私的養育に移行することになり、社会的養護からは抜けることになるが、国も養子縁組家庭を含めたサポートを検討しているところもあり、この図に含めた。

児童養護施設の地域の分園
児童養護施設の地域の分園としては、地域小規模児童養護施設や施設敷地外の小規模グループケアが考えられる。

✴用語解説

生活単位
子どもの暮らす生活単位のことで、児童の居室、キッチン、トイレ、バス等がそろっていて、不自由な生活をおくることのない単位をいう。

図表 21-1 地域化・小規模化からみた社会的養護の配置

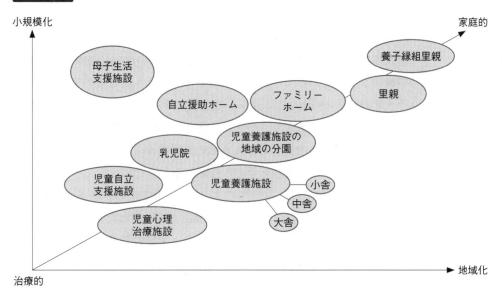

どちらの施設に措置されるのかは子どものニーズによりますが、児童養護施設より高い専門性が求められます。そして、それぞれの子どものニーズに応えるべく乳児院、自立援助ホーム、そして母子生活支援施設が配置されます。母子生活支援施設を「地域化」がより低いところに位置づけたのは、現在の入所者の多くが**DV被害***を理由として入所しており、施設を社会に開くということより、入所者を守るという役割の重要性が大きくなっているからです。

　このように社会的養護をマッピングしてみると、里親に求められていることが明確になります。里親にはほかの施設と比べ、より「家庭的」な養育が求められているということです。しかし、この「家庭的」とはどういうことを意味するのでしょうか。「児童養護施設運営指針」の社会的養護の原理にある「家庭的養護と個別化」の項では、「社会的養護を必要とする子どもたちに『あたりまえの生活』を保障していくことが重要であり、社会的養護を地域から切り離して行ったり、子どもの生活の場を大規模な施設養護としてしまうのではなく、できるだけ家庭あるいは家庭的な環境で養育する『家庭的養護』と、個々の子どもの育みを丁寧にきめ細かく進めていく『個別化』が必要である[†1]」として「家庭的」な生活とは「あたりまえの生活」であると定義されています。しかし、この「あたりまえの生活」とはどのような状態をいうのでしょうか。

▶ 出典

†1 「児童養護施設運営指針」第Ⅰ部 2（2）「社会的養護の基本理念」①

「『家庭的』な生活とは『あたりまえの生活』なのです」と聞くと、なんだかわかったような気がします。しかし、人によりこの「あたりまえ」が意味するところは違っています。

　大きな施設ではなく、小規模化し、それぞれの地域にあるような個人の家のようなところで生活すれば「あたりまえ」になるのでしょうか。そうすれば、「家庭的」に近づくのは事実でしょう。しかし、それだけでは十分ではありません。そういったハード面も大切ですが、そこで暮らし、子どもたちを養育する大人との関係性から、「家庭的」とはどのようなことかということを考える必要があるのです。

　では、「家庭的」になる要件には、どのようなものがあるのでしょうか。「里親及びファミリーホーム養育指針」で示された、「家庭養護の在り方の基本」における「基本的な考え方（家庭の要件）」を紹介しながら、「家庭的」とは何なのかを考えていきたいと思います。

2. 社会的養護における「家庭養護」の5つの要件

　「里親及びファミリーホーム養育指針」では、次に示す5つの要件が「家庭養護」に必要であると定めています[2]。

①一貫かつ継続した特定の養育者の確保

> ・同一の特定の養育者が継続的に存在すること。

　子どもの発達に大きな影響を与える愛着関係の形成を考えると、同一の特定の養育者に継続的に養育されることは非常に重要なものになります。子どもは同じ養育者に繰り返しかわいがってもらったり、世話をされたりすることにより、**基本的信頼感**を形成することができます。そしてこの基本的信頼感、つまりは人を信じる力をもつことにより、その特定の養育者に対する愛着が生まれます。施設でも適切な養育を受けることはできます。しかし、多くの施設がローテーション勤務を基本としており、職員が交代します。また、施設の職員の離職率が高いこともあり、特定の職員と子どもとの間に築いた愛着の関係がころころと変わらざるを得ない状況だといえます。

　施設が中心となっている現在の社会的養護の状況を考えると、里親では当然のことである同一の養育者に継続して養育されるということは、「家庭的」であることの大きな意味となるのです。

▶出典
†2　「里親及びファミリーホーム養育指針」第Ⅰ部 5
(1)「基本的な考え方（家庭の要件）」①〜⑤

参照
基本的信頼感
→レッスン14

②特定の養育者との生活基盤の共有

> ・特定の養育者が子どもと生活する場に生活基盤をもち、生活
> の本拠を置いて、子どもと起居をともにすること。

　特定の養育者とともに生活を共有することから愛着が生まれ、安心感が形成されます。また、信頼できる養育者との生活は、自分は絶対に守ってもらえるのだという安全感の形成にもつながります。そして家庭生活において、この安心・安全感をもてるということが、とても重要になるのです。

　現在、社会的養護で保護される子どもの多くが**児童虐待を受けた経験**があり、家庭のなかで安心・安全感をもつことができなかった子どもたちです。そういった子どもたちが安心・安全感をもって生活できることは大きな意味があります。児童虐待そしてDVを間近に見て育つような環境は、それが父母がそろった家庭であったとしても、家庭的とはいえません。信頼できる特定の養育者との暮らしによって生まれる安心・安全感をもてることが、子どもにとってとても大切になります。

③同居する人たちとの生活の共有

> ・生活の様々な局面や様々な時をともに過ごすこと、すなわち
> 暮らしをつくっていく過程をともに体験すること。

　愛着そして安心・安全感の形成の大切さを述べてきましたが、これらは突然生まれるものではありません。生活のさまざまな局面をともに過ごすことによって徐々に形成されるものです。日常生活をしっかりと行うことによるリズムのある健康的な暮らしが基本となりますが、長期の休みに一緒に旅行に出かけるなど楽しい思いを共有することから、情緒的にも豊かな生活がつくられていきます。また、生活を一緒につくり上げていくことから、将来の自立に必要となる生活技術も自然に学ぶことになります。

④生活の柔軟性

> ・コミュニケーションに基づき、状況に応じて生活を柔軟に営
> むこと。

　家庭生活にも一定のルールや約束事はありますが、それが柔軟性に欠

◆補足

児童虐待を受けた経験
厚生労働省の行った「児童養護施設入所児童等調査結果の概要（平成30年2月1日現在）」（2020年）によれば、里親委託児の38.4％、児童養護施設児の65.6％、児童心理治療施設児の78.1％、児童自立支援施設児の64.5％、乳児院児の40.9％が「虐待経験あり」と答えた。

いたものとなると、生活は苦痛になります。ルールや約束事といったものは、子どもの年齢や生活状況に応じて変化していく必要があります。そして、それは、親と子が相互にコミュニケーションすることによる変化でなければなりません。いろいろな物事を話し合いで解決することができるという柔軟性を、もたないといけないのです。

　複数の人が一緒に生活しようとすると、さまざまなルールや約束事が必要になります。そして、ルールや約束にしばられた生活を強いられるとき、多くの人はその生活を管理的だと感じ、息苦しさを覚えます。このような管理的な生活は、家庭的であるとはいえません。

　施設と里親との違いは、「施設では職員が子どもの住居に通うが、里親では子どもが里親の家にやってくる」といわれたりします。また、施設では職員が子どもに対して遠慮してしまうことがあるが、里親では子どもに対する遠慮がないといわれることもあります。しかし、子どもが里親の家にやってきたのだから、里親の家のやり方にすべて従ってもらうということになると、その暮らしは管理的になってしまいます。したがって、里親には、子どもの個別的なニーズに合わせて、臨機応変にルールや約束事を見直す柔軟性が求められるのです。

⑤地域社会に存在

> ・地域社会の中でごく普通の居住場所で生活すること。

　地域社会のなかで生活することにより、「地域で暮らす」ということを養育者自身の地域との関係や社会生活から学ぶことも重要なことです。また、地域に点在する家庭で生活することによって、親と離れて暮らすことに対する否定的な感情や自分の境遇が特別であるという感覚が軽減され、子どもの精神的な安定につながると考えられています。

　里親家庭は地域のなかで孤立していてはならないのです。児童虐待をする家族の多くが地域から孤立して生活しており、そこから生まれるストレスが死亡事故を含む深刻な問題へとつながることは少なくありません。孤立化を防ぎ地域で生活していることを意識するためにも、地域活動に参加することが大切になります。

3.　里親に求められる専門性

　以上、社会的養護をマッピングした図（図表21－1）から里親に求め

られることがより「家庭的」であるということを示したうえで、「家庭的」とはどのようなことなのかを考えてきました。

　ここで示したかったのは、地域でありふれている家の一つで生活するといった「小規模化」「地域化」が実現すれば「家庭的」になるということではなく、養育者と子どもがどのような関係性をもって暮らすことができるのかが重要になるということです。

　上記で紹介した5つの要件をまとめる形で、筆者なりに「家庭的」を定義したいと思います。

> 　「家庭的」とは「地域のなかで、特定の養育者と安心・安全感をもち、個別的なニーズに合わせた生活が保障される」こと。

　このように考えると、「家庭的」の意味とは子どもの人権が擁護されやすい環境を整えることであるといえます。特定の養育者との生活とは、**「児童の権利に関する条約」（子どもの権利条約）**で保障されているパーマネンシーの考え方であり、安心・安全感をもち、個別的なニーズに合わせた生活とは、子どもの最善の利益に配慮するという子どもの権利擁護の大原則です。

　パーマネンシーとは、1980年にアメリカで定められた「養子縁組援助および児童福祉法（Adoption Assistance and Child Welfare Act）」において登場したものです[3]。社会的養護で保護される子どもの成長には「パーマネンシー（永続的）な関係性」が不可欠であるという考え方です。ここでは、親に代わって長期にわたって子どもたちの成長を見守ってくれる存在を提供することを目的に、「養子縁組」が一番望ましい策としてとられ、それができないときに、長期養育の里親、そして施設と順番が定められています。また、「パーマネンシー」の考え方には、「最小拘束的処遇（least restrictive alternative）の原則」が働いていて、子どもにとって最も拘束が少なく自由の多い環境が最優先されるべきだとされています。この考え方によれば家庭が最も束縛が少なく、施設は最も多いことになります。そのため、施設が最も優先順位の低いところに位置づけられています。ここでも人権擁護の考え方が前面に出ているのです。

　このように人権擁護という視点に立つと、ただ単純に里親といった「家庭的」な場所で養育されたらよいということではなくなります。里親との生活のなかで、どのように子どもの人権擁護をしていくのかという発想をもつことが求められているといえるのです。つまりは、「家庭

参照

「児童の権利に関する条約」（子どもの権利条約）
→レッスン2

出典

†3　芝野松次郎編著『子ども虐待ケース・マネージメント・マニュアル』有斐閣、2001年

的」になるということは、子どもの人権擁護を図るための手段であるのです。

　里親に求められる専門性とは、子どもの権利擁護を子どもとの生活のなかで進める力であるといえます。そして、子どもの権利擁護を進めるためには、里親にも研修、支援が必須となります。特に、被虐待児の増加は新しい課題を生んでいます。

　次のレッスン22では、里親に対して提供される研修から里親に求められる専門性を考えていきます。

演 習 課 題

①このレッスンでは、「家庭的」ということを「里親及びファミリーホーム養育指針」の家庭養護の5つの要件から考えてきましたが、皆さんは「家庭的」と聞くと、どのようなことを思い浮かべますか。お互いの意見を交換してみましょう。

②第2節④「生活の柔軟性」の項で、ルールや約束事について述べましたが、皆さんの育った家庭ではどのようなルールや約束事がありましたか。クラスで話し合ってみましょう。

③インターネット等を使って「児童の権利に関する条約」（子どもの権利条約）について調べ、その特徴をクラスで発表してみましょう。また、子どもの権利に関して、日本の現状がどうであるのかを話し合ってみましょう。

里親研修

里親の現状を紹介するなかで、里親研修の必要性について考えていきます。また、現在行われている法定研修を紹介するとともに、里親制度を推進するための課題について整理をします。

1. なぜ研修が必要なのか

2008（平成20）年の「児童福祉法」改正により、養育里親になることを希望する者については、都道府県知事が行う「養育里親研修」を修了していることがその認定要件の一つとなりました。しかし、2008年に認定要件になったということは、それまでは里親になるための研修を受けなくても里親になれたということです。

長い間、里親になるための研修の必要性が認識されなかった理由として考えられるのは、育児に対しての認識の低さです。「子どもを産めば親になれる」「育児など、親になれば誰でもできる」という考えをもっている人はまだまだいます。親になれば誰でも育児をすることができるのなら、里親も同様に、育児を習ったりサポートを受けたりする必要などないといえます。しかし、本当にそうなのでしょうか。現代の社会で起こっている育児に関わる問題を考えるとき、育児が簡単なものであるとはいえなくなってきました。その大きな現象の一つが、児童虐待件数の増加です。

児童虐待の数は、年々増加の一途をたどっています。「児童虐待の防止等に関する法律」が制定された2000（平成12）年の全国の児童相談所の対応件数が1万7,725件だったのに対して、2018（平成30）年度の児童虐待対応件数は15万9,838件と、15万件を超えました（図表22‐1）。家庭内の生活ストレスが高いなかで、社会から孤立した状況で、問題が膨らみ、児童虐待が起こってしまう数が上昇しているのです。そのため児童虐待対策は現在国家的なプロジェクトの一つになっており、子育てセミナー等の育児支援も各地で行われるようになりました。

里親に求められているのは子どもを育てるという役割です。そう考えると、一般の親と同じように子育てのサポートを受けなければ、里親も

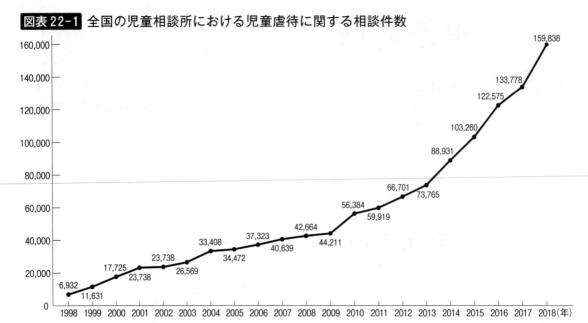

図表 22-1 全国の児童相談所における児童虐待に関する相談件数

出典：厚生労働省「平成30年度福祉行政報告例の概況」2019年

子育てに疲れてしまいます。そして、研修等で子育てをうまく進める方法を習うことで、子どもが起こすさまざまな問題に対処できるようになるのです。実際に、2018（平成30）年度に厚生労働省に届出された里親の**被措置児童等虐待**の件数は13件ありました。児童養護施設は50件ですので、里親宅で起こった件数は施設と比べると少ないといえるものの、発生率を計算すると、児童養護施設が0.20％、里親も0.23％と大きな差はありませんでした。このことからもわかるように、里親が里子を預かり子育てするというのは簡単なことではないのです。

参照
被措置児童等虐待
→レッスン20

2.　里親宅での養育の難しさ

　被措置児童等虐待が里親宅でも起こるなど、現在、児童養護施設・里親を含む社会的養護の現場では、子どもの養育が難しくなっていると報告されています。この状況を招いたのが児童虐待件数の増加です。現代の子育てが難しくなっている現象の一つとして取り上げましたが、児童虐待件数の増加が意味するのは、虐待を経験した子どもが社会的養護に保護される数が増えるということです。実際、厚生労働省が2018年に実施した調査によると、被虐待経験のある子どもは、里親委託児では38.4％、ファミリーホームでは53.0％、児童養護施設では65.6％となっ

ています[1]。

　児童虐待を経験した子どもの増加は、里親宅での養育の難しさを招くこととなりました。児童虐待という壮絶な環境は、子どもに重大な発達上のダメージを与えてしまうからです。児童虐待を受けた子どもは、知的には**境界線知能***を示す者が多く、学習に困難を抱えることがあります。また、**多動性行動障害***を呈する者もみられ、衝動のコントロールが不良でささいなことからパニック行動が生まれやすいことが指摘され、発達障害児によくみられる特徴と共通することが多いと報告されています[2]。実際に里親に委託されている子どものうち、24.9%がなんらかの障がいをもっていることが厚生労働省の行った調査[3]で報告されました。ちなみに、児童養護施設が36.7%、ファミリーホームは46.5%となっており、ファミリーホームでの割合が高くなっています。

　発達障害をもつ子どもの養育の困難さは、しばしばそれが児童虐待の引き金になることでも知られています。また、児童虐待を受けた子どもは愛着の問題があることが多く、**フラッシュバック***に苦しんだり、人を信じることができないなど、対人関係においてもさまざまな生きにくさを訴えることがあります。

　里親の子育てとは、現代社会がもつ子育ての困難さだけではなく、被虐待体験といった特有の問題から生まれる困難さにも向き合わなければならないのです。

　このような状況は里親を混乱させ、ときには措置変更を余儀なくされる状況も生まれやすくなっています。措置変更とは里親宅からの別れを意味し、措置変更に至る過程は里親そして里子の両方にダメージを与えることになります。このような状況を招かないためにも、里親への支援の充実は必須のものであり、支援の大きな柱の一つが研修といえるのです。

3.　里親研修の実際

　では、里親研修にはどのようなものがあるのでしょうか。ここでは、現在行われている研修の種類と内容を紹介します。

　里親が受けなければならない法定研修として、養育里親研修と専門里親研修があります。養育里親研修は養育里親、そして養子縁組里親を希望する人が受けなければならない研修です。

　そして、もう一つが専門里親研修です。この専門里親研修とは、被虐

▶**出典**

[1]　厚生労働省「児童養護施設入所児童等調査結果の概要（平成30年2月1日現在）」2020年

✱**用語解説**

境界線知能

健常と精神遅滞との間に位置する知能水準のことをいう。個別知能検査の測定で、知能指数（IQ）が71-84の範囲にあたる者を指す（一般社団法人日本LD学会編『LD・ADHD等関連用語集（第3版）』日本文化科学社、2011年、37頁）。

多動性行動障害

じっとしていなければならない状況で過度に落ち着きがない状態でいることをいう。状況によっては動き回ったり、離席が激しく座っていても常に体の一部が動いていたりする（一般社団法人日本LD学会編『LD・ADHD等関連用語集（第3版）』日本文化科学社、2011年、105頁）。

▶**出典**

[2]　杉山登志郎『子ども虐待という第四の発達障害』学習研究社、2007年

[3]　[1]と同じ

✱**用語解説**

フラッシュバック

過去の体験がいま目の前で起こっているかのように不安、恐怖や怒りなどの感情を伴って思い出されること。過去のつらい出来事がありありと思い出されるので、非常に苦痛感を伴い、それによって日常生活に支障が起こることがある（西澤哲『子ども虐待』講談社、2010年）。

待児・非行児童・障害児童といった特に支援が必要だと認められる子ども
を専門に養育する専門里親になりたい里親が、その認定のために受け
る研修です。以下に、これらの研修を順番に紹介していきます。

1　養育里親研修

養育里親研修は「基礎研修」「認定前研修」「更新研修」の３つに区
分されています。

①基礎研修

基礎研修とは、里親になることを希望し、児童相談所で説明を受けた
あとに、里親制度の概要など基礎的な事項を学ぶことを目的とした研修
です。この研修の第一の目的は里親制度の基礎を学ぶことにありますが、
研修中に先輩里親の体験談を実際に聞くことにより、参加者に「自分は
本当に里親としてやっていけるのか」といった向き不向きを考えてもら
う機会にもなります。

基礎研修はおおむね２日程度行われるのが一般的です。その場合、１
日程度を講義と演習、もう１日を実習にあてることが多いようです。実
習は見学実習の形で行われ、実際に児童福祉施設を訪問しそこを見学す
ることで、より具体的に社会的養護の状況と里親の役割を理解すること
ができます。

講義は、「里親制度の基礎Ⅰ（里親養育論）」「保護を要する子どもの理
解（養護原理）」「地域における子育て支援サービス（児童福祉論）」か
ら構成されており、これらの講義のあとに先輩里親の体験談を聞き、グ
ループに分かれて討議をする「里親養育演習」を行って修了となります
（図表22-2）。

②認定前研修

認定前研修は、基礎研修を受けたあと里親になる決意を固めた人に、
登録が認められるまでに里親制度や里親養育の基本を学んでもらうこと
を目的とした研修です。認定前研修はおおむね４日間程度で行われるの
が一般的で、その場合、２日程度を講義・演習、２日程度を実習にあ
てることが多いようです。この研修の修了が養育里親認定の要件となり
ます。この研修では、里親基礎研修の内容を発展させ、養育里親として
の養育技術を習得することを目的としています。

講義は、「里親制度の基礎Ⅱ（里親養育論）」「里親養育の基本（里親
養育論）」「子どもの心の発達（発達心理学）」「子どもの身体と事故防止
（小児医学・小児保健）」「関係機関との連携（里親養育援助技術）」「里
親養育上のさまざまな課題（里親養育援助技術）」「子どもの権利擁護と

図表22-2 里親基礎研修カリキュラム

里親制度の基礎Ⅰ （里親養育論）	・里親制度と養子制度の違い、社会的養護の役割、児童相談所の機能、措置について学ぶ。 ・里親の4つの区分と要件、里親の申し込みから登録、里親制度に関係する主な法律、季節里親、里親制度の課題について学ぶ。
保護を要する子どもの理解 （養護原理）	・要保護児童の定義、要保護児童の特徴、またこれらの子どもを家に迎え入れるときに起こる問題や課題について学ぶ。 ・児童虐待の種類、子どもへの影響や実態、里親養育における課題を学ぶ。
地域における子育て支援サービス（児童福祉論）	里親が利用することができる、地域における子育て支援サービスについての研修。 ・子育て支援サービスにおける都道府県と市町村の役割、市町村において利用できる社会資源、子育て支援サービス、そして里親養育における課題を学ぶ。
里親養育演習	先輩里親から体験談を聞いたり、里親会、里親支援機関などについての説明を受けたあと、グループディスカッションを行う。
実習 （見学実習）	実際に施設を訪問して、施設の概要の説明を聞き、見学をする。 ・施設の現状、その施設の歴史、養育の理念、課題、入所している子どもたちの全体的な状況について、概要説明を受ける。

出典：全国里親会「養育里親研修テキスト」をもとに作成

虐待防止（里親養育援助技術）」「里親会活動（里親養育援助技術）」から構成されており、これらの講義のあとに基礎研修と同じように先輩里親の体験談を聞き、グループに分かれて討議をする「里親養育演習」を行って修了となります（図表22-3）。

③更新研修

更新研修とは、養育里親認定もしくは前回の更新から5年目ごとに、さらなる更新を求める養育里親が受講しなければならない研修です。研修期間はおおむね1日程度で行われ、最近の子どもを取り巻く社会情勢や法制度の改正を含む社会状況、そして養育上の課題への対応についての理解を深めることを目的としています。講義のほかに、研修参加者同士の意見交換や情報交換を行います。また、児童の委託を受けていない里親については、1日程度の施設実習が義務づけられています。

2　専門里親研修

専門里親研修には、専門里親になるにあたって受講する「認定研修」と「継続研修」の2つがあります。

①認定研修

専門里親になるには認定研修を受講する必要があります。認定研修は、通信教育とスクーリング、そして7日間からなる施設での実習（そのうち1回は、宿泊を伴う実習）からなります。通信科目は、「社会福祉概論」「児童福祉論」「地域福祉論」「養護原理」「里親養育論」「発達臨床心理学」「医学（児童精神医学を含む)」「社会福祉援助技術論」の8科目で、1か月に3科目以内を履修することになります。そして、3

図表22-3　認定前研修カリキュラム

里親制度の基礎Ⅱ （里親養育論）	里親が行う養育に関する最低基準の概要についての研修。 ・最低基準の内容のポイント、意義について学ぶ。 ・児童相談所の行う自立支援計画の策定、措置の延長などについて学ぶ。
里親養育の基本 （里親養育論）	里親委託における、始まりから終結（措置解除）までの概要についての研修。 ・委託の問い合わせから受託、そして委託から措置解除までの流れを学ぶ。 ・里親委託にともなう諸手続き、生活費と里親手当、レスパイト等の利用できる制度について学ぶ。
子どもの心の発達 （発達心理学）	・心の発達をすすめる条件、子どもの発達段階、アタッチメントについて学ぶ。 ・委託された子どもによくみられる行動と対応上の留意点、障害等の特別の配慮を要する子どもの養育、虐待を受けた子どものケアについて学ぶ。
子どもの身体と事故防止 （小児医学・小児保健）	小児医学・小児保健の見地からの、子どもの身体と事故についての研修。 ・乳幼児健康診査、予防接種、母子手帳、健康管理、栄養管理について学ぶ。 ・乳幼児における事故防止の概要、**乳幼児突然死症候群（SIDS）**[*]、低出生体重児、**乳幼児揺さぶられ症候群**[*]について学ぶ。
関係機関との連携 （里親養育援助技術）	・連携の意義と留意点について学ぶ。 ・児童相談所・里親支援機関・学校幼稚園・保健医療機関・児童福祉施設・地域社会資源との連携について学ぶ。
里親養育上のさまざまな課題 （里親養育援助技術）	・実親との関わりとその留意点、**真実告知**、ルーツ探し、**ライフストーリーワーク**、性の問題について学ぶ。
子どもの権利擁護と虐待防止 （里親養育援助技術）	・子どもの権利を「子どもの権利に関する条約」から学ぶ。 ・社会的養護における権利擁護の特徴、児童福祉法に規定されている被措置児童等虐待防止について学ぶ。
里親会活動 （里親養育援助技術）	・里親会の種類、意義、関係する動きについて学ぶ。 ・委託された子どもや里親の実際の声を聞く重要性について学ぶ。
里親養育演習	先輩里親から体験談を聞いたあと、グループディスカッションを行う。
実習 （見学実習）	・施設に行き、子どもと話したり、食事をしたりすることを通して、子どもの生活を知り、関わり方を学ぶ。 ・施設職員から子どもの発達や行動、関わり方について学ぶ。 ・里親に委託されてくる前の子どもの多くが生活していた、施設という環境を知る。

出典：図表22-2と同じ

✻ 用語解説

乳幼児突然死症候群（SIDS）
　1歳未満の健康にみえた乳児に発症する原因不明の死である。SIDSは、Sudden Infant Death Syndrome の略である。

日間のスクーリングでは、「児童虐待援助論」「思春期問題援助論」「家族援助論」「障害福祉援助論」「専門里親演習」の5科目を受講します（図表22-4）。

②継続研修

　継続研修は、専門里親としての養育力の向上のためにおおむね2日間かけて行われています。児童福祉制度論の講義および専門里親演習を行います。そのなかで、子どもを取り巻く社会情勢の状況や法制度の改正といったことを学び、専門里親が身につけておくべき知識をアップデートすることと、ロールプレイなど実践的な演習を通して得られる養育力の向上を目指します。

図表22-4 専門里親認定研修のカリキュラム

区分	科目
養育の本質、目的及び対象の理解に関する科目	社会福祉概論（講義） 児童福祉論（講義） 地域福祉論（講義） 養護原理（講義） 里親養育論（講義） 発達臨床心理学（講義） 医学（児童精神医学を含む）（講義） 社会福祉援助技術論（講義）
養育の内容及び方法の理解に関する科目	児童虐待援助論（講義・演習） 思春期問題援助論（講義・演習） 家族援助論（講義・演習） 障害福祉援助論（講義・演習） 専門里親演習（講義・演習）
養育実習	養育実習（実習） 児童相談所、乳児院、児童養護施設、福祉型障害児入所施設、児童発達支援センター、医療型障害児入所施設、児童心理治療施設、児童自立支援施設のいずれかで7日間

出典：厚生労働省「児童福祉法施行規則第1条の36第2号の厚生労働省が定める研修」2009年を一部改変

4. その他の研修の機会

　法定研修として行われている2つの研修を紹介しましたが、専門里親研修に関しては通信教育とスクーリングがあり、内容的にも専門性が高く設定されています。第2節で紹介したように、被虐待体験をもつ子どもを養育するのは簡単なことではなく、さまざまな知識そして養育能力の向上を目指さなければならないのです。

　しかし、この専門里親研修は里親の全員が受けるというわけではありません。養育里親に関しては、養育里親研修のみ受講が義務づけられています。しかし実際には、養育するのが難しい被虐待体験をもつ多くの子どもが、里親宅に委託されています。被虐待体験をもつ子どもを受け入れる知識、そして準備もないまま委託されているのが現状で、養育の難しさから疲弊し、里親を辞めてしまう人も出てきています。本気で里親委託を推進するというのならば、里親に十分な研修が受けられる機会を準備する必要があります。

　里親の委託率を上げるため、国をあげての取り組みが始まり、厚生労働省は2011（平成23）年3月に「里親委託ガイドライン」を出し、施設より里親委託を優先的に行うという「里親委託優先原則」を明らかにしました。里親委託ガイドラインにおいては、里親家庭への支援の重要性も取り上げられています。里親への研修は重要な里親支援の一つとし

✴ **用語解説**
乳幼児揺さぶられ症候群
体を強く揺することにより頭の中の脳が動いて内出血などの外傷を負わせる症候群である。死や失明といった後遺症や致命的な外傷を負わせることがある。首が据わっていない新生児から生後6か月くらいの乳児に起こる。

参照
真実告知
→レッスン13

ライフストーリーワーク
→レッスン17

✳ 用語解説

里親制度普及促進事業

「里親支援機関事業実施要綱」によると、「里親制度の普及や里親委託を推進するためには、社会の制度理解を深め広く一般家庭から里親を求めるとともに、保護を要する子どもが家庭的環境の中で安心、安全に生活できるよう支援していくことが重要である。このため、一般家庭に対し里親経験者による講演や説明を行い子どもの福祉への理解を深めるとともに、養育里親等に対する研修を実施することにより、養育技術の向上を図るものである」とされている。

里親委託推進・支援等事業

「里親支援機関事業実施要綱」によると、「里親等への委託を推進するために、子どもに最も適合する里親等の選定のための調整等を行うとともに、委託された子どもの適切な養育を確保するための里親等や関係機関との連絡・調整や、里親等の負担を軽減するための里親等相互の相談援助や生活援助、交流の促進など里親等（中略）に対する子どもの養育に関する支援を総合的に推進する」とされている。

里親トレーニング事業

「里親養育包括支援（フォスタリング）事業実施要綱」によると、「子どもが委託されていない里親や子どもを委託されている里親（以下、「未委託里親等」という）に対する子どもを委託された際に直面する様々な事例に対応するトレーニングを実施し、養育の質を確保するとともに、委託可能な里親を育成すること等により、更なる里親委託の推進を図る」とされている。

て位置づけられており、「養育里親及び専門里親には、里親登録時の研修とともに、登録更新時の研修の制度がある。養子縁組里親及び親族里親にも、必要に応じ、養育里親の研修を活用する等により、適宜行う。このほか、里親の養育技術の向上のため、随時、研修の機会を提供する」とされています。

また、厚生労働省は「里親支援機関事業の実施について」および「里親支援事業の実施について」という通知を出し、里親制度の普及促進や、里親研修の実施、子どもの委託までのマッチングの調整、里親家庭への訪問等による相談支援などの業務を総合的に実施することを目的とする事業として「**里親制度普及促進事業***」「**里親委託推進・支援等事業***」（以上は里親支援機関事業）、「**里親トレーニング事業***」「里親訪問等支援事業」「共働き家庭里親委託促進事業」（以上は里親養育包括支援事業）を開始しました。これら事業の実施主体としては、都道府県（指定都市及び児童相談所設置市を含む）とするとしていますが、都道府県はこれらの「事業内容の全部又は一部について、里親会、児童家庭支援センター、児童養護施設、乳児院、NPO等、当該事業を適切に実施することができると認めた者に委託して実施できる」としており、民間団体の活用を推進する内容となっています。里親委託の推進には公民の連携が不可欠であるという認識が示されたのです。

徐々にですが、里親を支援する民間の団体も増えてきており、「PRIDE」（プライド）や「フォスタリングチェンジ」など、新しいプログラムを使った研修等が行われるようになってきています。

次のレッスン23では、この新しいプログラムの紹介をするとともに、里親の専門性を維持するために必要なものを考えていきます。

演 習 課 題

①発達障害のある子どもの養育の困難さについて調べてみましょう。発達障害の種類や特性について整理してみてください。

②養育里親が受けなければならない法定研修として、「基礎研修」と「認定前研修」があります。皆さんが里親になるとしたら、どのようなことを習いたいと思いますか。クラスで話し合ってみましょう。

③厚生労働省が実施する里親支援機関事業は、民間の活力を期待するものとなっていますが、現在、どのような民間の里親支援機関があるのでしょうか。インターネット等を使って調べてみましょう。

その他の活動等

このレッスンでは、新しい里親研修として注目される「PRIDE」（プライド）や「フォスタリングチェンジ」を紹介するとともに、里親支援の具体的なあり方を、スーパービジョンの3つの機能をもとに考えていきます。

1. 里親を支援する新しいプログラム

新しい里親研修として、「プライド」と「フォスタリングチェンジ」について具体的な内容を紹介しながら、今後求められる里親研修について考えていきます。

1 プライド

プライドは、アメリカのイリノイ州の里親たちからの求めに応じ作成されたプログラムで、アメリカやカナダの里親研修で幅広く採用されているものです。日本においては、家庭養護促進協会神戸事務所がこのプログラムを翻訳し、実施しています。ここでは、**家庭養護促進協会**の発行する機関誌『はーもにい』の81号から90号、および100号から110号に掲載された内容を参考にプライドを紹介します。

プライドとは、Parent Resource for Information Development and Educationの頭文字をとったものです。「里親養育を進めるための情報そして教育ハンドブック」といった意味になります。プライドは「子どもが家庭で暮らすことは何よりも大切なことである」という理念に基づいており、里親が里子養育のための知識を効果的に学び、必要な養育技術を身につけることを目標にしています。

プライドの目標として図表23-1の4つがあげられており、図表23-2に示す5つの基本的なカテゴリーから研修は構成されています。研修の講座は1回90分からなり、9回シリーズで行われます。里親委託前の講座からはじまり、委託後、経験を積んでくるとさらに上級のコースに進むことになります。

里親委託前の講座では、子どものアイデンティティ、文化、**自尊感情***を育てることの重要性などを学び、上級コースでは子どもの攻撃的

参照
家庭養護促進協会
→レッスン7

✶ 用語解説
自尊感情
自分には価値があり、尊敬されてもよい人間であると感じることができる感情。困難に直面したときに、自尊感情が高い人は粘り強く努力できるが、自尊感情が低い人はすぐにあきらめる傾向にあることが知られている。

図表23-1　プライドの目標

①里親に委託された子どもの発達、文化、パーマネンシーなどのニーズに応えること
②あらゆる形の家族の絆を強化すること
③研修やその評価を通して里親の質を高めること
④公的機関や民間の児童福祉機関、大学、里親会、全国的な児童福祉機関などと社会資源を共有することを手助けすること

出典：家庭養護促進協会機関誌『はーもにい』をもとに作成

図表23-2　プライドの5つの基本カテゴリー

①子どもの保護と養育
②子どもに見合う発達とその遅れを理解する
③子どもとその家族関係の支援
④安全な家族関係が生涯継続するように切れ目のない支援をする
⑤専門家チームの一員として仕事をする

出典：図表23-1と同じ

な行動を減らしたり、暴力を防いだり、身体を拘束したりする方法を学ぶとともに、それを適切に使うことができる養育技術を身につけます。さらに特定の技術、たとえば、10代の母親、医学的に問題のある乳幼児、自立に向けての支援といった個別のニーズに対応したものについても学んでいきます。

　講座は「気づき」「知識の習得と理解」「知識と養育技術が仕事にどんなふうに役立つかの理解」「技術の習得」といった4つの段階を経て行われ、里親が身につけておくべき養育技術を包括的に学べるようなプログラムになっています。

2　フォスタリングチェンジ

　次に、フォスタリングチェンジを紹介します[1]。このプログラムは1999年にイギリスのモーズレイ病院において、情緒や行動に問題をもつ里子の治療に長く取り組んできた専門家チームによって開発されました。アタッチメント理論、**社会的学習理論***、**認知行動理論***等に基づき、**ペアレントトレーニング***の考え方を取り入れたプログラムです。2人の**ファシリテーター***による里親グループ（7〜10人）でのセッションを、週1回3時間、のべ12回実施するものになっています。

　プログラムは、里子が起こすさまざまな問題行動に対して、否定的な面ばかりに目を奪われるのでなく、里親とのよい関係を築いていくため

図表23-3 フォスタリングチェンジの内容

①なぜ子どもはそのように行動するのか
②褒め上手になるために
③肯定的な注目のために遊びを用いる
④ご褒美を用いる
⑤どうしたらうまく指示できるようになるか
⑥「無視」をうまく使って行動を改善する
⑦限界を設定する
⑧子どもが自分の行動の結果から学ぶのを手伝う
⑨「**タイムアウト**＊」を使う
⑩考えることと感じること

出典：クレア・バレット、キャシー・ブラッケビィ、ウィリアム・ユールほか／上鹿渡和宏訳『子どもの問題行動への理解と対応——里親のためのフォスタリングチェンジ・ハンドブック』福村出版、2013年をもとに作成

の一つの過程ととらえて、子どもの立場に立って肯定的に子どもの行動をとらえることの意義についての説明から始まります。里親自身がさまざまな問題行動を通して表出される子どものニーズに気づき、考え、対応できるようになることを目指して多くのスキルを学び実践を続けます。里親が里子との接し方を変え、効果的に里子をしつけることにより、里子は日常生活における適切な行動を学ぶことができ、里子自身の人生を変えることにつながることがプログラムでは強調されます。

　日本においては、早稲田大学（現在）の上鹿渡和宏がハンドブックを翻訳し、2016年度からこのプログラムを実践するファシリテーターを養成するプログラムが始まっています（図表23-3）。里子の問題が複雑化し、その対応がますます難しくなっているなか、里親それぞれの個に任す里親養育ではなく、さまざまな支援のもとでの組織的な里親養育が求められています。里親を支援するソーシャルワーカーや教育、医療、心理の専門家等の連携による支援システムの構築も大切ですが、日常生活で必要な里子への対応の仕方を具体的に学ぶことは、里親養育のレベルアップにつながり、非常に重要なことといえます。今後、このようなプログラムが広がっていくことが期待されます。

2．スーパービジョン

　これまで研修を中心に里親への支援を考えてきましたが、より質の高い里親養育を実践するためには、研修だけでは十分ではありません。日常生活のなかで生じるさまざまな問題への対応を支えるしくみが必要と

✽ 用語解説

ペアレントトレーニング
「親訓練」と訳され、親に養育技術を身につけさせるトレーニングのことである。社会的学習理論や認知行動理論を援用していることが多く、具体的でわかりやすいのが特徴である。親こそが子どもへの最良な治療者になれるという考えに基づいており、発達障害をはじめ、子どもの性格行動上の問題の治療に応用されてきた。

ファシリテーター
「調整役」「促進者」などと訳される概念である。ここでは、フォスタリングチェンジのプログラムを主導し、参加者の相互交流をうまく促しながら、参加者の理解を深める役割を行う人をいう。

タイムアウト
子どもが泣いたり、怒ったりする状況で、これまでしていたことをやめさせ、「椅子に座らせ」たり「別室に行かせる」などして一人になる時間を与えることによって、子どもを落ち着かせ、何が悪かったのかを考えさせる方法である。多くの子どもはタイムアウトを嫌がるので、タイムアウトを実行する前には、タイムアウトになる状況をよく理解させ、約束をすることが重要である。

なります。ここでは、里親を支えるためのサポート体制のあり方を、心理や福祉の専門職を育てるための手法として知られるスーパービジョンの概念を用いながら考えていきます。

　スーパービジョンとは、心理や福祉といった対人援助職が専門職としてのスキルを高めるために、スーパーバイザーによって行われる職員養成の過程です。スーパーバイザーとは、スーパービジョン関係において指導や助言をする役割を担う、実践の経験や知識・技術をもった熟練した援助者を指します。里子を養育することが難しくなった現在、里親には子どもを養育する高いスキルが求められ、そして里親が里子との関係において養育不調に陥らないように日常から里親をケアすることが求められています。このことを考えると、スーパービジョンの必要性は高いといえます。ここでは、ソーシャルワークのスーパービジョンの理論を体系立てたカデューシン[2]が整理した3つのスーパービジョンの機能（①教育的機能、②支持的機能、③管理的機能）から、里親へのサポートのあり方を考えていきます。

▶**出典**

†2　Kadushin, A., *Supervision in Social Work, 3rd ed.*, Columbia University Press, 1992.

1　教育的機能

　教育的機能とは、職務を遂行するのに必要な新しい知識や技術を教えるだけでなく、今まで得た知識や技術を業務に結び付けることにより、すでに業務に用いられていることを意識化させたり、今後学ぶ必要のある内容や分野などの不足している部分を明確化したりできるように援助する機能です。

　この教育的機能の代表が、これまで紹介してきた研修ということになります。たくさんの受講者がいる研修会も学びの機会となりますが、子どもの養育ということを考えると、少人数での研修も大切になります。それは、それぞれの子どもには個性があり、問題も少しずつ違うため、個別のニーズに応える必要性があるためです。近年、被虐待体験をもつ里子が増え、家庭的な環境さえ整えればうまくいくというわけではなくなりました。繰り返し述べてきたように、被虐待体験をもつ子どもにみられる行動特性を事前に学習するとともに、それぞれの子どものニーズに応えられる、個別的な教育の機会の確保が求められます。

2　支持的機能

　支持的機能とは、悩みや不安、自信のなさなどをスーパーバイザーに確認してもらうことで、自らが専門職としてどのような状態であるのかを明確化していく機能です。

　子どもを養育するとき、今まで意識することがなかったさまざまな心の葛藤が現れることがあります。子育ては思ったとおりにはいきません。焦ってはいけないと頭ではわかっていても気持ちは焦るばかりで、うまくいかないもどかしさは、養育者を傷つけることもあります。里子がきてはじめて子育てをするという里親には、すべてがはじめての経験であり、思ってもいなかった心の葛藤に戸惑うかもしれません。また、子育ての経験がある里親でも、自分の子どもを育てるのと、他人の子ども、それも人生の途中から育てるのとでは、多くの違いがあります。

　「私のしんどさはどこからくるのか」「どうして子どもはこうなのか」「いろいろなことを相談したい」、また「聞いてほしい」というニーズは、一般の子育てと同様に、里親ももちます。里親から、「周囲から『里親になる覚悟があって、なったのでしょう』というふうに思われているようで、弱音をはけない」という言葉をよく聞きます。子育てには多くのサポートが必要です。それは里親でも同じです。

　近年、この支持的機能を果たすべく注目を集めているのが、里親サロンです。里親サロンとは、里親が集まり互いに情報交換をしたり、先輩里親や専門家からアドバイスをもらったりする場で、一種のサポートグループのようなものです。喫茶をしながら、気軽に集えるようなスタイルをとる場合が多いようです。スーパーバイザーにいろいろな悩みを聞いてもらうのもいいですが、実際に同じような立場の人と会い、当事者同士で互いに助け合うことで抱えている悩みや不安を解消することができるなど、里親サロンの効果は高いといえます。今後、このような場が各地にでき、簡単にアクセスできるようになることが求められます。

3　管理的機能

　管理的機能とは、職務のなかでスーパーバイザーと「何をしたか」「これから何をしようとしているのか」を確認することにより、組織の一員として活動するために、能力を発揮できる環境を整える機能です。

　里親でいうと、里親の職務は、子どもを養育することになります。教育的そして支持的機能では、継続性をいかに図るのかに関心が払われていましたが、ここでは継続性とともに、適切な養育が行われているかを管理する側面が重要視されます。実際に、里親委託が増えるにつれ、里親からの児童虐待の事例が聞かれるようになりました。里親家庭という閉ざされた空間の見えないところで、不適切な養育が行われる可能性は否定できません。里親が行う養育に問題がみうけられた場合に、その問題点を的確に指摘し、やり方を改善するように導くことは重要です。里

子の問題に振り回され、つい叱ってばかりいるという状況は、児童虐待といった不適切な養育の発端になるばかりでなく、里親委託をやめざるを得ない状況に追い詰められることもあります。何が児童虐待であるのかという知識や、適切な養育スキルを習得するための教育、そして気持ちの受け止めといった支持的機能をもちながら、管理を行うことが重要です。

　また、この管理的機能で忘れてはいけないことは、**里親のレスパイト・ケア***です。今ではわが子を育てる場合でも、レスパイト・ケアの必要性がいわれています。このことを考えると、里親が休息を取ることには大きな意味があります。被虐待体験をもち養育が難しい子どもたちと向き合うには、大きなパワーが必要です。ときには休息を取って、自らをリフレッシュする機会をもつことは悪いことではありません。継続性を維持するための専門性の一つだといえます。

　以上、スーパービジョンの３つの機能から里親への支援のあり方を考えてきました。今後問題となるのは、これらのスーパービジョンを誰が担うのかというものです。児童相談所はもとより、里親支援専門機関、そして児童養護施設・乳児院に配置された里親支援専門相談員等がどのように里親との信頼関係を築き、サポートできるのかがこれからの大きな課題です。

演 習 課 題

①普段の生活のなかで、ストレスを感じることがあるでしょうか。そのようなとき、皆さんはどうしますか。一度考えてみてください。
②里親による児童虐待は、実際にどれくらいの件数なのでしょうか。被措置児童等虐待の届けなどのキーワードをもとに、インターネットなどを使って調べてみましょう。
③里親のレスパイト・ケアの必要性をどのように考えますか。グループで話し合ってみましょう。

✳ 用語解説
里親のレスパイト・ケア
里親の一時的な休息のための援助であり、里親がそれを必要とするときに、乳児院、児童養護施設等又は里親を活用して、当該児童の養育を行う制度である。年7日が目安であるが、必要に応じて延長することができる。

参考文献……………………………………………………………………………………

レッスン21

芝野松次郎編著　『子ども虐待ケース・マネージメント・マニュアル』　有斐閣　2001年

レッスン22

杉山登志郎　『子ども虐待という第四の発達障害』　学習研究社　2007年

レッスン23

クレア・パレット、キャシー・ブラッケビィ、ウィリアム・ユールほか／上鹿渡和宏訳　『子どもの問題行動への理解と対応——里親のためのフォスタリングチェンジ・ハンドブック』　福村出版　2013年

Kadushin, A., *Supervision in Social Work, 3rd ed.*, Columbia University Press, 1992.

おすすめの 1 冊

坂本洋子　『ぶどうの木——10人の"わが子"とすごした、里親18年の記録』　幻冬舎　2003年

子どもに恵まれず、里親として初めて"長男"を迎えた著者。しかし著者たちを待っていたのは、予想もしなかった社会の無理解と差別だった。10人の里子と過ごした里親の、18年の感動の記録である。

コラム

里親の実子

　最近、里子委託を実際に受けている里親から、自分自身の実子についての相談を受けることがありました。実子は小学校高学年、そして委託されている里子は幼児とのことでした。里子が委託されて 1 年になるころから、きょうだいげんかが絶えなくなり、毎日毎日、そのことで怒ってばかりいるということでした。同じように実子がいる里親の経験を聞きたい、また、実子同士が交流する場をもたせたいと言われました。筆者は、妻と長くファミリーホームをし、里親養育に関しては長い経験がありますが、実子がいないので、実子と里子の関係で悩むことはありませんでした。だからこそ、この訴えは筆者に実子について考える機会を与えてくれるものとなりました。

　里親養育支援と聞いて支援の対象として思い浮かぶのは、養育をする里親、そして養育を受ける里子です。しかし、里親委託を受ける場は里親家庭であり、そこには里親家庭で生活するすべての構成員が存在します。そして、里子を受け入れることによって、すべての構成員の家族関係、生活習慣が変化します。

　それでは、里親家庭にはどれくらい里親の実子がいるのでしょうか。庄司らの調査では、里子が委託されるときに里親家庭に実子（養子を含む）がいる割合は43.5%と、半数近くの里親家庭に実子がいるということが示されました[1]。この数字を聞いて驚かれる人のほうが多いのではないでしょうか。日本においては、養子縁組の代替養育として里親養育が行われてきたこともあり、養子縁組と里親の違いを認識している人が少ないのが現状です。多くの人のイメージは、実子がいない人が里親をしているというものです。しかし、実際は、多くの里親家庭に実子がいます。そして、里親養育支援のなかで、実子への支援の必要性は認識されていないのです。

　里親の実子研究を行っている山本は、成人した実子へのインタビュー調査から、里子と中途の関係から生活が始まり、里子の措置の状況によりたびたび里親家庭の構成員の変化を経験すること、また、里親家庭でのさまざまな経験は実子に大きな影響を与えるにもかかわらず、実子の存在は里親養育から見落とされる傾向が高いことを示しました[2]。里親委託率を上げるには、さまざまな家庭に里子が委託されなければなりません。当然、実子のいる里親宅へ委託される数も増えていくでしょう。里親養育支援には、里親・里子への個別的な支援という目線だけではなく、里親の実子を含めたすべての構成員を含む里親家庭全体を見据えた支援が必要です。

出典：
＊1　庄司順一・宮島清・澁谷昌史ほか『児童相談所における里親委託及び遺棄児童に関する調査』全国児童相談所長会、2011年
＊2　山本真知子「里親家庭における里親の実子の意識」『社会福祉学』53（4）、2013年、69-81頁

第7章

実親の生活課題と子ども との交流

本章では、実親の生活課題と、里親に委託された子どもと実親との交流の実際、必要な支援や配慮などについて学んでいきます。近年は、家庭復帰を前提とする子どもが里親に委託されるケースも増えてきました。里親が子どもと実親との交流を支援する際に関係機関に求められる責任と役割について理解を深めましょう。

子どもにとっての実親

このレッスンでは、里親家庭に委託される子どもにとっての実親の存在について
どう理解すべきかを学びます。里親家庭の子どもには、育ての親である里親と、
産みの親である実親がいます。お父さん・お母さんが2人ずついるという事実と
向き合う子どもに寄り添う支援について、一緒に考えましょう。

1. 子どものルーツとしての実親

　里親のもとで暮らす子どもにとっての親子関係、家族関係はとても複
雑です。たとえば、生んでくれた母親はわかるけれど、父親は誰かわか
らない子どももいます。里親家庭に来るまでに父親が何人も交代した子
ども、母親だと思っていた人が祖母や叔母だったという子どももいます。

　そのようななか、子どもにとって、自分に命を与えてくれた実親とい
うのはとても大切な存在です。たとえ、子ども自身の記憶があいまいだ
としても、子どもが生みの親を思う気持ちはしっかりと尊重しなければ
なりません。

　子どもが「自分の生みの親について知りたい」と願うことは、とても
自然なことです。自分がどのようにして生まれたのか、自分のルーツを
探すことは自分のアイデンティティを確立していくうえでもとても大切
なことです。もし、子どもが「自分の実親について知りたい、会いたい」
「自分が生まれたときの状況を知りたい」「なぜ自分が里親のもとで暮ら
すことになったのかを知りたい」といったことを主張するようになった
ら、児童相談所などの関係機関と連携しながら**真実告知**や**ライフストー
リーワーク**などを慎重に進めていく必要があります。

2. 里親に委託される子どもや保護者の状況

　厚生労働省による「児童養護施設入所児童等調査の概要（平成30年
2月1日現在）」（2020年）によると、里親委託児童の39.3％が「**放任・
怠惰**[*]」「虐待・酷使」「**棄児**[*]」「養育拒否」といった、一般的に「子ど
も虐待」とされる理由での委託になっています（図表24-1）。

参照
真実告知、ライフストー
リーワーク
→レッスン17

用語解説

放任・怠惰
子どもを養育すべき者が、
食事を与えない、洗濯した
衣服を着せない、病気でも
病院に連れて行かないなど、
子育てに必要なことをしな
いこと。

棄児
保護者から遺棄されて父母
や出生地を知ることのでき
ない子をいう。棄児を発見
した者（又は申告を受けた
警察官）は、24時間以内に
市長に申し出る必要がある
（戸籍法第57条第1項）。申
出を受けた市長は、当該児
に氏名をつけて本籍を定め
る。そして、その氏名・男
女の別・推定出生年月日・
本籍を「棄児発見調書」に
記載することとされている。

図表24-1 養護問題発生理由別児童数

	児童数							構成割合（％）						
	里親	児童養護施設	児童心理治療施設	児童自立支援施設	乳児院	ファミリーホーム	自立援助ホーム	里親	児童養護施設	児童心理治療施設	児童自立支援施設	乳児院	ファミリーホーム	自立援助ホーム
総数	5,382	27,026	1,367	1,448	3,023	1,513	616	100.0	100.0	100.0	100.0	100.0	100.0	100.0
父の死亡	126	142	1	5	3	14	10	2.3	0.5	0.1	0.3	0.1	0.9	1.6
母の死亡	583	542	11	6	14	45	12	10.8	2.0	0.8	0.4	0.5	3.0	1.9
父の行方不明	86	60	1	2	1	12	2	1.6	0.2	0.1	0.1	0.0	0.8	0.3
母の行方不明	362	701	8	5	40	51	9	6.7	2.6	0.6	0.3	1.3	3.4	1.5
父母の離婚	74	541	2	25	43	52	13	1.4	2.0	0.1	1.7	1.4	3.4	2.1
両親の未婚	＊	＊	＊	＊	84	＊	＊	＊	＊	＊	＊	2.8	＊	＊
父母の不和	36	240	4	6	65	17	3	0.7	0.9	0.3	0.4	2.2	1.1	0.5
父の拘禁	25	284	6	2	10	6	2	0.5	1.1	0.4	0.1	0.3	0.4	0.3
母の拘禁	136	993	9	5	111	53	9	2.5	3.7	0.7	0.3	3.7	3.5	1.5
父の入院	30	104	1	2	2	4	－	0.6	0.4	0.1	0.1	0.1	0.3	－
母の入院	93	620	7	1	80	30	4	1.7	2.3	0.5	0.1	2.6	2.0	0.6
家族の疾病の付き添い	9	29	0	0	6	－	2	0.2	0.1	0.0	0.0	0.2	－	0.3
次子出産	13	60	0	0	7	3	1	0.2	0.2	0.0	0.0	0.2	0.2	0.2
父の就労	50	579	3	0	24	19	2	0.9	2.1	0.2	0.0	0.8	1.3	0.3
母の就労	78	592	2	5	87	30	2	1.4	2.2	0.1	0.3	2.9	2.0	0.3
父の精神疾患等	27	208	4	2	6	6	2	0.5	0.8	0.3	0.1	0.2	0.4	0.3
母の精神疾患等	675	4,001	94	42	702	211	46	12.5	14.8	6.9	2.9	23.2	13.9	7.5
父の放任・怠だ	68	544	6	21	30	24	10	1.3	2.0	0.4	1.5	1.0	1.6	1.6
母の放任・怠だ	642	4,045	112	72	474	184	44	11.9	15.0	8.2	5.0	15.7	12.2	7.1
父の虐待・酷使	212	2,542	147	86	121	112	89	3.9	9.4	10.8	5.9	4.0	7.4	14.4
母の虐待・酷使	291	3,538	228	57	188	113	76	5.4	13.1	16.7	3.9	6.2	7.5	12.3
棄児	74	86	2	4	9	19	3	1.4	0.3	0.1	0.3	0.3	1.3	0.5
養育拒否	826	1,455	46	41	162	205	58	15.3	5.4	3.4	2.8	5.4	13.5	9.4
破産等の経済的理由	341	1,318	9	2	200	43	8	6.3	4.9	0.7	0.1	6.6	2.8	1.3
児童の問題による監護困難	64	1,061	527	988	4	78	136	1.2	3.9	38.6	68.2	0.1	5.2	22.1
児童の障害	12	97	39	19	35	18	13	0.2	0.4	2.9	1.3	1.2	1.2	2.1
その他	407	2,480	82	42	501	143	46	7.6	9.2	6.0	2.9	16.6	9.5	7.5
不詳	42	164	16	8	14	21	14	0.8	0.6	1.2	0.6	0.5	1.4	2.3

注）＊は、調査項目としていない。
出典：厚生労働省「児童養護施設入所児童等調査の概要（平成30年2月1日現在）」2020年

　また、経験した虐待の種類では「ネグレクト（放任・怠惰）」が65.8％と最も多くなっています（図表24 - 2）。

　次に、里親委託された子どもの委託時の保護者の状況をみると、「両親又は一人親」が78.4％と80％近くになっています（図表24 - 3）。さらに、その内訳をみると「実母のみ」が62.8％と最も多くなっており、母子家庭の子どもが多い状況がうかがえます（図表24 - 4、24 - 5）。里親家庭を含む社会的養護のもとで暮らす子どもにとっての「大人の男性モデル」の重要性がここから読み取ることができます。

　次に、家族との交流状況をみてみます。里親に委託される子どものうち、70.3％が「家族との交流なし」となっています（図表24 - 6、24 - 7）。しかし、委託後に実親との交流が始まるケースもあります。

図表 24-2 被虐待経験の有無および虐待の種類

	総数	虐待経験あり	虐待経験の種類（複数回答）				虐待経験なし	不明
			身体的虐待	性的虐待	ネグレクト	心理的虐待		
里親	5,382 100.0%	2,069 38.4%	629 30.4%	62 3.0%	1,361 65.8%	390 18.8%	3,028 56.3%	265 4.9%
児童養護施設	27,026 100.0%	17,716 65.6%	7,274 41.1%	796 4.5%	11,169 63.0%	4,753 26.8%	8,123 30.1%	1,069 4.0%
児童心理治療施設	1,367 100.0%	1,068 78.1%	714 66.9%	96 9.0%	516 48.3%	505 47.3%	249 18.2%	46 3.4%
児童自立支援施設	1,448 100.0%	934 64.5%	604 64.7%	55 5.9%	465 49.8%	330 35.3%	436 30.1%	72 5.0%
乳児院	3,023 100.0%	1,235 40.9%	357 28.9%	2 0.2%	816 66.1%	202 16.4%	1,751 57.9%	32 1.1%
母子生活支援施設	5,308 100.0%	3,062 57.7%	937 30.6%	124 4.0%	588 19.2%	2,477 80.9%	2,019 38.0%	201 3.8%
ファミリーホーム	1,513 100.0%	802 53.0%	365 45.5%	60 7.5%	500 62.3%	289 36.0%	576 38.1%	123 8.1%
自立援助ホーム	616 100.0%	441 71.6%	238 54.0%	48 10.9%	241 54.6%	243 55.1%	125 20.3%	48 7.8%

注）総数には、不詳を含む。
出典：図表24 - 1 と同じ

図表24-3 委託（入所）時の保護者の状況別児童数

	総数	両親又は一人親	両親ともいない	両親とも不明	不詳
里親	5,382 100.0%	4,222 78.4%	919 17.1%	222 4.1%	19 0.4%
児童養護施設	27,026 100.0%	25,223 93.3%	1,384 5.1%	359 1.3%	60 0.2%
児童心理治療施設	1,367 100.0%	1,268 92.8%	79 5.8%	16 1.2%	4 0.3%
児童自立支援施設	1,448 100.0%	1,348 93.1%	78 5.4%	17 1.2%	5 0.3%
乳児院	3,023 100.0%	2,959 97.9%	53 1.8%	8 0.3%	3 0.1%
ファミリーホーム	840 100.0%	704 83.8%	83 9.9%	42 5.0%	11 1.3%
自立援助ホーム	616 100.0%	565 91.7%	39 6.3%	10 1.6%	2 0.3%

出典：図表24-1と同じ

図表24-4 両親または一人親ありの保護者の状況別児童数

	総数	実父母有	実父のみ	実母のみ	実父養母	養父実母	養父養母	養父のみ	養母のみ	不詳
里親	4,222 100.0%	851 20.2%	398 9.4%	2,651 62.8%	59 1.4%	228 5.4%	4 0.1%	18 0.4%	5 0.1%	8 0.2%
児童養護施設	25,223 100.0%	6,636 26.3%	2,777 11.0%	12,227 48.5%	606 2.4%	2,624 10.4%	54 0.2%	89 0.4%	75 0.3%	135 0.5%
児童心理治療施設	1,268 100.0%	276 21.8%	109 8.6%	601 47.4%	41 3.2%	219 17.3%	6 0.5%	9 0.7%	7 0.6%	－
児童自立支援施設	1,348 100.0%	325 24.1%	132 9.8%	656 48.7%	38 2.8%	178 13.2%	4 0.3%	6 0.4%	7 0.5%	2 0.1%
乳児院	2,959 100.0%	1,561 52.8%	79 2.7%	1,240 41.9%	－ 	75 2.5%	3 0.1%	－ 	－ 	1 0.0%
ファミリーホーム	704 100.0%	180 25.6%	68 9.7%	357 50.7%	18 2.6%	75 10.7%	3 0.4%	－ 	2 0.3%	1 0.1%
自立援助ホーム	565 100.0%	130 23.0%	70 12.4%	230 40.7%	26 4.6%	105 18.6%	1 0.2%	2 0.4%	－ 	1 0.2%

注）横軸は、保護者の状況。
出典：図表24-1と同じ

図表24-5 両親ともいない・不明の保護者の状況別児童数

	総数	祖父母	養父母の親	兄・姉	義兄義姉	伯(叔)父母	義伯(叔)父母	里親	その他	なし	不明	不詳
里親	1,141 100.0%	549 48.1%	1 0.1%	36 3.2%	2 0.2%	132 11.6%	3 0.3%	35 3.1%	196 17.2%	77 6.7%	62 5.4%	48 4.2%
児童養護施設	1,743 100.0%	539 30.9%	8 0.5%	101 5.8%	14 0.8%	157 9.0%	11 0.6%	85 4.9%	557 32.0%	85 4.9%	81 4.6%	105 6.0%
児童心理治療施設	95 100.0%	45 47.4%	－ 	4 4.2%	1 1.1%	13 13.7%	1 1.1%	5 5.3%	11 11.6%	9 9.5%	4 4.2%	2 2.1%
児童自立支援施設	95 100.0%	23 24.2%	1 1.1%	3 3.2%	－ 	7 7.4%	－ 	5 5.3%	44 46.3%	4 4.2%	5 5.3%	3 3.2%
乳児院	61 100.0%	19 31.1%	－ 	－ 	－ 	1 1.6%	－ 	3 4.9%	21 34.4%	9 14.8%	4 6.6%	4 6.6%
ファミリーホーム	125 100.0%	33 26.4%	－ 	3 2.4%	2 1.6%	4 3.2%	1 0.8%	19 15.2%	23 18.4%	10 8.0%	25 20.0%	5 4.0%
自立援助ホーム	49 100.0%	11 22.4%	1 2.0%	6 12.2%	1 2.0%	10 20.4%	2 4.1%	－ 	1 2.0%	7 14.3%	4 8.2%	6 12.2%

注）横軸は、保護者の状況。
出典：図表24-1と同じ

図表24-6 家族との交流関係別児童数

	総数	交流あり			交流なし	不詳
		電話・メール・手紙	面会	一時帰宅		
里親	5,382 100.0%	227 4.2%	925 17.2%	359 6.7%	3,782 70.3%	89 1.7%
児童養護施設	27,026 100.0%	2,438 9.0%	7,772 28.8%	9,126 33.8%	5,391 19.9%	2,299 8.5%
児童心理治療施設	1,367 100.0%	76 5.6%	449 32.8%	538 39.4%	218 15.9%	86 6.3%
児童自立支援施設	1,448 100.0%	93 6.4%	452 31.2%	493 34.0%	199 13.7%	211 14.6%
乳児院	3,023 100.0%	102 3.4%	1,672 55.3%	425 14.1%	651 21.5%	173 5.7%
ファミリーホーム	1,513 100.0%	128 8.5%	435 28.8%	258 17.1%	559 36.9%	133 8.8%
自立援助ホーム	616 100.0%	143 23.2%	72 11.7%	56 9.1%	292 47.4%	53 8.6%

出典：図表24-1と同じ

図表24-7 家族との交流頻度別児童数

	児童数							構成割合（％）						
	里親	児童養護施設	児童心理治療施設	児童自立支援施設	乳児院	ファミリーホーム	自立援助ホーム	里親	児童養護施設	児童心理治療施設	児童自立支援施設	乳児院	ファミリーホーム	自立援助ホーム
【電話・メール・手紙】														
総数	227	2,438	76	93	102	128	143	100.0	100.0	100.0	100.0	100.0	100.0	100.0
月1回以上	37	487	14	31	30	18	55	16.3	20.0	18.4	33.3	29.4	14.1	38.5
年2回〜11回	118	1,431	46	48	58	68	69	52.0	58.7	60.5	51.6	56.9	53.1	48.3
年1回ぐらい	71	501	16	11	13	42	18	31.3	20.5	21.1	11.8	12.7	32.8	12.6
不詳	1	19	−	3	1	−	1	0.4	0.8	−	3.2	1.0	−	0.7
【面会】														
総数	925	7,772	449	452	1,672	435	72	100.0	100.0	100.0	100.0	100.0	100.0	100.0
月1回以上	175	1,833	101	178	960	92	19	18.9	23.6	22.5	39.4	57.4	21.1	26.4
年2回〜11回	559	5,000	298	247	608	265	41	60.4	64.3	66.4	54.6	36.4	60.9	56.9
年1回ぐらい	189	930	49	27	97	78	11	20.4	12.0	10.9	6.0	5.8	17.9	15.3
不詳	2	9	1	−	7	−	1	0.2	0.1	0.2	−	0.4	−	1.4
【一時帰宅】														
総数	359	9,126	538	493	425	258	56	100.0	100.0	100.0	100.0	100.0	100.0	100.0
月1回以上	159	2,769	224	175	346	110	18	44.3	30.3	41.6	35.5	81.4	42.6	32.1
年2回〜11回	178	5,949	296	300	77	129	34	49.6	65.2	55.0	60.9	18.1	50.0	60.7
年1回ぐらい	18	395	18	18	2	19	4	5.0	4.3	3.3	3.7	0.5	7.4	7.1
不詳	4	13	−	−	−	−	−	1.1	0.1	−	−	−	−	−

出典：図表24-1と同じ

インシデント①　委託後に実親との交流が始まった事例

　養育里親の森田さん夫婦は、児童相談所から「父親が蒸発、母親は養育意思なしのきょうだいを長期に養育してほしい。実母は面会や交流も希望していない」との話を受け、マチコちゃん（5歳）とヒロシくん（3歳）の姉弟の養育を受託しました。

　しかし、養育を始めてから3年後、実母から児童相談所に「子どもたちに会いたい」「引き取って育てるのは無理だけど、定期的に面会などしたい」「子どもの運動会などの学校行事に自分も参加して子どもの成長を確認したい」といった相談がありました。そこで児童相談所から森田さん夫婦に相談し、マチコちゃんとヒロシくんとの交流が始まりました。

　マチコちゃんとヒロシくんは、突然の生みのお母さんの登場に最初は戸惑っていましたが、里親である森田さんの促しもあって、少しずつ面会の時間を長くし、マチコちゃんのピアノの発表会にもお母さんに来てもらうようになりました。

3.　実親との交流が子どもに与える影響

　実親と交流するなかで、子どもが**忠誠葛藤**を感じるようになることもあります。しかし、そうしたリスクだけでなく、たとえば、実親の状況を理解する、実親への非現実的な期待がなくなるなどといったポジティブな効果が期待される側面もあります。

忠誠葛藤
→レッスン17

インシデント②　実親に対するファンタジーから現実へ

　リョウくんは、生みのお母さんとの手紙や電話のやりとりを重ねるなかで、育ての親である里親よりも年齢のずっと若い実母に対して「きっとお料理が上手で、かわいくておしゃれなお母さんなんだ」と想像するようになりました。手紙や電話の交流を1年間続けた後、日帰りでの帰省というリョウくんの希望がかない、ワクワクしながら実母の家に行きましたが、台所はお料理ができる状態ではなく、食事はコンビニで買ったお弁当でした。この帰省をきっかけにリョウくんは「僕は高校を卒業するまで里親の家でがんばる」と口にするようになり、実母とは手紙や電話の交流のみで、帰省したがることはなくなりました。

　子どもにとって、実親の抱える課題や「子育てできない」という現実を目の当たりにするのは、痛みをともなう経験かもしれません。子どもの気持ちに寄り添い、子どもの葛藤や揺らぎを受けとめながら一緒に生活する姿勢が里親には求められているといえます。

演 習 課 題

①里親のもとで暮らす子どもの実親の「権利」や「義務」について、民法などの法律を調べてみましょう。
②里親のもとで暮らす子どもの手記や体験談等を読み、子どもたちが抱く「実の親への思い」について想像し、話し合ってみましょう。
③児童相談所は里親と実親との直接的な接触や交流には積極的ではありません（「全国児童相談所長会調査結果」より）。それはなぜだと思いますか。グループで話し合ってみましょう。

実親が抱える課題と交流における留意点

このレッスンでは、里親家庭に委託される子どもの実親が抱える課題と、実親と里子の交流において配慮すべき内容について学びます。基本的に、児童相談所が実親と里親の間に入って仲介、調整を行いますが、里親としてどのような姿勢や工夫が必要なのか、実際の実践事例をとおして考えてみましょう。

1. 子どもが実親宅へ帰省する際の配慮や支援

1 実親の家事負担を少なくするための配慮や支援

　ここからは、実際の事例をとおして、里親が子どもと実親との交流をどのように支援しているかを紹介します。

　まず、子どもと実親の交流時における実親の家事負担が大きくならないように工夫している里親がいます。具体的には、帰省や面会時に、親子で食べられるおやつや食事などを子どもにもたせるといったことが行われたりしています。

インシデント① 実親との交流に食事をもたせて側面的に支援する里親

　里親の南さんの家で暮らす小学2年生のサトミちゃんは、1か月に1回、実母の家に1泊2日で帰省します。しかし、サトミちゃんのお母さんは、体調が悪く、ご飯をつくったりすることができません。台所は小さく、料理に必要な鍋などの調理器具もそろっていません。

　2度目の帰省のあと、サトミちゃんは里親宅に帰ってくるなり「お腹すいた」「家で何も食べてない」と南さんに悲しそうに訴えました。

　そこで里親の南さんは、毎回帰省のときには、夜ご飯に親子で食べられるお弁当や、翌朝の朝ごはんなどをたっぷりつくって、サトミちゃんにもたせて送り出すことにしました。実母も毎回喜び、「ありがとうございました」というお礼の手紙をサトミちゃんにもたせてくれるようになりました。

2　子どもに面会や帰省を楽しんでもらうための支援

また、子どもと一緒に暮らしていない実親に、里親から子どもの好きな食事メニューやテレビ番組、キャラクターなどの情報を、児童相談所を介して伝え、実親に準備をしてもらうということも子どもにとってうれしい配慮になります。

インシデント②　実親子のコミュニケーションを陰ながら助ける里親

里親の田中さんは、ユウカちゃんが実母のもとに帰省するときに、最近学校で頑張っていることなどを書いた簡単なメモを渡します。帰省中の実親と子どものだんらんや話題づくりの助けになればとの思いです。また、ユウカちゃんが学校で描いた絵や100点をとったテスト用紙などを写真やコピーにして、ユウカちゃんにもたせて帰省させるようにしています。

ユウカちゃんの実母は、はじめての帰省時に田中さんから教えてもらった、ユウカちゃんの好きなキャラクターでそろえた食器や布団カバーを用意して、ユウカちゃん用の部屋をつくりました。

2.　子どもの気持ちを尊重した配慮や支援

1　子どもの気持ちを実親に代弁する配慮

子どもの実親のなかには、悪気はないのですが、子どもの気持ちを十分にくみ取ることの難しい親も少なくありません。実親としても、子どもとの面会や交流は楽しみにしているのですが、自分本位な面会交流になってしまうというケースもあります。

そこで、里親が子どものニーズや希望をしっかりと把握したうえで、児童相談所と連携しながら、実親に子どもの思いや願いを代弁していくことも大切な配慮になってきます。

インシデント③　子どもの思いを実親に代弁する里親

里親である佐藤さんの家で暮らすリンちゃん。毎月の実母との面会・外出をとても楽しみにしていました。しかし、3か月ほど前から、実母が面会のときに彼氏だという男性を連れてくるようになりました。リンちゃんは、できればお母さんと2人で会いたいと思っているのですが、直接お母さんにそのことを言うことができずにい

ました。「そんなことを言うならもう面会しない」と言われるのが
怖かったのです。

　実母との面会後に元気がないリンちゃんの様子が気になった里親
の佐藤さんが、やさしくリンちゃんに話しかけてみると、実母との
面会への不満を話してくれました。そこで佐藤さんは、児童相談
所のソーシャルワーカーをとおしてリンちゃんのお母さんに、リン
ちゃんとの面会・外出のときは1人で来てくれるようやんわり伝え
てもらいました。

2　子どもの気持ちに配慮したルール設定など

　実親が子どもの運動会や習い事の発表会を見に来るという形で、面会
や交流を進めるケースもあります。子どもにとっては、自分の晴れ姿を
親に見てもらえるといった、うれしい機会になる可能性ももちろん高い
のですが、そうしたポジティブな側面ばかりとはいえない面もあること
に留意する必要があります。

インシデント④　子どもの思いと実親の思いの尊重の両立

　里親である伊藤さんの家庭で暮らすマリちゃんの実母から、児童
相談所をとおして「マリちゃんのバレエの発表会を見に行きたい」
と連絡がありました。伊藤さんからマリちゃんにそのことを伝える
と、マリちゃんはあまりいい顔をしません。「お友だちにお母さん
（実母）がみつかってしまったら、なんて説明すればいいかわから
ない」「あれはおばさんだよ、と嘘をつくのも何か違うけど、本当
のお母さんだと説明もしたくない」と暗い顔をして話すマリちゃん。
伊藤さんから児童相談所にマリちゃんの気持ちを話して、マリちゃ
んの実母には「発表会には来てもいいけど、会場でマリちゃんに話
しかけないこと」という約束をしました。

　発表会当日、マリちゃんはしっかりバレエを踊り切ることができ
ました。実母は「こんなに成長した姿をみられてうれしい」と笑顔
をみせる一方で、「できれば直接おめでとう、よくがんばったねと
声をかけたいけど……」と残念そうに、会場から帰って行きました。
帰宅後、マリちゃんから実母に電話をかけて「発表会、見に来てく
れてありがとう」と笑顔で伝えていました。

　里親家庭で暮らす子どもにとっては、里親家庭での生活が「日常」で、
実親との時間は「非日常」であったりします。「実親との交流はいやで

はないが、日常生活に実親が登場するのは困る」と考える子どももいます。子どもの気持ちに沿った形で実親との交流を進めていけるような、配慮や工夫はとても大切になります。

3.　家庭復帰を前提としない 親子関係再構築のための交流支援

1　実親から子どもへの愛情が伝わるような交流

　たとえ、家庭復帰や親子での同居による再統合の可能性が低い場合であっても、里親家庭で暮らす子どもにとって、実親との交流がもたらすメリットは大きいといえます。

　一緒に暮らすことが現在も将来的にも不可能であっても、「あなたを大切に思っている」「捨てたわけではない」という親の思いが子どもに伝わるように、また親が子どもの成長や人生に無関心にならないように、実親と子どもの関係をつないでいくような支援や配慮が必要だといえます。

インシデント⑤　離れていてもつながりを感じられる実親との交流

　キッペイくんは、2歳のときに乳児院から里親の木村さんの家にやって来ました。そのため、実の親の顔を覚えていません。しかし、キッペイくんが3歳のときから、毎年クリスマスと誕生日には実母から手紙とプレゼントが届くようになりました。キッペイくんにとって、実母は会うことはできませんが、遠くからずっと見守ってくれている大切な存在です。

　現在17歳になったキッペイくんですが、年2回の実母との手紙のやりとりは彼にとって大きな励みになっており、最近は将来の夢についても手紙で実母に相談しています。

2　実親の思いを里親が引き継ぐような交流

　子どもを里親に託す親のなかには、本当は自分で子育てしたいけれど、体調が悪い、障がいがあるなどといった事情によって、それがかなわない人もいます。そんな自分を、「自分で子育てできない親失格」「人として失格ではないか」と責めている実親もいるかもしれません。こうした実親の思いを十分に受け止めながら、実親と一緒に子育てしていくという姿勢を里親がもつことも大切だといえます。

インシデント⑥　里親と実親との協働子育てと子どもの理解

　里親家庭で暮らすアヤちゃんの実母は、精神科病院に入院しており、いわゆる自宅がありません。アヤちゃんと実母の面会はいつも病室です。面会には里母とアヤちゃんが一緒に行き、里母は実母から、アヤちゃんをどう育ててほしいか、どんな部活に入ってほしいかなどといった話をじっくり聞きます。その後、里母は先に病室を出て、アヤちゃんと実母だけの面会の時間を楽しんでもらうようにします。

　アヤちゃんは「お母さんは自分で育てることができないぶん、ママ（里母）にいろいろと注文するのよね」と、2人のお母さんの期待を背負ってるんだとうれしそうに話します。

　里親家庭で暮らす子どもにとって、実親と里親の関係が良好であることは心強く安心なことではないでしょうか。そのためにも、里親は、子どもの前で実親を悪く言わないといった配慮がとても重要になります。

4.　子どもと実親の交流を支援するうえで大切にしたいこと

　ここまでさまざまな事例を用いて、里親家庭で暮らす子どもと実親との交流のあり方と必要な支援について考えてきました。

　全体をとおして必要な配慮や工夫、大切にしたいこととして以下の3点があげられます。

①子どもの前で実親を悪く言わない
②子どもの記録をしっかりとって、実親と共有できるよう工夫する
③里親だけで抱え込まず、児童相談所と連携して進める

　実親と子どもの交流にかかる具体的な調整や支援、実親が抱える生活課題を解決するための支援は児童相談所など専門機関の役割になります。里親にできることは、子どもをしっかり育てて、子どもの成長を実親と一緒に喜び、共有できる体制を整えることです。実親と一緒に子育てをするというパートナーシップの意識をもつことが大切になります。

演 習 課 題

①里親と実親との交流支援において、児童相談所や里親支援専門相談員
　が果たす役割について調べてみましょう。

②施設の子どもの実親との交流と、里親家庭の子どもの実親との交流の
　共通点と違いについて考えてみましょう。

③①～⑥までのインシデントのなかから特に気になった事例を選び、
　子どもの気持ちや里親の気持ちについて想像して話し合ってみま
　しょう。

里親子と実親との交流支援における関係機関の役割

里親と実親が直接交流するということは原則なく、児童相談所の指示や支援、仲介のもとで交流が行われます。交流を進めるなかで、さまざまな葛藤が生じることもあります。里親子と実親の交流を支えるにあたって必要となる児童相談所や施設などの里親支援機関の役割について理解しましょう。

1. 実親の権利、子どもの権利としての交流

1 親権と実親の義務

2012（平成24）年4月に、**親権**[*]に関わる条文が改正された「民法」と「児童福祉法」が施行されました。この法改正によって、親権者とは「子の利益のために子の監護及び教育をする権利を有し、義務を負う」とされ、親権は「子どもの利益」のために行使されるべきものであることが明示されました。

里親家庭に委託される子どもは、親権者である実親と離れて暮らすことになります。しかし実親は、たとえ子どもと離れて暮らしていても、親権者として子どもに対する監護、教育する責任を果たす必要があります。

また、里親は、実親が親権を濫用し、子どもの利益に反するような権限行使をしない限り、実親の監護や教育する権利を尊重することが求められます。

2 子どもの権利としての実親との交流

実親が子どもと交流したり、子どもの暮らしぶりを知ったりすることは、実親の権利であるとともに子どもの権利であります。

日本が1994（平成6）年に批准した国連の「**児童の権利に関する条約**」（子どもの権利条約）には、子どもが実親と交流する権利について示されています。実親との面会や交流は子どもの権利なので、でき得る限り、その機会を保障する必要があります。

子どもにとっての実親との交流は、自分の存在や生命を肯定的にとらえたり、実親から自分への愛情や関心を確認したりするなど、子ども自身が自分の現在の生活や将来の人生を前向きにとらえるために必要な、

✳ 用語解説

親権
親権とは、未成年者の子どもを監護・養育し、その財産を管理し、その子どもの代理人として法律行為をする権利や義務のことをいう。法律上定められている具体的な親権の内容としては、次のようなものがある。
①財産管理権
②身上監護権
・身分行為の代理権
・居所指定権
・懲戒権
・職業許可権

☑ 法令チェック
「児童の権利に関する条約」第9条第3項
「締約国は、児童の最善の利益に反する場合を除くほか、父母の一方又は双方から分離されている児童が定期的に父母のいずれとも人的な関係及び直接の接触を維持する権利を尊重する」

大切な機会です。こうした、子どもが自分の生い立ちを含めた過去を受け止め、今後の生き方を考えていくプロセスを支える周囲の大人の存在はとても重要ですが、里親だけでその役割を担うことは不可能です。児童相談所など関係機関のサポートが必要になります。

2. 里子と実親の交流における児童相談所の役割

1 　委託前における実親と子どもの面会交流計画立案の必要性

　実親が子どもを脅かす、または義務や責任をまったく果たそうとしないという場合には、実親に対して児童相談所が任意の指導・援助を行います。逆に、そうでない場合には、児童相談所は委託後の実親と子どもとの面会交流のプランを立てることになります。

　社会的養護を必要とする子どもの援助や保護において、「里親委託」や「施設入所」といった、いわゆる「親子分離」がゴールになってはいけません。支援のゴールとして目指すのは、その後の「家族再統合」です。親子分離は、親子・家族が今後よりよい形で生きていくためにとられた一つの方策であり、プロセスだと理解する必要があります。一緒に暮らしていくことが難しい親子を引き離して終わりではなく、「今は一緒に生活できないけれど、この先、親子として家族として（たとえ一緒に住めなくても）、よりよく生きていくためには、どのような支援が必要か」という視点で、親子交流を含めた支援計画を立てる必要があります。

2 　里親に求められる意識の転換と必要な支援

　里親委託など家庭養護を推進していく流れのなかで、実親と交流する子どもを里親に委託する機会は今後増えると考えられます。これからの里親は「実親の代わりに子どもを育てる」のではなく、「実親と一緒に子どもを育てる」、さらには「子どもの生活と育ちを支援しながら、実親が要養護問題となっている自分の課題を解決するプロセスを支え、また子どもと実親が一緒に生活できるようになることを応援する」という役割を果たすことが期待されているといえます。つまり、単なる「代替養育」としての里親養育ではなく、子どもの自立支援や親子の再統合を支えるために、児童相談所等の関係機関や実親と一緒に協働する「チーム養育」なのです。

　しかし、すべての里親がすぐにこのような役割を果たすことができる

とは限りません。それに里親の第一義的な役割はやはり「子どもの養育」であり、この一つの役割だけでも大変な苦労や努力が必要だということを支援者は理解すべきです。

　まずは目の前の子どもをしっかり養育すること、しかしその子育てを里親だけで抱え込まずに、児童相談所や実親にもオープンにしながら、実親が「安心してお願いできる」と思えるような養育をすることが大切です。そしてこのことを、里親と児童相談所で常に確認していくことが重要になります。

インシデント①　実親との面会が始まって、安定した里親子関係

　里親である吉田さんの家庭にカナちゃん（4歳）が委託された当初、実父母ともに音信不通だと児童相談所から説明されていました。吉田さん夫婦と良好な親子関係を築いてきたカナちゃんでしたが、小学校に入学してから、家で反抗的な態度をとるようになってきました。6月に担任の先生が家庭訪問にきて、カナちゃんはまわりの友だちから「カナちゃんとお父さんとお母さん、全然似てないね」「本当のお父さんとお母さんじゃないからだよね」などと言われるようになって、学校で困っていると話を聞きました。

　そのころ、カナちゃんの実父から児童相談所に連絡が入りました。遠方で仕事が決まって会社の寮に住んでいますが、カナちゃんに会いたいとのことでした。吉田さん夫婦は、「里親である自分たちがカナちゃんとの関係が不安定になってきたこのタイミングで、実父との面会交流が始まるのは不安だ」と児童相談所に告げました。カナちゃんが「実父の方がいい」と言い出して、今よりも反抗的になるのではないかと心配していたのです。しかし、カナちゃんの「お父さんに会ってみたい」という強い希望や、児童相談所のワーカーに粘り強く説得されたこともあり、1泊2日の外泊にカナちゃんを送り出しました。

　実父と2日間を過ごしたカナちゃんは、とてもスッキリした顔で里親宅に帰ってきました。そのときは何も言いませんでしたが、実父の服装や生活ぶりを目の当たりにして、「一緒に暮らすことは難しい」とカナちゃんなりに理解した、と何年もあとに吉田さん夫婦にそっと話してくれました。その後も月に1〜2回の面会や外泊を繰り返していましたが、ある日、カナちゃんから「お父さん（実父）のことも好きなんだけど、やっぱりこっちのお母さんとお父さんが今は一番大切。だから今までどおり、ときどきあっちのお父さんに

も会いに行ってもいいかな」と吉田さんに話してくれました。

その後、吉田さん夫婦とカナちゃんは、カナちゃんが実父とどう過ごしてきたかなどオープンに話し合えるようになりました。学校でも「産んでくれたお母さんとお父さんでは、ちょっと育てられないから、代わりに今のお母さんとお父さんが育ててくれてる」と友だちに説明する姿がみられました。

3 　里子のライフストーリーワークやカバーストーリーの作成

実親と交流しながら里親家庭で生活する子どもにとって、生い立ちの整理を含めた**ライフストーリーワーク**（LSW）はとても重要になります。

参照
ライフストーリーワーク
→レッスン17

ライフストーリーワークとは、子どもが重要な他者とともに、自分自身の過去を「取り戻す」作業のことをいいます。子ども家庭福祉領域において、自身の出自や家族背景、里親家庭への委託理由といった子どもの人生の根幹にまつわる事実を、子どもにとって重要な他者である里親や児童相談所の担当ワーカーらと共有し、過去と現在と未来をつなぎ、自分の存在や人生を肯定的にとらえていくために行われる取り組みです。

ライフストーリーワークの発祥はイギリスです。イギリスで2006年に行われた、養子縁組された子どもたちへの調査結果によると、「なぜ養子縁組されたのか」「自分が生まれた家族に関する詳細」「どこで生まれたのか」などといった、自分自身のルーツに関する情報を強く知りたがっている実態が明らかになりました。ここから生まれたのがライフストーリーワークです。

ライフストーリーワークでは、単に過去や生い立ちに関する情報を知らせていくだけではありません。子どもの過去や現在をなるべく肯定的な言葉で語ることができるような言葉を与える、過去の出来事に「ポジティブな名前／意味を与える」といったことがとても重要になります。こうした取り組みを「**カバーストーリー**[*]の作成」といいます。

✳ 用語解説
カバーストーリー
他人に自分自身の状況などを簡単に説明する文章。

たとえば、なぜ里親家庭で生活することになったのか、委託理由について「生みの親に捨てられたから」という言葉で説明するのではなく、「産んでくれた親は、私に命を与えてくれたけれど、育てることは難しい、どうしようもない状況にあった。だけど、私には元気に育ってほしいと願って、別の人に養育を託した」というストーリーを子どもと支援者と里親とで一緒に作成することによって、自分自身の過去や生まれてきたこと、生みの親の行動や選択について、前向きにとらえることができるようになります。

誰かをずっと憎みながら生きていくのは、つらく苦しいことです。里親家庭で育つ子どもが、生みの親を憎んだり恨んだりしながら生きていかなくてもよいような支援を、里親と児童相談所とで協働して行うことが大切です。

4 ライフストーリーワークを見据えた記録の必要性

児童相談所は、社会的養護を必要とする子どもを保護したり、親子を支援したりするプロセスのなかで、親子に関わるさまざまな情報を収集し、またそれらを記録に残します。実親と離れて暮らす子どもが成長していくなかでライフストーリーワークを実施することを見据えて、さまざまな情報収集と保管、記録をしておくことが、今後ますます大切になってきます。

また、こうした記録・情報収集への意識化は、乳児院や児童養護施設でも大切になってきます。また、文章での記録だけではなく、写真や映像などもしっかり保管しておくことを、これまで以上に心がけたいものです。

インシデント② 高校生になってはじめて幼児期の写真をみたリカさん

リカさんは、小学校3年生のときに児童相談所に保護され、その後、里親家庭に委託されました。家庭での記憶は5歳以前のものはないといいます。5歳のときに母親が再婚。その後の記憶は、再婚相手である義理の父親から暴力を受けていたものがほとんどで、母親と過ごした記憶がありませんでした。

里親家庭で大切に育てられながらも、リカさんは「どうせ自分は親から愛されなかった子どもなのだ」と悲しい気持ちを抱えていました。しかしそのことを里親にも誰にも言えずにいました。将来の進路を考えなければならない時期になったとき、お母さんは私にどんな人になってほしいんだろうとも考えるようになりました。

ある日、家庭訪問に来た児童相談所のソーシャルワーカーに、「お母さんはどこで暮らしているの」とリカさんは勇気を出して質問しました。1か月後、児童相談所のソーシャルワーカーは、お母さんの情報と写真をもって来てくれました。

ソーシャルワーカーがもって来た写真のなかには、幼いリカさんを抱っこする母親の姿もありました。誕生日や雛祭りをお祝いしている写真もありました。「自分にも母親から愛された時間があった」

と確認できたリカさんは、将来のことをもっとまじめに考えようと思い、その気持ちを里親にも伝え、大学進学を目指し始めました。里親もできるだけサポートすると応援しています。

演 習 課 題

①ライフストーリーワークについて、日本でどのように取り組みが進んでいるか、インターネット等を使って調べてみましょう。

②社会的養護を必要とする子どもの養育者の「親権」は、誰がどのように使うのでしょうか。施設・里親・養子縁組のそれぞれを比較してみましょう。

③子どもにとって、「生い立ちの整理」はどのような意味があるでしょうか。皆さんの小学校の授業で「生い立ちの整理」のような取り組みはありましたか。皆さん自身にとってどのような意味があったかも振り返りながら考えてみましょう。

参考文献

レッスン24
伊藤嘉余子・澁谷昌史編著　『子ども家庭福祉』　ミネルヴァ書房　2017年
庄司順一・鈴木力・宮島清編　『里親養育と里親ソーシャルワーク』　福村出版　2011年
母子愛育会愛育研究所編　『日本子ども資料年鑑』　KTC中央出版　2016年

レッスン25
伊藤嘉余子ほか　「里親家庭における養育実態と支援ニーズに関する調査研究事業報告書」（平成29年度厚生労働省「子ども・子育て支援推進調査研究事業」）　2018年
庄司順一・鈴木力・宮島清編　『里親養育と里親ソーシャルワーク』　福村出版　2011年

レッスン26
伊藤嘉余子ほか　「里親家庭における養育実態と支援ニーズに関する調査研究事業報告書」（平成29年度厚生労働省「子ども・子育て支援推進調査研究事業」）　2018年
宮島清・林浩康・米沢普子編著　『子どものための里親委託・養子縁組の支援』　明石書店　2017年

おすすめの 1 冊

養子と里親を考える会編著　『里親支援ガイドブック──里親支援専門相談員等のソーシャルワーク』　エピック　2016年
1982年から養子縁組と里親制度の研究を続けてきた民間の研究会である「養子と里親を考える会」が実施した里親支援専門相談員に対するインタビュー調査の結果を踏まえ、まとめたガイドブック。委託前支援から委託後の支援、委託不調ケースへの対応など、各フェーズごとに必要な支援の視点や方法が簡潔にまとめられている。

委託児童の実親との交流

　これまで、代替養育を必要とする子どもの措置・委託先について検討する際、「家庭復帰の見込みのない子、実親との交流がない子は里親に」「家庭復帰の可能性が高い子、実親と交流しながら代替養育の場で生活する子は施設に」といったゆるやかなアセスメントがなされてきたと思います。

　しかし、本文でも繰り返し述べられているとおり、里親委託を推進していくにあたっては、これまで里親委託の検討対象とならなかった子どもについても積極的に里親委託を進めていくことになります。たとえば、実親と交流のある子どもの里親委託です。

　本文のなかでも「実親と交流のある里親の事例」をいくつか紹介していますが、ここでは、「里親に子どもを一定期間預けている間に、養育環境を整えて子どもと再統合できた実親」の声を紹介したいと思います。

> 　初めての妊娠・子育てで、パニックでした。実家の親は結婚・出産に反対だったので疎遠になっており、子育ての応援を頼める関係ではありませんでした。夫は朝早くから夜遅くまで仕事の毎日でした。一人、部屋で赤ちゃんと向き合う毎日。もともと器用な方でもポジティブな性格でもなかった私に、赤ちゃんとの生活は苦痛の連続でした。
>
> 　児童相談所の職員から、しばらく施設か里親に預けてみたらどうかと提案されたとき、とてもいやでした。でも「施設でなく里親なら」と同意しました。施設よりもていねいにみてもらえると思ったからです。しばらくして、児童相談所の職員が里親からの手紙と里親宅で撮影された子どもの写真をもってきました。でも最初の数か月は里親からの手紙も写真も見る気になれませんでした。里親委託に心から納得していたわけではないし、よその家で幸せそうに暮らす子どもの写真を見る勇気はありませんでした。夫は毎回楽しみに手紙と写真を見ていて、夫が先に里親との面会交流を始めました。私はジェラシーもあってなかなか面会に同行できませんでした。でも何回か面会を重ねた夫が「会った方がいい」と何度も強く勧めたので、勇気を出して里親と子どもに会いに行くことにしました。

　初めて会いに行ったとき、人見知りをして里親にしがみつく子どもの姿はショックでした。事前に児童相談所の職員から、それは仕方のないことだと説明を受けていました。それでもショックでした。でも里親の方が優しく声をかけてくれたり気遣ってくれたりするなかで、次第に心がほどけていきました。そして、早く子どもを引き取れるようにもっと頑張ろうと思いました。

　初めて里親と面会してから子どもを引き取るまで 1 年かかりました。その期間、自分なりに料理を工夫するなど、早く引き取れるようにがんばりました。がんばったことを、児童相談所や里親から毎回褒めてもらえたのが嬉しかったです。

　いま、親子そろって生活することが再びできるようになり、本当によかったです。実家との関係もよくなりました。まだまだわからないこと、できないこともたくさんありますが、二度と子どもを手放すことがないように、親としてしっかり生活・子育てしていきたいと思います。

　子どもをしっかり責任をもって養育できる里親に加えて、子どもを里親に預けざるを得ない状況にある実親の葛藤や悔しさといった気持ちにしっかり寄り添える支援者（里親を含む）が必要なのだと思います。

第 8 章

里親養育を支える
社会資源の役割

本章では、里親養育を支える社会資源の役割について学んでいきます。措置決定機関である児童相談所のほか、ピアサポート団体である里親会、行政以外のフォスタリング機関の役割についても理解を深めます。また乳児院や児童養護施設に配置された里親支援専門相談員など、里親養育を支える資源のレパートリーの役割分担について考えていきましょう。

児童相談所の役割

2016（平成28）年の「児童福祉法」改正により、里親の新規開拓から、子どもと里親とのマッチング、里親に対する訪問支援等による子どもの自立支援まで、一貫した里親支援が児童相談所の業務として位置づけられました。このレッスンでは、里親支援における児童相談所の役割とその課題について学びます。

1．児童相談所とは

1 設置

　児童相談所は、子ども家庭福祉に関する行政機関で、**都道府県と政令指定都市に設置**が義務づけられています。また、中核市や特別区（東京23区）などの人口規模の大きな市は児童相談所を設置できるとされており、その設置が推進されています。

　「児童福祉法」では「児童相談所」と規定されていますが、都道府県等によっては「児童相談所」ではなく、「児童相談センター」「子ども相談センター」「子ども家庭相談センター」「こども総合相談センター」「こども家庭センター」といった名称を使用しています。

2 業務内容

　「児童福祉法」第11条では、都道府県の業務として、市町村相互間の連絡調整、市町村に対する情報提供、広域的な見地からの実情把握を行うとともに、専門的な知識・技術を必要とする相談・調査・判定・指導、子どもの一時保護、里親支援、養子縁組支援、要保護児童に対する里親・ファミリーホームへの委託措置、乳児院、児童養護施設、障害児入所施設等への入所措置、家庭裁判所への送致などに関する業務を行うことが規定されています。

　これらの業務は児童相談所長に委託することができるとされているため、多くの場合、児童相談所の業務として行われています。

3 職員

　児童相談所の職員としては、所長、スーパーバイザー、児童福祉司、児童心理司、医師（精神科医、小児科医）、保健師、弁護士などが配置

◆補足

児童相談所の設置

2019年の「児童虐待防止対策の強化を図るための児童福祉法等の一部を改正する法律」の附則第7条には「政府はこの法律の施行後5年間を目処として、（中略）中核市及び特別区が児童相談所を設置することができるよう、児童相談所等の整備並びに職員の確保及び育成の支援その他必要な措置を講ずるものとする」と規定されている。

されています。このうち、児童相談所において中核的な役割を果たしているのは児童福祉司で、①子どもの福祉に関する相談、②必要な調査や社会診断、③子ども、保護者、関係者等に必要な支援・指導、④子ども、保護者等の関係調整などの業務を行っています。

　2018（平成30）年１月１日現在、全国の児童相談所の里親担当職員は488人（１か所あたり平均2.32人）で、そのうち専任232人（47.5％）、兼任256人（52.5％）となっています[1]。

▶出典
†1　厚生労働省「社会的養育の推進に向けて（平成31年４月）」2019年

2.　児童相談所における里親支援の内容

　2016（平成28）年の「児童福祉法」等改正法により、都道府県（児童相談所）の業務として、里親制度の啓発などによる里親の新規開拓から、子どもと里親とのマッチング、里親に対する訪問支援等による子どもの自立支援まで、一貫した**里親支援**に関する業務（フォスタリング業務）を行うことが規定されました。

　具体的にいうと、「児童福祉法」第11条には、以下のようなフォスタリング業務を行うことが規定されています。
①里親に関する普及啓発を行うこと。
②里親の相談に応じ、必要な情報の提供、助言、研修その他の援助を行うこと。
③里親等に委託されている児童および里親相互の交流の場を提供すること。
④里親の選定および里親と児童との間の調整を行うこと。
⑤里親に委託しようとする児童およびその保護者並びに里親の意見を聴いて、当該児童の養育の内容等に関する計画を作成すること。

　さらに、養子縁組に関する相談に応じ、必要な情報の提供、助言その他の援助を行うことも規定されています。

　このようにフォスタリング業務は都道府県の本来業務であるため、まずは児童相談所がフォスタリング機関として実施していくことが想定されますが、民間の里親支援機関へ委託することもできるとされています。

　図表27−1には、児童相談所が直接行う必要がある業務と、里親支援機関に行わせることが可能な業務について示されています。これをみると、里親の認定、委託措置および措置解除の決定などについては、児童相談所が直接行う必要がありますが、民間の里親支援機関に委託して行うことができる業務も多くあることがわかります。

参照
児童相談所における里親支援の内容
→レッスン9、10

図表 27-1 里親支援機関と児童相談所の役割について

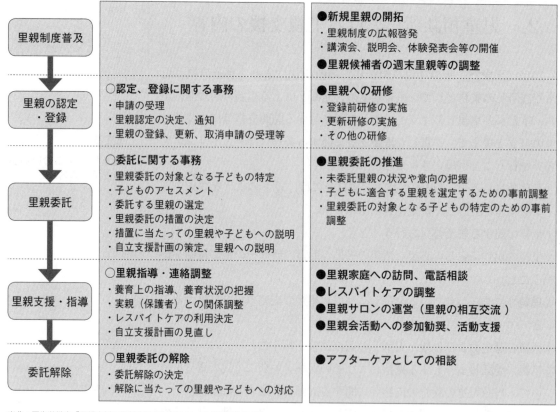

都道府県市（児童相談所）の里親委託・里親支援についての業務	
都道府県市・児童相談所が 直接行う必要がある業務	里親支援機関に行わせることが可能な業務
・里親支援機関の協力を得ながら、児童相談所が中心となって行う。	・児童相談所の職員が直接行ったり、児童相談所に里親委託等推進員を配置して行うほか、里親支援機関（児童養護施設・乳児院（里親支援専門相談員）、児童家庭支援センター、里親会、公益法人、NPO等）へ委託等して積極的に推進する。 ※地域の実情に応じ、各機関の特徴を生かして分担・連携 ※里親委託等推進員や里親支援専門相談員は、全てにかかわる

里親制度普及		●新規里親の開拓 ・里親制度の広報啓発 ・講演会、説明会、体験発表会等の開催 ●里親候補者の週末里親等の調整
里親の認定・登録	○認定、登録に関する事務 ・申請の受理 ・里親認定の決定、通知 ・里親の登録、更新、取消申請の受理等	●里親への研修 ・登録前研修の実施 ・更新研修の実施 ・その他の研修
里親委託	○委託に関する事務 ・里親委託の対象となる子どもの特定 ・子どものアセスメント ・委託する里親の選定 ・里親委託の措置の決定 ・措置に当たっての里親や子どもへの説明 ・自立支援計画の策定、里親への説明	●里親委託の推進 ・未委託里親の状況や意向の把握 ・子どもに適合する里親を選定するための事前調整 ・里親委託の対象となる子どもの特定のための事前調整
里親支援・指導	○里親指導・連絡調整 ・養育上の指導、養育状況の把握 ・実親（保護者）との関係調整 ・レスパイトケアの利用決定 ・自立支援計画の見直し	●里親家庭への訪問、電話相談 ●レスパイトケアの調整 ●里親サロンの運営（里親の相互交流） ●里親会活動への参加勧奨、活動支援
委託解除	○里親委託の解除 ・委託解除の決定 ・解除に当たっての里親や子どもへの対応	●アフターケアとしての相談

出典：厚生労働省「里親支援の体制の充実方策について（概要）」2012年

　都道府県等は、地域の実情に応じて、民間機関の特徴を生かした児童相談所との役割分担、連携体制を構築していくことが求められます。

3.　児童相談所における里親支援の実際

1　福岡市の取り組み

　福岡市では、2005（平成17）年度から、子どもNPOセンター福岡が

「新しい絆プロジェクト」（市民参加型里親普及事業）を受託し、「里親を知ってもらう市民フォーラム」を年2回開催するなど、市民との協働による里親の普及活動に取り組んでいます。この事業の実行委員会として「ファミリーシップふくおか」を組織しており、事務局は子どもNPOセンター福岡と児童相談所とで共同で設置されています。

　福岡市では、このようなNPOの力を活用して感動やイメージづくりを行い、協力者を募集するなど市民参加型の普及活動を広く市民に働きかけるとともに、児童相談所に里親支援専従班を配置するなどの支援体制の強化を行うことにより里親委託を推進しています。

　また、「SOS子どもの村JAPAN」「キーアセット福岡オフィス」といった専門性の高いNPOがそれぞれの特性を生かした里親支援を展開しており、複数の民間機関と連携した里親支援ネットワークを構築して里親支援を展開しています（図表27-2）。

2　静岡市の取り組み

　静岡市では、2010（平成22）年に開設された里親家庭支援センターが、措置権を除く里親支援業務全般を受託し、「啓発」「研修」「相談・支援」を三本柱に活動を展開しています。

　里親家庭支援センターは、里親会が立ち上げたという経緯があるため里親会と非常に連携が強く、一部の業務は里親会と共同運営しています。また、児童相談所内に里親家庭支援センターの事務所があるので、児童相談所とも顔の見える関係のなかで連携して里親支援を展開しています。

　里親への委託の際には、児童相談所で**委託式**を開催することで、里親の社会的養護に関わるという意識を高めています。委託式をきっかけに里親家庭支援センターの訪問が行いやすくなり、子どもの措置の背景などの情報を児童相談所、里親家庭支援センター、里親で共有できるようになっています。

　さらに児童相談所では、年1回子どもの様子などを確認するために、児童心理司が子どもの誕生日月に面談を行っていて、里親家庭支援センターによる日々の相談業務を補完しています。

　このように静岡市では、里親家庭支援センターへ全面的な業務委託をはじめ、里親会の活発な活動や、児童相談所を含めた各機関の積極的な連携により里親委託を推進しています（図表27-3）。

3　滋賀県の取り組み

　滋賀県では、児童相談所が里親認定前および委託前の里親指導やアセ

◆補足
委託式
里親家庭に子どもが委託される際に行う行事で、社会的養護に関わるということを改めて具体的に説明したり、関係機関の顔合わせをしたりする。

図表 27-2 福岡市における里親支援機関と児童相談所の役割について

○平成16年当時、福岡市内の児童養護施設は満杯。児童養護施設を新設するにしてもお金も時間もかかる。 「施設がいっぱいなので、行き先確保のために里親を増やそう」

○平成16年12月、日本子どもの虐待防止研究会福岡大会が開催。子どもの課題に取り組むネットワークづくりを行っているNPO法人が市民フォーラムを関連事業として開催。2日間で1,000人の市民が集まる。それを目の当たりにした行政は「里親開拓にNPO法人のネットワークを活用できないか?」と考え、「里親制度普及促進事業」を委託

NPO	児童相談所
○最初にイメージを作る。事業名を「新しい絆プロジェクト」、実行委員会の名称を「ファミリーシップふくおか」(「里親=暗いイメージ」を払しょくし、明るく、素晴らしいイメージに。→プロのデザイナーとコピーライターに依頼) ○里親を知ってもらう市民フォーラムの開催。広報啓発は分かりやすく、親しみやすいイメージで統一、感動でつながっていく仕組みづくり(音楽・絵本の朗読から、里親の体験談に)、里親だけでなく協力者も募集(協力者になることで市民意識が醸成)、子どもプログラム(子どもが参加したいと大人も付いてくる) ⇒参加者に、「子どもは、みんな社会の子」という認識がうまれた。社会的養護の社会化がはかられる。	○児相職員の意識の変化 「まず里親を探そう」 職員の「里親に委託して良かった」という成功体験によって、里親委託優先の意識が高まる。 しかし、施設には、心理士などの専門職がいるが、里親家庭の場合はすべて児童相談所が行うことになるため、里親委託は大変。

○里親委託率が上がると、里親への委託児童数が増える。 里親家庭内において、子どもや里親の様々な問題や課題が頻回に発生。児相では、毎日、毎週が里親、里子のニーズに沿った相談支援の連続になった。里親家庭への支援体制が欠かせない。このため、児相に里親支援の専従班をつくり、里親制度だけに専念できる組織及びケース数に応じた相談支援職員を配置し、体制を整備。

まとめ

NPOの力を活用して感動やイメージづくりを行い、協力者を募集するなど市民参加型の普及活動を広く市民に働きかけるとともに、児童相談所に里親支援専従班を配置するなどの支援体制の強化を行うことにより、里親委託率の増加を行った。

出典:厚生労働省子ども家庭局家庭福祉課「社会的養育の推進に向けて(令和2年4月)」2020年

スメント、里親委託に関する業務を担っています。特にマッチング前の意向調査が非常に重要であると考えられており、これを細かくていねいに行おうとしている点が、滋賀県の大きな特徴となっています。

　2012(平成24)年度からは、乳児院、児童養護施設を運営する社会福祉法人小鳩会に里親支援機関事業を委託していて、里親委託後の訪問支援については小鳩会が中心となって行っています。また、小鳩会では里親委託児童心理的ケア指導員を配置し、被虐待児を養育する里親へ助言するとともに、里親里子の関係性把握、里子の心理状態把握と心理的ケアを行っています。

図表27-3 静岡市における里親委託推進の取り組み

○2005年度（平成17年度）に政令指定都市に移行した時点では、里親等委託児童数は18人、里親等委託率は14.9％。

●NPO法人への業務委託、里親会との連携
・平成22年に開設された「NPO法人静岡市里親家庭支援センター」が、措置権を除く里親支援業務全般を受託し、「啓発」・「研修」・「相談・支援」を三本柱に活動を展開。
⇒静岡市里親家庭支援センターは、里親会が立ち上げた経緯があり、各種行事の開催にあたっては里親会とセンターが互いに協力して補完するなど、里親会と非常に連携が強い。例えば、里親会が実質的に運営するサロン（里親サロン、ちびっこサロン）で里親の声を拾い上げたり、先輩里親を研修講師として派遣するなど、協力・協働している。

●委託前から委託解除後までの支援
＜委託前からの支援＞
・サロンへの参加の案内。里親登録後、乳児院等での食事・排泄・入浴などの介助、遊びやお散歩などのボランティアへの参加。乳児委託前の30時間の乳児受託前実習など、委託前からの積極的な関わりと、センターへの全面的な業務委託により、顔が見える関係の中でマッチングを含めた一貫した支援を実施。
＜委託中の支援＞
・里親相談員による訪問と支援。ベテランの里親が研修を受けて里親相談員となり、センターからの委嘱で里親宅への相談業務（主に家庭訪問・傾聴）を行う。
・児童相談所で委託式を開催。社会的養護に関わるという意識を高める。委託式をきっかけにセンターの訪問が行いやすくなるほか、子どもの背景などの情報を、児童相談所・センター・里親で共有。
・児童相談所の心理司が子どもの誕生日月に面談を行う。センターによる日々の相談業務を補完。
＜委託解除後の支援＞
・センターの独自事業として就職や進学等の際に自立費用を支給している他、子どもの自立後の連絡・訪問などの支援をセンターが中心となって実施。

NPO法人へ全面的な業務委託をはじめ、里親会の活発な活動や、児童相談所を含めた各機関の積極的な連携により、2005年度（平成17年度）当時には14.9％だった里親等委託率が、その後の約10年間で委託率は約3倍に大きく上昇。

出典：図表27-2と同じ

　2013（平成25）年度からは、里親連合会に里親支援機関事業を委託していて、未委託里親への訪問支援や研修、里親サロンなど里親同士の交流の支援、里親制度の普及啓発活動を行っています。
　このように滋賀県では児童相談所の強いリーダーシップのもと、里親連合会、乳児院、児童養護施設間における連携を基盤として里親支援を展開しています。

4.　児童相談所改革の方向性と里親支援の課題

1　児童相談所改革の方向性

　2018（平成30）年12月には、児童虐待防止対策に関する関係府省庁連絡会議において「児童虐待防止対策体制総合強化プラン」が策定され、児童虐待発生時の迅速・的確な対応を確保するとともに、家庭養育の推進、市町村の相談支援体制の強化を図るため、児童福祉司を2022（令和4）年度までに全国で2,020人程度増員することが示されました。さらに、里親養育支援体制の構築および里親委託の推進を図るため、各児童相談所に、里親養育支援のための児童福祉司を配置することも示されました。

　2019（令和元）年6月には、児童虐待防止対策の強化を図るため、「児童福祉法」等の改正が行われ、児童相談所の体制強化および関係機関間の連携強化などの措置が講じられることになりました。

　さらに、**都道府県社会的養育推進計画**には、児童相談所における人材確保・育成に向けた取り組みとして、児童相談所における職員の配置など、子ども家庭福祉人材の確保・育成のための具体的な計画を盛り込むことになっています。

2　児童相談所における里親支援の課題

　児童相談所は、フォスタリング業務だけでなく、養護相談、障がい相談、非行相談など幅広い業務を行っています。特に近年は、児童虐待の相談および対応に関する業務の比重が大きくなってきています。

　このような状況のなかで、児童相談所がフォスタリング機関として里親制度の啓発などによる里親の新規開拓から、子どもと里親とのマッチング、里親に対する訪問支援等による子どもの自立支援まで一貫したフォスタリング業務をすべて手厚く実施していくことは、人材面からも財政面からも難しくなると考えられます。

　したがって、福岡市や静岡市、滋賀県の取り組みの紹介でも見てきたように、児童相談所の体制や民間機関の活動状況など地域の実情を踏まえた役割分担、連携体制の構築に向けた議論が必要となります。

　しかし、フォスタリング業務を社会福祉法人やNPO法人など民間機関に委託していくにしても、里親支援ネットワークを構築していくうえで児童相談所が果たす役割は大きく、児童相談所のリーダーシップのもとでさまざまな機関がネットワークを構築して里親支援を推進していく

⊕ 補足
都道府県社会的養育推進計画
2017年8月に発表された「新しい社会的養育ビジョン」を受けて、各都道府県では、従来の「社会的養護の課題と将来像」に基づいて策定された計画について見直し、2020年度から10年間の都道府県社会的養育推進計画を策定することになっている。

ことが望まれます。

　また、都道府県社会的養育推進計画の策定作業においては、地域の実情を踏まえた現実的な計画を策定していくことが求められます。

演 習 課 題

①あなたが住んでいる地域の児童相談所がどのような里親支援を行っているのかをホームページなどで調べてみましょう。

②「新しい社会的養育ビジョン」において、児童相談所の課題がどのように記載されているかについて整理してみましょう。また、その後の「児童福祉法」等の改正により、児童相談所の体制がどのように強化されたかを調べてみましょう。

③児童相談所が民間機関と連携して里親支援を行っていくうえでの課題について話し合ってみましょう。

里親会の役割

このレッスンでは、里親会の役割について学びます。里親の当事者団体として、全国レベルから地区レベルまでの里親会の役割や里親の相互交流の場としての里親サロン、近年の社会的養護改革のなかでの里親会の位置づけについて学びます。さらに、里親支援機関としての里親会への期待と課題について考えます。

1. 里親会とは

1 里親会の概要

里親会は、里親の当事者団体です。そのしくみは、全国組織として全国里親会があり、その下に都道府県市里親会として都道府県・政令指定都市里親会があります。全国里親会と都道府県市里親会の間に8つのブロックに分かれた活動があります。また、都道府県市里親会によっては、児童相談所の管轄区域を単位に地区里親会が組織されています。このように里親会の構造は、全国-ブロック-都道府県市-地区の4層になっています。

都道府県市里親会のなかには、地区里親会の連合体としての意味から、連合会と名乗る里親会もあります。たとえば、北海道里親会連合会や栃木県里親連合会などです。また、固有の名称をもっている里親会もあります。たとえば、山梨県きずな会や仙台市ほほえみの会などです。

2 全国里親会

全国里親会は、全国各地にある都道府県市里親会の中心となる組織です。その歴史は、1954（昭和29）年に全国里親連合会（任意団体）としてスタートし、社団法人、財団法人を経て、2011（平成23）年に**公益財団法人***として認可されました。

全国里親会の目的は、里親に委託されている子どもや里親に委託することが適当と思われる子どもの福祉の増進を図るため、里親制度に関する調査研究、里親希望者の開拓、里親および里親に委託されている子どもの相談指導などを行い、里親制度の普及発展に寄与することとしています。そのため公益事業として、次の事業を展開しています。

❋ 用語解説
公益財団法人
一般財団法人のうちで、「公益法人認定法」に基づき行政庁から公益性を認められた財団法人のこと。公益を目的とした事業は非課税になるなど税制上の優遇措置を受けることが可能になる。

○里親制度に関する調査研究事業

　厚生労働省等の助成を受け、里親に関する調査研究を行っている。また、委員会を設置し、里親委託の促進及び里親養育支援、地域里親会の支援方策などの検討を行っている。

○里親の育成事業

　里親の育成事業として、里親会活動による里親支援や都道府県市里親会の活性化に関する研修を行っている。具体的には、全国8ブロックにおける里親研修会の開催の支援や都道府県市里親会が里親養育包括支援事業を実施する際の支援を行っている。

○里親制度の普及啓発に関する事業

　機関紙『里親だより』の年4回刊行、里親の日（10月4日）に里親啓発「全国一斉キャンペーン」の実施、全国里親大会の開催、「全里マンスリー」の発行などにより、里親制度の普及啓発を行っている。

○その他

　全国里親会と都道府県市里親会との連携、相談・指導事業、災害を受けた里親および里子に対する支援などを行っている。

　なお、全国里親会では、これらの公益事業のほかに、収益事業として、**里親賠償責任保険**[*]に関する事務も行っています。

3 ▶ 都道府県市里親会

　全国里親会の構成団体である都道府県市里親会は66あり、社団法人・財団法人・NPO法人としての法人格をもつ里親会もありますが、多くは任意団体です。その歴史は戦後1948（昭和23）年の「児童福祉法」施行後に各地で発足し、今日に至ります。多くの都道府県市里親会の会員は、委託里親と未委託里親で構成されますが、賛助会員や法人会員の制度を設けているところもあります。その運営にあたっては、約半数の里親会が事務局を管轄の児童相談所に置いており、児童相談所の職員がその事務を担っている場合もあります。また、事務局の設置と運営を、社会福祉協議会が担っている場合もあります。

　活動の中心は、レクリエーションをとおして会員相互の交流を図ったり、研修会をとおして里親の知識・技術の向上を図ったりすることです（図表28−1）。これに加えて、制度の普及活動などにも取り組んでいます。

✴ 用語解説
里親賠償責任保険
被保険者（補償を受ける人）が第三者に対してものを壊したり、けがをさせたりなどの損害を与えてしまった場合に、補償が受けられるもの。たとえば、里親の不注意で里子が交通事故に遭いけがをした場合、責任能力のない里子が誤って他人の家の窓ガラスを割ってしまった場合、責任能力のある里子が商品を壊してしまった場合などである（「子供の責任能力の有無」はおおむね12歳が基準）。

図表 28-1 研修会・親睦会の例

研修会
・発達障害の理解と支援
・社会的養育の今後と子どもたちの未来
・イライラしない里親研修会
・保護者のためのスマホ・ケータイ講習会

親睦会
・新小学 1 年生お祝い会
・リサイクル交換会
・夏のふれあいキャンプ
・秋の収穫体験
・クリスマス会
・新春もちつき大会
・手芸クラブ

出典：大阪市里親会『あした 2019』2019年

出典：静岡県里親会ホームページ（http://fcsshizuoka.com/?page_id=325 2020年 5 月28日確認）

4　地区里親会

　地区里親会とは、児童相談所の管轄エリアの里親の集まりのことです。地区里親会も都道府県市里親会と同様の目的で活動を行っています。その特徴は、活動エリアが比較的近隣の里親の集まりということになります。たとえば大阪府には、6 か所の子ども家庭センター（児童相談所）がありますが、それぞれの管轄エリアごとに里親会が活動を行っています。多くの地区里親会では、その身近さを生かして、里親サロンを開催しています。

2.　里親サロン

1　里親サロンとは

　里親サロンは、里親養育包括支援事業等により国や地方自治体の予算措置を受け実施されているものから、里親会が中心となって独自に取り組む里親サロンまで、その内容はさまざまです。ここでは、里親が中心となって行う養育体験を共有する話し合いや相互交流の場のことを、里親サロンとよぶことにします。

　里親サロンについては、「里親委託ガイドライン」（厚生労働省、2018年）のなかで、里親の相互交流（里親サロン等）として位置づけられています。児童相談所は里親支援機関等と連携し、里親と一緒に里親による里親サロンを定期的に企画することとされています。そのなかで、里親同士の情報交換や養育技術の向上を図るとともに、里親の孤立を防止するため、参加を勧奨することとされています。

　また、里親養育包括支援事業の里親訪問等支援事業のなかにも「里親等による相互交流」（里親サロン）として、規定されています。そこで

は、里親サロンは、定期的に実施するものとし、**里親以外の参加者**[*]の参加も求めています。里親サロンの実施にあたっては、里親等が主体となって企画するものとし、必要に応じて児童相談所の職員や施設の里親支援専門相談員と連携をとりながら支援に当たることとしています。

⊞ 用語解説
里親以外の参加者
児童相談所の里親担当職員や子ども担当職員、児童福祉司経験者、里親支援専門相談員、里親経験者など。

2 里親サロンの概要

①里親サロンの目的

　里親の行う養育は、家庭という私的な環境で行いますが、同時に「児童福祉法」に基づき、里親委託されることから社会的養護として、公的な役割を担っています。つまり、里親による養育が独りよがりな子育てになっていないか、常にチェックすることが求められます。また、中途からの養育にともなう**愛着**の問題や**真実告知**など、里親養育特有の課題もあります。これらの課題に対して、同じ里親という立場からピアカウンセリングを受け、傾聴や共感し合ったり、必要に合わせて専門家や経験者からの助言が得られたりします。

▶参照
愛着
→レッスン13

真実告知
→レッスン13

②主催者

　都道府県市里親会および地区里親会が開催することが多いですが、児童相談所や里親支援機関が開催する場合もあります。

③参加対象者

　参加対象者は里親です。**オブザーバー**[*]として、児童相談所の職員や里親支援専門相談員などが入る場合もあります。サロンによっては、委託を受けている子どもの年齢や障がいの有無、養育里親と養子縁組里親など、あらかじめテーマを決めて開催する場合もあります。

⊞ 用語解説
オブザーバー
会議や集まりなどに、特別に参加が許された人のこと。陪席者ともいう。ここでは、里親サロンに参加する里親以外の人のこと。サロンでは、その中心ではないが、必要に応じて意見を述べたり会の進行をしたりする。

④開催時期・日時

　月1回開催しているところから、2〜3か月に1回のところなど、里親会の状況によりさまざまです。通常、里親の集まりやすい平日の午前中、子どもが幼稚園や学校に行っている時間帯に開催されることが多いですが、共働き里親や単身里親を対象とした週末や夕方の開催も必要となります。

⑤開催場所

　管轄の児童相談所や里親支援機関で行われることが多く、ほかには社会福祉協議会のスペースや里親宅で行われることもあります。

⑥進行とルール

　里親サロンの進行は多くの場合、**ファシリテーター**によって行われます。担当の里親を決めている里親会や里親会の会長が行うことが多いですが、児童相談所の職員や里親支援機関の職員が行うこともあります。

▶参照
ファシリテーター
→レッスン23

特段のルールを決めていないサロンが多いですが、少なくとも話し合ったことを他言しない（守秘義務を守る）ことは重要です。また、特定の人が長く話さない、人の話を否定しない、他人を中傷しない、宗教や取引の勧誘をしないなどを心がけることが必要です。

インシデント　乳幼児の委託を受けている里親を対象としたサロン

　里親支援機関のＡ児童家庭支援センターでは、毎月第２火曜日の10：00〜12：00に里親サロンを開催しています。ファシリテーターは里親会の会長です。今回は、「乳幼児を養育している里親」を対象に５人の養育里親、里親支援機関の職員と児童相談所の里親担当が参加しました。あわせて、プレイルームでの預かり保育を実施しています。

　もうすぐ２歳になるジュンくんを３か月前から養育している吉田さんは、里親担当の児童福祉司にすすめられて、はじめてサロンに参加しました。はじめは緊張していた吉田さんもお茶を飲みながら、会長さんのファシリテートで進むサロンにリラックスしてきました。話を振られた吉田さんは、ジュンくんの養育状況について話します。中学生になる実子の養育経験のある吉田さんでしたが、実子のときとは大きく違う子育てに戸惑うこともしばしばで、「上の子と違って、言っても聞いてくれないんです」「近所の人にも里子であることを伝えている人とそうでない人がいて、なんと説明したらいいのか……」など、吉田さんは日中ジュンくんと２人きりで少し疲れていたようです。

　ほかの参加者からも、乳幼児の育ちについてのさまざまな経験談が共有されました。会長さんは、共感的に参加者の話を聞くとともに、先輩としての経験を共有しました。また、里親担当の児童福祉司からは、ジュンくんの発達検査を受けてはどうかとの提案がありました。

　２時間のサロンでの会話のなかで、里子の育ちのこと、近隣との付き合い方から、食材が新鮮で安いスーパーの話まで、吉田さんはジュンくんと離れて、リフレッシュした気持ちになりました。

3.　里親会への期待と課題

1　里親による養育の特徴と里親会

　ここでは、里親による養育の特徴と里親会の関係を「里親及びファミリーホーム養育指針」（厚生労働省、2012年）からみていきます。

　里親における家庭養護とは、私的な場で行われる社会的かつ公的な養育です。このことから、里親独自の子育て観を優先せず、自らの養育のあり方を振り返るために他者からの助言を受け入れる謙虚さが求められます。また、子育てにおいて悩むことは当然のこととととらえて、SOSを出したり、養育が困難な状況になった場合には、一人で抱え込んだりするのではなく、他者の協力を求めることが大切となります。

　つまり、里親は、自らの養育を「ひらき」、社会と「つながる」必要があるのです。そのためには、地域のなかで里親が孤立しないよう、児童相談所はもちろんのこと、里親会をとおして、養育者同士のネットワークをもつことが重要となります。

　子どもの育ちには、家庭が必要であるのと同時に地域の人々や関係機関などの支援も必要となります。そのためには、日ごろから地域住民の一人として、近隣との良好な関係を築いておくことや、社会的養護の理解を深めることも必要となります。里親における養育はあくまで社会的養護であるため、地域社会に対してクローズなものになったり、孤立した養育になったりしてはなりません。近隣との関係形成が困難な場合にも、里親会、里親支援機関やその他の子育て支援のネットワークとつながりながら、子どもの養育を行うことが望まれます。

　以上のことから「里親及びファミリーホーム養育指針」では、すべての里親は、里親会の活動に参加する必要があるとしています。

2　里親不調による措置解除ケースへの支援

　残念ながら、どんなに子どもと里親の調整を十分に行ったうえで委託しても**里親不調**は起こり得ます。そのために措置解除に至った場合、子どもと里親の双方に対して、振り返りと今後の前向きな生活への支援が求められます。里親に対しては、養育がうまくいかなかったことへの傷つきや、喪失感へのケアが重要となります。

　当然、児童相談所から里親に対しての委託解除の理由へのていねいな説明は必要ですが、それにあわせて、ピアカウンセリングをうけたり、先輩里親の経験談が聞けたりする里親会は、重要な役割を果たします。

参照
里親不調
→レッスン18

3　里親支援機関

「里親委託ガイドライン」においては、里親支援機関として里親支援事業の委託先の一つとして、里親会をあげています。

地区里親会については、里親養育包括支援事業の委託を受けていない場合であっても**里親支援機関**（B型）として指定することが推奨されており、その活動の充実のために、事務局体制の充実が課題となっています。具体的には、里親等委託調整員等、里親支援専門相談員、児童家庭支援センターの職員による支援が必要となっています。

参照
里親支援機関
→レッスン16

4　里親会の課題

「里親及びファミリーホーム養育指針」や「里親委託ガイドライン」では、里親は里親会に入会することが推奨されており、かつ地域によっては、里親会に入会している里親にしか子どもを委託しない方策がとられています。しかしながら、里親会への入会は任意であり、里親会への社会的要請は強いものの、その多くは任意団体です。脆弱な事務局体制をどのように強化するのか、また、渡邊は、任意団体であることの限界——地域間の格差や組織構成員による活動内容と質の変化、会員でない里親への当事者支援など——があることは否めないと指摘しています[1]。

それ以外にも、未委託里親への支援、里子経験者の組織化など多様な課題に対応しつつ、組織力の充実と里親支援機関としての社会的要請に応えていくことが求められています。

出典
†1　渡邊守「オーストラリア・ビクトリア州の地域里親活動の現状と課題」『里親と子ども』4、2009年、20-21頁

演 習 課 題

①全国里親会のホームページから「里親だより」を確認し、現在の里親会のトピックを調べましょう。

②このレッスンでは、里親サロンの重要性について確認しました。いくつかの地区里親会において、どのようなサロンが開かれているか調べてみましょう。

③里親支援機関としての里親会の強みと弱みはどのような点でしょうか。具体的な事業と関連しながら、話し合ってください。

民間の里親支援機関の役割

このレッスンでは、里親養育支援を担う新しい機関として注目されるフォスタリング機関について紹介します。厚生労働省から出された「フォスタリング機関及びその業務に関するガイドライン」を参考に、フォスタリング機関について説明します。また、フォスタリング機関の実際についても紹介します。

1. 里親を取り巻く支援の少なさ

　筆者は18年間、児童養護施設の職員をしていました。2016（平成28）年に施設を退職後、里親としてのファミリーホームを妻と開設しました。ファミリーホームを開設してはじめてのクリスマスの日、夜になってクリスマスケーキを買い忘れていたことに気がつきました。施設に勤務していたときは、たくさんの人からクリスマスケーキが施設に届けられていましたので、クリスマスケーキを買うという習慣がなくなっていたのです。一方、里親である筆者たちのファミリーホームには、ケーキを届けてくれる人は誰もいませんでした。

　また、別の例を紹介します。毎年、高校を卒業する施設の子どもたちにスーツをプレゼントしてくれる団体があったので、筆者たちのホームの子どもたちにもプレゼントしてほしいと頼んだところ、里子は対象になっていないと断られてしまいました。

　上記の話を読んでどう思いますか。措置児童を同じように預かっているのに、施設にはケーキやスーツが届き、里親宅には何も届かないのです。これが現状です。施設と比べ、里親を支援するという発想そのものがないという現状に、里親になってはじめて気がつきました。

　「新しい社会的養育ビジョン」では、里親委託推進の数値目標を大幅にアップさせました。そして、その数値目標を達成するため、「里親への包括的支援体制（フォスタリング機関）の抜本的強化と里親制度改革」の必要性が明記されました。そこでは、「里親とチームとなり、リクルート、研修、支援などを一貫して担うフォスタリング機関による質の高い里親養育体制の確立を最大のスピードで実現し、2020（令和2）年度にはすべての都道府県で行う体制とし、里親支援を抜本的に強化する。これにより、里親への支援を充実させ、里親のなり手を確保すると

▶出典
†1　厚生労働省「新しい
社会的養育ビジョン」2017
年

▶出典
†2　渡邊守「新しい社
会的養育ビジョンとフォス
タリング機関事業の今後」
『社会福祉研究』131、2018
年、2-9頁

✚補足
フォスタリング機関
渡邊守は2010（平成22）年
に特定非営利活動法人キ
ーアセットを立ち上げ、行
政からの委託事業としての
フォスタリング機関サービ
スを行っている。現在キー
アセットは大阪・東京・川
崎・埼玉・千葉・福岡にオ
フィスをもつ。

ともに里親養育の質を向上させる[†1]」とあります。しかし、現在の日本の状況は、筆者が体験した例のように里親を支援する体制は整っておらず、渡邊が指摘するように、「里親が身近にある社会資源を活用しようとしても、これまでほとんど社会的注目を集めてこなかった里親家庭にとって、それらの資源（サービス）は利用しやすいようにデザインされているとは言い難い[†2]」状況です。だからこそ、「社会的養育ビジョン」にあるように、質の高い里親養育体制の確立を最大のスピードで実現する必要性があるのです。そして、それを実現させるための里親養育支援を担う機関として注目を集めだしたのが民間の**フォスタリング機関**です。

2.　フォスタリング機関とは

　ここでは、2018（平成30）年7月に厚生労働省子ども家庭局長名で出された「フォスタリング機関（里親養育包括支援機関）及びその業務に関するガイドライン」（以下、ガイドラインとする）を参考に、フォスタリング機関について説明します。しかし、このガイドラインで記されたフォスタリング機関は、現実に存在する機関を紹介したというよりも、これからつくっていかなければならない目標を示したものであるのが現状です。

1　フォスタリング機関の定義
　ガイドラインにおいて、「『フォスタリング機関』とは、一連のフォスタリング業務を包括的に実施する機関をいい、『民間フォスタリング機関』とは、都道府県知事から一連のフォスタリング業務の包括的な委託を受けた民間機関をいう」と定義されています。また、「フォスタリング業務の一部のみを民間機関に委託して実施する場合においては、児童相談所がフォスタリング機関として位置付けられる。この場合においては、民間に委託して実施する業務を含め、児童相談所による一貫した責任体制の下にフォスタリング業務を包括的に実施することが必要である。その際、児童福祉施設に配置されている里親支援専門相談員との十分な連携を図り、児童相談所の対応方針を踏まえ、支援の一貫性や整合性が保たれるようにすることが重要である」と民間の活力に大きな期待はしていますが、里親委託においては、児童相談所が責任をもって業務を行うことが明記されています。

2　フォスタリング業務の目的

　ガイドラインに記載されたフォスタリング業務の目的を紹介します。フォスタリング業務の目的は「より多くの里親を開拓し、里親との確かな信頼関係を基盤に、里親の持つ養育能力を十分に引き出し、伸ばすことで、質の高い里親養育を実現し、維持すること、さらに里親と子どもが、地域社会の偏見や理解不足のために孤立することのないよう、関係機関による支援のネットワークを形成し、地域社会の理解を促進することで、子どもの最善の利益の追求と実現を図ることにある」と記載されています。また、この目的の実現のため、「『委託可能な里親を開拓し、育成すること』、『里親との信頼関係を構築し、相談しやすく、協働できる環境を作ること』及び『子どもにとって必要な安定した里親養育を継続できる（不調を防ぐ）こと』を成果目標とし、関係者間で共有する」とされています。

3　フォスタリング業務の定義

　ガイドラインではフォスタリング業務を以下のように定義しています。「フォスタリング業務とは、里親のリクルート及びアセスメント、里親登録前後及び委託後における里親に対する研修、子どもと里親家庭のマッチング、子どもの里親委託中における里親養育への支援、里親委託措置解除後における支援に至るまでの一連の過程において、子どもにとって質の高い里親養育がなされるために行われるさまざまな支援であり、平成28年改正によって法第11条第4項に規定された**里親支援事業**（中略）に相当する」。そして具体的な業務として、「里親のリクルート及びアセスメント」「登録前、登録後及び委託後における里親に対する研修」「子どもと里親家庭のマッチング」「里親養育への支援（未委託期間中及び委託解除後のフォローを含む）」があげられました。また、これら4つの項目において具体的なフォスタリング業務の実施方法の解説が掲載されています。具体例も多く、詳細に記載され、一種のマニュアルとして使えるようになっています。

4　フォスタリング機関の実際：NPO法人子ども家庭サポートセンターちば「オレンジの会」

　ここでは、実際に里親養育包括支援事業を受託してフォスタリング機関としての活動を行っている「オレンジの会」を紹介し、フォスタリング機関への学びを深めたいと思います。「オレンジの会」は児童相談所のOBが立ち上げた、子育て支援を目的とするNPO法人です。地域の

✦ 補足
里親支援事業（現：里親養育包括支援事業）
「児童福祉法」第11条第1項第2号トで5つの事業が規定されている。①里親に関する普及啓発を行うこと、②里親につき、その相談に応じ、必要な情報の提供、助言、研修その他の援助を行うこと、③里親と児童福祉法第27条第1項第3号の規定により入所している児童及び里親相互の交流の場を提供すること、④児童福祉法第27条第1項第3号の規定による里親への委託に資するよう、里親の選定及び里親と児童との間の調整を行うこと、⑤児童福祉法第27条第1項第3号の規定により里親に委託しようとする児童及びその保護者並びに里親の意見を聴いて、当該児童の養育に関する計画を作成すること。
→レッスン16

子育て支援を担う児童家庭支援センターの運営および千葉県の里親養育包括支援事業の業務を受託しています。千葉県から委託されている事業は、①里親制度説明会、②登録前・更新研修、③里親委託推進・訪問、④テーマ別研修、⑤未委託研修（トレーニング）、⑥里親養育相互援助事業と多岐にわたります。また、これらの受託事業のほかに、オレンジカフェ（里親サロン、図表29‐1）、音楽祭、卓球大会、バーベキュー大会、餅つき、きのこ狩りなどの各種のイベント、そして里親養育支援を行う専門職を対象にした講座なども実施しています。関係機関との連携にも積極的に取り組み、レッスン15で紹介した応援ミーティングもしています。

　オレンジの会の里親支援の理念は「早期から」「切れ目のない」「個々

図表 29-1 オレンジカフェ

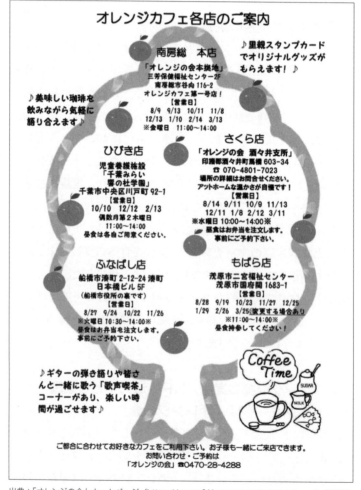

出典：「オレンジの会」ホームページ（https://www.344orange.or.jp/orange-cafe 2020年6月18日確認）

の里親里子に寄り添った」「細やかな支援」を実施することであり（図表29-2）、オレンジの会が中心となり、各里親同士がゆるやかにつながる「村」のようなネットワーク（図表29-3）を構築することを目標とされています。上記で紹介したイベントなどに参加するだけでなく、お互いにレスパイトし合うこともはじまっていて、里親が相互に助け合

図表 29-2 早期からの切れ目のない支援

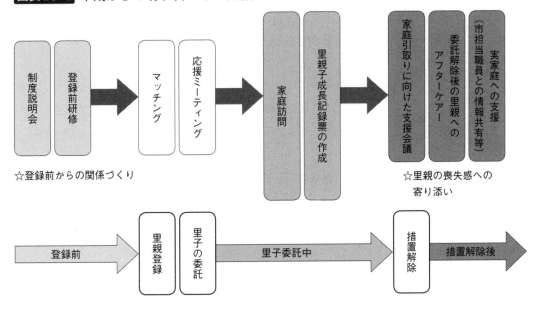

図表 29-3 南房総オレンジ村

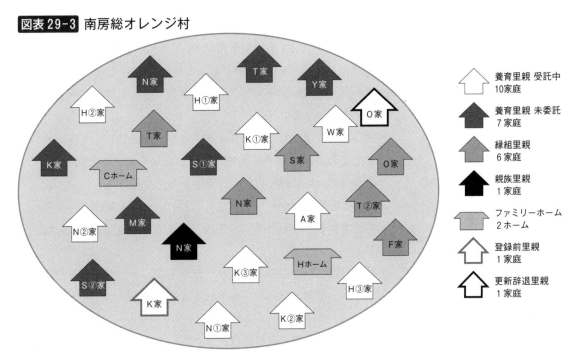

うという体制ができつつあるということです。

5　フォスタリング機関に求められていること

　オレンジの会をとおして、フォスタリング機関の実際の活動を簡単にですが紹介しました。全国を見てみますと、数はまだまだ少ないのですが、オレンジの会やキーアセットのようなフォスタリング機関ができつつあります。フォスタリング機関は新しい社会的養護では不可欠です。里親養育支援の充実なくして里親委託率の向上は非常に危険です。それは、里親委託率の向上とともに、**里親不調**のケースが増えているからです。

　最後に、フォスタリング機関を充実させるポイントを紹介したいと思います。渡邊は里親養育の質向上と制度の促進をさせるために 9 つのポイントの充実がフォスタリング機関に求められていると述べています[3]。

参照

里親不調
→レッスン18

▶**出典**

†3　†2と同じ

> ①里親が孤立せず、明確な帰属感がもてるように、専門機関（フォスタリング機関）と里親が協働できる体制を整える。
> ②里親が、信頼され、評価され、尊敬されていると実感できる体制を整える。
> ③里親が、自身が属するフォスタリング機関を信頼するのと同じく、フォスタリング機関も里親を信頼できるようつながり（関係）をつくる。
> ④里親養育によってもたらされたポジティブな経験を共有し、地域社会で発信する機会を増やす。
> ⑤ネガティブな思いや経験であっても相談できるソーシャルワーカーの配置に加えて、それを共有できるピアサポート体制を充実させる。
> ⑥養育に必要なトレーニングをタイムリーに提供し、里親が子どもと若者のニーズに気づきやすい環境を整えると同時に、里親のニーズに敏感に気づけるかかわりを続ける。
> ⑦里親と協働しながら、子どもと若者の声に耳を傾ける。
> ⑧委託される子どもと若者の実親（保護者）も協働に招き入れる。
> ⑨委託不調となった後の手厚いサポートが、子どもと若者だけでなく、里親家庭にも用意されるようにする。

　フォスタリング機関の職員には、リクルートから委託後の支援までを

包括的に担うことが求められています。そして、民間ならではの柔軟性や継続性（担当が頻繁に変わらないなど）が期待されています。そのうえで、児童相談所と比べて、子どもの里親委託に関する措置の権限がないからこそできる支援もあるはずです。「児童相談所に里子育ての悩みを相談したら、子どもが引き上げられた」という声をよく聞きます。児童相談所と比べ、民間のフォスタリング機関はこの権限がないのです。だからこそ親の思いに寄り添ったサポートの展開ができる可能性をもっているのです。

演 習 課 題

①皆さんの住む地域では、里親養育支援を担うフォスタリング機関があるかを調べてみましょう。また、どのような役割を果たしているのかも調べてみましょう。

②このレッスンの冒頭で、施設に比べて里親への支援が少ないことについて、ケーキとスーツの例をあげました。皆さんはこのことについてどのように思いますか。グループで意見を出し合い、話し合ってみましょう。

③里親委託に関する措置の権限がないからこそ生まれる、民間のフォスタリング機関のよさとはどのようなものでしょうか。グループで意見を出し合い、話し合ってみましょう。

児童養護施設や乳児院の役割

このレッスンでは、まず全国乳児福祉協議会のホームページに紹介されている、これからの乳児院の役割・機能のなかに里親養育支援がどのように位置づけられているのかを紹介します。そして、この里親養育支援を果たすために、児童養護施設や乳児院に配置された里親支援専門相談員の現状と課題について紹介します。

1. 新しい役割

✳ 用語解説
全国乳児福祉協議会
全国すべての乳児院が加入している団体で、乳児福祉事業の発展向上を期するため、全国的連絡調整を行うとともに事業に関する調査、研究、協議を行い、かつ、その実践を図ることを目的として活動をしている（http://nyujiin.gr.jp 2020年5月28日確認）。

　全国乳児福祉協議会[*]は、協議会のホームページ「乳児院とは」のなかの「乳児院のあゆみとこれから」において、以下のように宣言しています。

○社会的養護から社会的養育へ

　近年は本来の「乳幼児の養育」に加えて、目まぐるしく変わる社会情勢や家族形態・価値観・多様性・地域性などに合わせて、「家族への養育支援」「病虚弱児や障害児の養育にともなう医療機関との連携」「被虐待児の保護とケア」「里親とのパートナーシップ形成」「地域の子育て支援」「一時保護機能の充実」「入所前から退所後のサポート」など、子どもたちだけでなくその家族が地域で幸せに過ごしていくための支援を担い、未来を見据えて専門性を高めてきました。

○乳児院は「乳幼児総合支援センター」へ！

　これからも乳児院は培ってきたその専門的機能をさらに高めていくことによって、より地域に根ざした総合的かつ包括的な「乳幼児総合支援センター」としての役割を果たしていきます。

　また、同ホームページでは、乳幼児総合支援センターとしての乳児院の役割・機能として、①赤ちゃんの保護と養育、②保護者や里親の支援、③地域の子育て支援の3つをあげています。もちろん、これら3つの役割・機能はどれも必要かつ不可欠なものですが、ここで注目したいのは、②保護者や里親の支援で、保護者への支援だけでなく、里親支援を

重要な役割・機能として位置づけたことです。これまでは、里親推進に関して、施設が消極的な立場を取ることがよくみられました。

「社会的養護の課題と将来像の実現に向けて」（厚生労働省、2013年）が出された直後に伊藤らが発表した論文では、施設と里親のパートナーシップの充実が必要であることを課題としたうえで、「施設における家庭的養護（小規模化と地域分散化）の推進と、里親委託の推進が数値目標とともに明示されたことによって、施設側には大きな戸惑いや不安、不信の思いを抱くものも少なくない。その背景には、これまで日本の社会的養護の主流を施設が担ってきたという自負と、被虐待児等かかわりの難しい子どものケア・養育のノウハウを蓄積してきたという歴史、専門性の高いケアを必要とする要養護児童が増加する中で現状の里親にどこまでその役割を期待できるのかという不安等があると考えられる[†1]」と、施設には里親推進に対する大きな戸惑いがあると記述されていました。

これらの状況を考えると、今回、乳児院が果たす役割・機能として里親支援が明示されたことは、乳児院が施設か里親かという対立の枠組みを超えて、施設と里親がパートナーシップを結び、家族と一緒に暮らすことができない子どもたちを社会的に養育していくことが、子どもの最善の利益につながることを確認したといえます。

厚生労働省も施設に里親養育支援を専門に行う里親支援専門相談員を配置するとともに、施設が里親支援を展開しやすいよう「里親支援事業の実施について」という通知を出し、都道府県が里親支援専門相談員を置く児童養護施設または乳児院について、その役割を明示するため、**里親支援機関**（B型）として指定できるようにしました。施設に「里親の新規開拓」「里親トレーニング」「里親実習」「里親宅への訪問相談支援」といった、**フォスタリング機関**としての役割を担うことの意義を明確に示したといえます。つまり施設には、従来から行ってきた子どもを養育するということだけではなく、現在地域の子育て支援の拠点としての高機能化・多機能化が求められていますが、そのメニューのなかに里親養育支援も施設が担うべき重要な役割として位置づけられたといえます。このように里親支援は、施設の重要な事業として行うべきものとなってきています。そして、その里親支援を行うキーパーソンとして重要な役割を担うのが、里親支援専門相談員です。次に里親支援専門相談員をくわしく紹介します。

▶**出典**
†1　伊藤嘉余子ほか「児童福祉施設と里親とのパートナーシップ構築に向けての課題──児童養護施設・乳児院職員のインタビュー調査結果からの考察」『社会問題研究』63、2014年、27-38頁

参照
里親支援機関
→レッスン16

参照
フォスタリング機関
→レッスン29

2.　里親支援専門相談員とは

里親支援専門相談員とは、2012（平成24）年から配置された新しい職種です。2012年 4 月に厚生労働省雇用均等・児童家庭局長名で出された通知「家庭支援専門相談員、里親支援専門相談員、心理療法担当職員、個別対応職員、職業指導員及び医療的ケアを担当する職員の配置について」には、里親支援専門相談員の配置の目的の趣旨として、「児童養護施設及び乳児院に地域の里親及びファミリーホームを支援する拠点としての機能をもたせ、児童相談所の里親担当職員、里親委託等推進員、里親会等と連携して、(a) 所属施設の入所児童の里親委託の推進、(b) 退所児童のアフターケアとしての里親支援、(c) 所属施設からの退所児童以外を含めた地域支援としての里親支援を行い、里親委託の推進及び里親支援の充実を図ることを目的とする」と記載されています。つまり、児童養護施設や乳児院が児童相談所等の関係機関と連携して、里親養育支援を行う拠点としての機能をもてるように、里親支援専門相談員を配置するということです。

里親支援専門相談員の資格要件としては、社会福祉士もしくは精神保健福祉士の資格を有する者、**児童福祉司**の任用資格を有する者、または児童養護施設等（里親を含む）において児童の養育に 5 年以上従事した者であって、里親制度への理解及びソーシャルワークの視点を有する者と規定されています。また、里親支援専門相談員の業務内容は、図表30−1 のようになっています。里親の啓発から、新規開拓、研修、里親サロンや訪問・相談といった委託後の養育支援まで、幅広い内容となっています。

また、厚生労働省から出された通知では、留意事項として里親支援専

参照

児童福祉司
→レッスン10

図表30-1 里親支援専門相談員の業務内容

①里親の新規開拓
②里親候補者の週末里親等の調整
③里親への研修
④里親委託の推進
⑤里親家庭への訪問及び電話相談
⑥レスパイト・ケアの調整
⑦里親サロンの運営
⑧里親会の活動への参加勧奨及び活動支援
⑨アフターケアとしての相談

門相談員は、児童と里親の側に立って里親委託の推進と里親支援を行う専任の職員とし、施設の直接処遇職員の勤務ローテーションに入らないこと、そして施設の所在する都道府県等の所管区域を越えて里親支援を行うことができるとしています。留意事項で直接処遇職員の勤務ローテーションに入らないことを規定しているのは、里親支援専門相談員のみです。このことは、里親支援専門相談員は里親養育支援をしっかり行わなければならないことを強調したといえます。

3. 里親支援専門相談員の現状と課題

では、各施設に配置された里親支援専門相談員は実際にはどのような支援を行っているのでしょうか。ここでは、2018（平成30）年にみずほ情報総研株式会社が全国の乳児院を対象として行った里親支援専門相談員の実態調査から示された支援の現状と課題を紹介します[†2]。

里親支援専門相談員による里親養育支援の種類では、最も多く実施されている支援として、里親への「委託後の支援」（89.7％）があげられていました。続いて「里親委託のマッチング」（79.5％）、「研修・トレーニング」（70.5％）、「普及啓発」（62.8％）、そして「地域支援」（60.3％）があげられています。里親支援専門相談員の勤める乳児院から里親委託する過程において、里親との関係構築ができ、信頼される関係性のなかで「委託後の支援」の実施ができやすくなることが示されたといえます。実際に、里親支援専門相談員による支援を実施するうえでうまくいっている点を自由記述で尋ねたところ、「里親支援専門相談員が乳児院に配置されたことで、マッチング中は里親と常に関わることができ、里親委託前から信頼関係ができるので、里親委託後も関係ができている」「研修や、家庭訪問等で、担当地区の里親との関係性もできている」という意見があがっていました。自分たちが養育してきた子どもを里親に委託する、乳児院ならではの強みが里親とのよい関係性の構築に貢献しているといえます。

また、課題となっている点としては、「里親に対する一般社会の意識が成熟していない」といった制度の周知の課題、「乳児院の職員として数年のキャリアはあるが、就学後の児童については経験がなく、児童を委託された里親宅への訪問に戸惑うこともある」といった乳児院が養育する子どもの年齢制限から生まれる課題、「里親新規開拓、普及啓発が課題」「未委託里親への支援ができていない」といった、啓発を含めた

▶出典
†2 みずほ情報総研「乳児院による里親支援の可能性に関する調査研究報告書」2018年

里親委託推進に関する課題、「児童相談所との情報共有と進め方の意見の相違等」といった関係機関との連携の課題、そして、「里親委託に向けたい子どもがいても、現時点では親権者の意向により難しいため、里親委託が進まない状況がある」といった実親の理解や思いに関する課題などがあげられていました。

4.　新しい職種としての課題

　このレッスンでは、主に乳児院に配置されている里親支援専門相談員の支援状況などを紹介してきましたが、もちろん児童養護施設においてもたくさんの施設が里親支援専門相談員を配置しています。上記で示したように、里親委託前のマッチングから関わることから、委託後の里親養育支援がスムーズに行えるなどの強みが施設に配置された里親支援専門相談員にはあるようです。しかし、乳児院の課題として、学齢期の子どもを養育した経験がないために、支援に戸惑いを感じることがあげられていました。これらに関しては、学齢期の子どもをたくさん養育してきた児童養護施設の里親支援専門相談員との連携が欠かせなくなると思われます。それぞれの施設の強みを生かした支援が今後の課題となります。

　最後に、里親支援専門相談員が施設において新しい職種として配置された故に、生じやすい課題について述べたいと思います。多くの施設において、里親支援専門相談員は一人のみ配置された職種になります。そのために施設内でほかの職員からの理解を得るのが難しくなり、孤独になりがちになる場合があります。全国里親委託等推進委員会が2014（平成26）年に出した「里親支援専門相談員及び里親支援機関の活動、里親サロン活動に関する調査報告」に掲載されている里親支援専門相談員の**グループインタビュー**でも、里親支援専門相談員がいかに孤独になりやすく、職員の理解を得るのが難しいかが語られており、グループインタビューに参加した職員からお互いに共感を得ていました。里親養育支援は施設で行うより、里親宅を訪問して行われることが多く、ほかの職員からは、している仕事が見えにくいということが大きな要因のようです。この報告書では、施設内の連携をスムーズにするためのポイントが5つにまとめられていました（図表30 - 2）。

　新しい社会的養護の体制という言葉を聞くとき、「新しい社会的養育ビジョン」で示された数値目標のインパクトのためか、里親委託率には

図表30-2 施設内の連携をスムーズにするためのポイント

①1日のスケジュールをあらかじめ職員に知らせる
②自職場から里親委託になった子どものその後の様子を職員に伝える
③レスパイトなどで施設を訪れた里親や子どもを職員にさりげなく紹介する
④里親委託の可能性に関して、ファミリーソーシャルワーカーと連携する
⑤里親支援専門相談員という「個人」ではなく、「施設全体」で里親を支援していることを里親に理解してもらう

かり目が奪われがちなのですが、里親委託率の上昇のみを追いかけるのでは意味がありません。重要なのは、私たちの社会的養護の体制が真に子どものためになっているのかということです。里親委託率の上昇とともに、里親不調の数も増加しています。また、里親先進国といわれる欧米諸国においても、里親不調がない国はないのです。里親不調をどう防ぐのかが、これからの里親養育支援の鍵になってきます。そのためには、どう里親を支えるのかという仕組みが必要です。施設と里親のパートナーシップがどのようにうまく構築できるのかが、重要な課題といえるでしょう。

演 習 課 題

①皆さんの地域の児童養護施設や乳児院に、里親支援専門相談員が配置されているのか調べてみましょう。また、どのような役割を果たしているのかも調べてみましょう。

②2012（平成24）年4月に厚生労働省から出された通知のなかに、里親支援専門相談員は施設の直接処遇職員の勤務ローテーションに入らないことが明記されました。このことが明記された背景や意義はどのようなものなのでしょうか。グループで意見を出し合い、話し合ってみましょう。

③里親支援専門相談員は、施設に一人のみ配置された職員であり、施設内の理解を得るために、施設内の連携をスムーズにする5つのポイントを紹介しました。この5つのポイントを皆さんはどのように思いましたか。グループで意見を出し合い、話し合ってみましょう。

参考文献………………………………………………………………………………………

レッスン27

新たな社会的養育の在り方に関する検討会　「新しい社会的養育ビジョン」　2017年

伊藤嘉余子　「『里親支援にかかる効果的な実践に関する調査研究事業』報告書」（平成28年度厚生労働省　「子ども・子育て支援推進調査研究事業」）　2016年

厚生労働省子ども家庭局家庭福祉課　「社会的養育の推進に向けて（令和2年4月）」　2020年

レッスン28

伊藤嘉余子　「『里親支援にかかる効果的な実践に関する調査研究事業』報告書」（平成28年度厚生労働省　「子ども・子育て支援推進調査研究事業」）　2016年

木ノ内博道　「地域里親会の現状と課題」『里親と子ども』　4　2009年　7-12、76-81頁

木ノ内博道　「里親会の現状と里親支援機関の可能性」　庄司順一・鈴木力・宮島清編『里親養育と里親ソーシャルワーク』　福村出版　2011年

厚生労働省　「里親及びファミリーホーム養育指針」　2012年

厚生労働省　「里親制度の運営について」　2017年

厚生労働省　「里親支援事業の実施について」　2017年

厚生労働省　「里親委託ガイドライン」　2018年

全国里親委託等推進委員会　「平成26年度 調査報告書」　2015年

渡邊守　「オーストラリア・ビクトリア州の地域里親活動の現状と課題」『里親と子ども』　4　2009年　13-21頁

レッスン29

厚生労働省　「新しい社会的養育ビジョン」　2017年

渡邊守　「新しい社会的養育ビジョンとフォスタリング機関事業の今後」『社会福祉研究』　131　2018年　2-9頁

レッスン30

伊藤嘉余子ほか　「児童福祉施設と里親とのパートナーシップ構築に向けての課題――児童養護施設・乳児院職員のインタビュー調査結果からの考察」『社会問題研究』　63　2014年　27-38頁

みずほ情報総研　「乳児院による里親支援の可能性に関する調査研究報告書」　2018年

おすすめの1冊

家庭養護促進協会　『アメリカから学ぶ困難な課題をもつ子どもの里親養育――愛の手運動50周年記念事業』　家庭養護促進協会　2013年

ニューヨークの民間機関で、里親・養子縁組ソーシャルワーカーとして活動された尾崎京子氏が神戸で行った講演会や意見交換会の記録である。アメリカの里親支援の考え方やケースワークの実際がよく理解でき、日本での実践にも役立つヒントが得られる。

写真と言葉でつむぐプロジェクト「フォスター」

　里親家庭や特別養子縁組など、いわゆる「血縁や法的関係によらない」家族の姿を追った写真展プロジェクト「フォスター」が、全国を巡回しています。　こうした取り組みは、日本で初めての試みになります。　親子が顔や名前を出して公の場に登場するというのは、とてもデリケートで、場合によってはリスクもあり、これまで実現は難しいとされてきました。

　しかし今回、子どもたち自身、生みの親、育ての親、児童相談所など、関係者全員が協議し、納得したうえでプロジェクト「フォスター」が実現しました。貴重な機会であると同時に、見る人自身の「家族」について考えるきっかけも与えてくれます。

　写真展では、ホットプレートで焼きそばを焼いて食事の準備をしている場面、野山を親子で散歩する場面、公園を親子でかけまわる場面など、家族の日常を生き生きととらえた43点の写真が並びます。

　写真展プロジェクト「フォスター」は、里親家庭などさまざまな家族のあり方を知ってもらおうと、写真家の江連麻紀さん、静岡大学の白井千晶教授、横浜にある子育て支援のNPO法人Umiのいえの齋藤麻紀子さんの３人が中心となって企画しました。2018年３月から各地で巡回展示をしています。また、これまでのフォスターの写真展の写真とエピソードをまとめた書籍も生活書院から刊行されています。書籍の表紙には「フォスター（血縁や法的関係によらない養育）のありようを考えることは、福祉の話ではなく社会の話」と書かれています。社会的養護や児童福祉といった狭い枠のなかだけで考えるのではなく、社会全体で子どもをどう育てるか、子どもはどう育つのかについて考えましょうというメッセージが込められています。

　「フォスター」とは、英語で、血がつながっていない、あるいは法的関係がない子どもを親同様の愛情をもって育てる、という意味の言葉です。この言葉を白井さんたちは「広い意味での育てること」ととらえて使っています。

　「家族のかたち」という言葉や「かたち」にとらわれないこと、里親や養子縁組をしている人たちは「すごい人」「特別なスーパーマン」ではないということ。写真展では、里親家庭や養子縁組家庭などの、本当に何気ない日常の写真と言葉を展

示し、家族とは何か、育てるとは、誰かとともに育つとはどういうことかを、見る側に問いかけます。

　また、写真の展示だけではなく、トークイベントを積極的に行ったり、来場者に「家族とは」というカードを書いてもらったり、来場者とともに考え、一緒につくるプロジェクトです。

　家族とは何か。いま一度、一緒にあらためて考えてみませんか。

資料編

里親が行う養育に関する最低基準

里親が行う養育に関する最低基準

令和2年3月27日最新改正

平成14年9月5日公示
（厚生労働省令第116号）

（この省令の趣旨）

第1条 児童福祉法（昭和22年法律第164号。以下「法」という。）第27条第1項第3号の規定により里親に委託された児童（以下「委託児童」という。）について里親が行う養育に関する最低基準（以下「最低基準」という。）は、この省令の定めるところによる。

（最低基準の向上）

第2条 都道府県知事は、その管理に属する法第8条第2項に規定する都道府県児童福祉審議会（社会福祉法（昭和26年法律第45号）第12条第1項の規定により同法第7条第1項に規定する地方社会福祉審議会（以下この項において「地方社会福祉審議会」という。）に児童福祉に関する事項を調査審議させる都道府県にあっては、地方社会福祉審議会）の意見を聴いて、その監督に属する里親に対し、最低基準を超えて当該里親が行う養育の内容を向上させるよう、指導又は助言をすることができる。

2 地方自治法（昭和22年法律第67号）第252条の19第1項の指定都市（以下「指定都市」という。）にあっては、前項中「都道府県知事」とあるのは「指定都市の市長」と、「都道府県」とあるのは「指定都市」と読み替えるものとする。

3 法第59条の4第1項の児童相談所設置市（以下「児童相談所設置市」という。）にあっては、第1項中「都道府県知事」とあるのは「児童相談所設置市の長」と、「法第8条第2項に規定する都道府県児童福祉審議会（社会福祉法（昭和26年法律第45号）第12条第1項の規定により同法第7条第1項に規定する地方社会福祉審議会（以下この項において「地方社会福祉審議会」という。）に児童福祉に関する事務を調査審議させる都道府県にあっては、地方社会福祉審議会）」とあるのは「法第8条第3項に規定する児童福祉に関する審議会その他の合議制の機関」と読み替えるものとする。

4 厚生労働大臣は、最低基準を常に向上させるように努めるものとする。

（最低基準と里親）

第3条 里親は、最低基準を超えて、常に、その行う養育の内容を向上させるように努めなければならない。

（養育の一般原則）

第4条 里親が行う養育は、委託児童の自主性を尊重し、基本的な生活習慣を確立するとともに、豊かな人間性及び社会性を養い、委託児童の自立を支援することを目的として行われなければならない。

2 里親は、前項の養育を効果的に行うため、都道府県（指定都市及び児童相談所設置市を含む。）が行う研修を受け、その資質の向上を図るように努めなければならない。

（児童を平等に養育する原則）

第5条 里親は、委託児童に対し、自らの子若しくは他の児童と比して、又は委託児童の国籍、信条若しくは社会的身分によって、差別的な養育をしてはならない。

（虐待等の禁止）

第6条 里親は、委託児童に対し、法第33条の10各号に掲げる行為その他当該委託児童の心身に有害な影響を与える行為をしてはならない。

（懲戒に係る権限の濫用禁止）

第6条の2 里親は、委託児童又は法第31条第2項の規定により引き続き委託を継続されている者（以下この条において「委託児童等」という。）に対し法第47条第3項の規定により懲戒に関しその委託児童等の福祉のために必要な措置を採るときは、身体的苦痛を与え、人格を辱める等その権限を濫用してはならない。

（教育）

第7条 里親は、委託児童に対し、学校教育法（昭和22年法律第26号）の規定に基づく義務教育のほか、必要な教育を受けさせるよう努めなければならない。

（健康管理等）

第8条 里親は、常に委託児童の健康の状況に注意し、必要に応じて健康保持のための適切な措置を採らなければならない。

2 委託児童への食事の提供は、当該委託児童について、その栄養の改善及び健康の増進を図るとともに、その日常生活における食事についての正しい理解と望ましい習慣を養うことを目的として行わなければならない。

（衛生管理）

第9条 里親は、委託児童の使用する食器その他の設備又は飲用する水について、衛生的な管理に努め、又は衛生上必要な措置を講じなければならない。

（給付金として支払を受けた金銭の管理）

第9条の2 里親は、委託児童に係る厚生労働大臣が定める給付金（以下この条において「給付金」という。）の支給を受けたときは、給付金として支払を受けた金銭を次に掲げるところにより管理しなければならない。

一 当該委託児童に係る当該金銭及びこれに準ずるもの（これらの運用により生じた収益を含む。以下この条において「委託児童に係る金銭」という。）をその他の財産と区分すること。

二 委託児童に係る金銭を給付金の支給の趣旨に従って用いること。

三 委託児童に係る金銭の収支の状況を明らかにする記

録を整備すること。

　四　当該委託児童の委託が解除された場合には、速やかに、委託児童に係る金銭を当該委託児童に取得させること。

（自立支援計画の遵守）

第10条　里親は、児童相談所長があらかじめ作成する自立支援計画（法第11条第１項第２号ト（５）に規定する計画をいう。）に従って、委託児童を養育しなければならない。

（秘密保持）

第11条　里親は、正当な理由なく、その業務上知り得た委託児童又はその家族の秘密を漏らしてはならない。

（記録の整備）

第12条　里親は、委託児童の養育の状況に関する記録を整備しておかなければならない。

（苦情等への対応）

第13条　里親は、その行った養育に関する委託児童からの苦情その他の意思表示に対し、迅速かつ適切に対応しなければならない。

　２　里親は、その行った養育に関し、都道府県知事（指定都市にあっては市長とし、児童相談所設置市にあっては児童相談所設置市の長とする。以下同じ。）から指導又は助言を受けたときは、当該指導又は助言に従って必要な改善を行わなければならない。

（都道府県知事への報告）

第14条　里親は、都道府県知事からの求めに応じ、次に掲げる事項に関し、定期的に報告を行わなければならない。

　一　委託児童の心身の状況

　二　委託児童に対する養育の状況

　三　その他都道府県知事が必要と認める事項

　２　里親は、委託児童について事故が発生したときは、遅滞なく、これを都道府県知事に届け出なければならない。

　３　里親は、病気その他やむを得ない事由により当該委託児童の養育を継続することが困難となつたときは、遅滞なく、理由を付してその旨を都道府県知事に届け出なければならない。

（関係機関との連携）

第15条　里親は、委託児童の養育に関し、児童相談所、法第11条第４項の規定により同条第１項第２号へに掲げる業務に係る事務の委託を受けた者、当該委託児童の就学する学校その他の関係機関と密接に連携しなければならない。

（養育する委託児童の年齢）

第16条　里親が養育する委託児童は、18歳未満（法第31条第４項に定める延長者にあっては20歳未満）の者とする。

　２　前項の規定にかかわらず、都道府県知事が委託児童、その保護者及び児童相談所長からの意見を勘案して必要と認めるときは、法第31条第２項の規定に基づき当該委託児童が満20歳に達する日までの間、養育を継続することができる。

（養育する委託児童の人数の限度）

第17条　里親が同時に養育する委託児童及び当該委託児童以外の児童の人数の合計は、６人（委託児童については４人）を超えることができない。

　２　専門里親（児童福祉法施行規則（昭和23年厚生省令第11号）第１条の36に規定する専門里親をいう。以下同じ。）が同時に養育する委託児童の人数は、同条各号に掲げる者については、２人を超えることができない。

（委託児童を養育する期間の限度）

第18条　専門里親による委託児童（児童福祉法施行規則第１条の36各号に掲げる者に限る。）の養育は、当該養育を開始した日から起算して２年を超えることができない。ただし、都道府県知事が当該委託児童、その保護者及び児童相談所長からの意見を勘案して必要と認めるときは、当該期間を更新することができる。

（再委託の制限）

第19条　里親は、次に掲げる場合を除き、委託児童を他の者に委託してはならない。

　一　都道府県知事が、里親からの申請に基づき、児童相談所長と協議して、当該里親の心身の状況等にかんがみ、当該里親が養育する委託児童を一時的に他の者に委託することが適当であると認めるとき。

　二　前号に掲げる場合のほか、特にやむを得ない事情があると都道府県知事が認めるとき。

（家庭環境の調整への協力）

第20条　専門里親は、児童相談所長が児童家庭支援センター、法第11条第４項の規定により同条第１項第２号へに掲げる業務に係る事務の委託を受けた者、児童委員、福祉事務所等の関係機関と連携して行う委託児童の家庭環境の調整に協力しなければならない。

（以下略）

さくいん

監修者

倉石哲也（くらいし てつや） 武庫川女子大学 教授

伊藤嘉余子（いとう かよこ） 大阪府立大学 教授

執筆者紹介（執筆順、*は編著者）

伊藤嘉余子*（いとう かよこ）
担当：はじめに、第1章、第1章コラム、レッスン8、
第2章コラム、第3章コラム、レッスン16、レッスン
17、第7章、第7章コラム、第8章コラム
大阪府立大学 教授
主著：『社会的養護』（編著） ミネルヴァ書房 2018年
　　　『社会的養護の子どもと措置変更——養育の質
　　　とパーマネンシー保障から考える』（編著） 明
　　　石書店 2017年

石田賀奈子（いしだ かなこ）
担当：レッスン4、レッスン5
立命館大学 准教授
主著：『よくわかる子ども家庭福祉（新版）』（共著）
　　　ミネルヴァ書房 2019年
　　　『児童家庭福祉の理論と制度』（共著） 勁草書
　　　房 2011年

千賀則史（せんが のりふみ）
担当：レッスン6
同朋大学 准教授
主著：『社会的養護内容』（共著） ミネルヴァ書房
　　　2017年
　　　『子ども虐待　家族再統合に向けた心理的支援
　　　——児童相談所の現場実践からのモデル構築』
　　　明石書店 2017年

石田慎二（いしだ しんじ）
担当：レッスン7、レッスン27
帝塚山大学 教授
主著：『社会福祉（新プリマーズ・第5版）』（編著）
　　　ミネルヴァ書房 2017年
　　　『保育所経営への営利法人の参入——実態の検
　　　証と展望』 法律文化社 2015年

河合直樹（かわい なおき）
担当：第3章
岐阜県中央子ども相談センター 児童福祉司
主著：「児童自立支援施設入所による親の子育てへ
　　　の考え方の変化」『子どもと福祉』13 2020年
　　　113-120頁
　　　「児童自立支援施設退所者の高校進学後の社会
　　　適応過程——複線径路・等至性モデル（TEM）
　　　による分析」『犯罪心理学研究』54（1）
　　　2016年　1-12頁

野口啓示（のぐち けいじ）
担当：レッスン14、レッスン15、第4章コラム、第6章、
第6章コラム、レッスン29、レッスン30
福山市立大学 准教授
主著：『家庭支援論』（編著） ミネルヴァ書房 2017年
　　　『むずかしい子を育てるペアレント・トレーニ
　　　ング——親子に笑顔が戻る10の方法』 明石書
　　　店 2009年

久保樹里（くぼ じゅり）
担当：第5章、第5章コラム
花園大学 嘱託准教授
主著：『アタッチメントに基づく評価と支援』（共著）
　　　誠信書房 2017年
　　　『加害者臨床』（共著） 日本評論社 2012年

福田公教*（ふくだ きみのり）
担当：レッスン28
関西大学 准教授
主著：『ワイド版　社会福祉小六法2020［令和2年版］
　　　資料付』（共監修） ミネルヴァ書房 2020年
　　　『児童家庭福祉（第5版）』（編著） ミネルヴァ
　　　書房 2017年

編集協力：株式会社桂樹社グループ
装画：後藤美月
本文デザイン：中田聡美

MINERVA はじめて学ぶ子どもの福祉⑫
子どもを支える家庭養護のための里親ソーシャルワーク

2020 年 11 月 20 日　初版第 1 刷発行　　　　　　　　　　〈検印省略〉

定価はカバーに
表示しています

監 修 者	倉 石	哲 也
	伊 藤	嘉 余 子
編 著 者	伊 藤	嘉 余 子
	福 田	公 教
発 行 者	杉 田	啓 三
印 刷 者	坂 本	喜 杏

発行所　株式会社　ミネルヴァ書房

607-8494　京都市山科区日ノ岡堤谷町 1
電話代表　(075) 581 - 5191
振替口座　01020 - 0 - 8076

©伊藤・福田ほか, 2020　　　　冨山房インターナショナル

ISBN978-4-623-07961-2

Printed in Japan

倉石哲也/伊藤嘉余子 監修

MINERVAはじめて学ぶ子どもの福祉

全12巻／B５判／美装カバー

①子ども家庭福祉　　　　　　　　伊藤嘉余子/澁谷昌史 編著　本体2200円

②社会福祉　　　　　　　　　　　倉石哲也/小崎恭弘 編著　本体2200円

③相談援助　　　　　　　　　　　倉石哲也/大竹 智 編著　本体2200円

④子ども家庭支援　　　　　　　　倉石哲也/大竹 智 編著　本体2200円

⑤社会的養護　　　　　　　　　　伊藤嘉余子/福田公教 編著　本体2200円

⑥社会的養護内容　　　　　　　　伊藤嘉余子/小池由佳 編著　本体2200円

⑦保育の心理学　　　　　　　　　伊藤 篤 編著　本体2200円

⑧子どもの保健　　　　　　　　　鎌田佳奈美 編著　本体2200円

⑨子どもの食と栄養　　　　　　　岡井紀代香/吉井美奈子 編著　本体2200円

⑩家庭支援論　　　　　　　　　　伊藤嘉余子/野口啓示 編著　本体2200円

⑪保育ソーシャルワーク　　　　　倉石哲也/鶴 宏史 編著　本体2200円

⑫子どもを支える家庭養護のための里親ソーシャルワーク

伊藤嘉余子/福田公教 編著　本体2600円

ミネルヴァ書房

https://www.minervashobo.co.jp/